KB126706

상　산
김 도 연
평　전

상 산 김 도 연 평 전

초판 1쇄 발행 2021년 12월 15일

지은이 | 김형목
펴낸이 | 윤관백
펴낸곳 | 도서 선인

등 록 | 제5−77호(1998.11.4)
주 소 | 서울시 마포구 마포대로 4다길 4(마포동 324−1) 곳마루 B/D 1층
전 화 | 02) 718−6252 / 6257
팩 스 | 02) 718−6253
E-mail | sunin72@chol.com

정가 24,000원
ISBN 979−11−6068−636−4 93990

· 잘못된 책은 바꿔 드립니다.
· www.suninbook.com

* 이 저서는 2015년 대한민국 교육부와 한국학중앙연구원(한국학진흥사업단)의
  한국학총서사업의 지원을 받아 진행된 연구임(AKS-2015-KSS-1230009)

상산 김도연 평전

김형목 지음

도서출판 선인

대한제국기와 식민지시기 해외 유학생들은 한국 근·현대지성사
는 물론 항일독립운동사에서 중요한 위상을 차지한다. 이들은 다양
한 사조와 근대학문을 수용하여 근대국가 건설에 매진했다. 나아가
광복 이후 독립국가 건설론도 모색하는 선각자로서 역할을 자임하고
나섰다. 3·1운동을 전후로 민족해방운동론은 민족주의·사회주의·
아나키즘 등에 입각하여 진전되는 계기를 맞았다. 민족분열이라는
기만적인 문화통치로 전환은 합법적인 활동 공간이 확대되는 동시에
부분적이나마 언론·집회·결사의 자유가 허용되었다. 국내외에서
활동하던 이들은 신문·잡지 등을 통하여 자신들의 입장을 밝히는데
매우 적극적이었다.

이들은 단순하게 개인적인 지적 능력 향상에만 머물지 않았다. 물
론 일부는 외세에 의존하는 등 민족적인 공분을 초래하는 인물도 있

었다. 지금까지 청산되지 못하고 한국사회 '뜨거운 감자'로서 생채기를 남긴 민족반역자인 친일파가 그들이다. 하지만 지식인들 상당수는 많은 어려움과 고난 속에서도 결코 좌절하지 않고 조국광복을 위하여 진력하였다. 광복 이후에는 미·소 냉전체제에 의한 혼란기를 극복하고 대한민국정부 수립을 위한 초석이 되었다. 자유민주주의가 심각한 도전을 받자 과감히 자신들 기득권을 버리고 민주주의 수호를 위한 투쟁에 나섰다. 이러한 범주에 들어가는 대표적인 인물 중 한 사람이 바로 상산(常山) 김도연(金度演, 1894~1967)이다.[1]

김도연은 서당에서 전통교육을 수학한 후 상경하여 근대교육 수혜를 받았다. 태극학교와 보성중학교에 만난 김일선·이동휘·최린·주시경 등의 가르침은 민족의식 형성에 지대한 영향을 미쳤다. 향학열과 더불어 '어문민족주의'에 대한 인식은 이미 배태되고 있었다. 일본으로 유학은 이들의 권유와 김도연의 스스로 향후 나아갈 길을 모색하는 가운데 이루어졌다. 유학생활 중 여러 유학생단체에 가입하여 펼친 적극적인 활동은 주위의 촉망을 받았다. 여러 단체에서 왕성한 활동은 유학생 사회의 지도자로서 면모를 잘 보여준다.[2] 조선유학생학우회와 동경조선기독청년회를 중심으로 전개된 1919년 2·8독립운동 주역으로 체포된 김도연은 9개월 금고형을 받아 약 1년간 감옥에 수감되었다.

석방된 이후 김도연은 유학생 순회강연단 일원으로 계몽운동에 나섰다. 이마저 일제 경찰은 저지하는 등 사실상 일본에서 유학생활이 불가능함을 깨달았다. 결국 차선책은 미국으로 유학이었다. 옛 동지들과 만나 유학생단체를 조직·활동하는 등 조국광복을 위한 새로운 방안도 모색하였다. 북미한인유학생회 뉴욕학생회 지부에 가입하여 기관지인『우라키(THE ROCKY)』편집위원으로 활동은 시작에 불과했다. 북미대한인유학생총회 동부지방대회 회장으로 유학생 대동단결을 모색하는데 앞장섰다. 특히 한인들 정체성을 일깨우기 위한『삼일신보』간행과 재미조선문화회를 조직하는 등 남다른 노력을 아끼지 않았다. 학업에 매진하여 1931년에는 아메리칸대학교(American Uniersity)에서「한국의 농촌경제」라는 주제로 박사학위를 취득하였다.[3]

일본과 미국에서 유학생활 20여 년을 마치고 김도연은 꿈에 그리던 고국으로 돌아왔다. 이른바 금의환향이었으나 식민지 조국 현실은 생각보다 그리 만만하지 않았다. 모순된 현실을 타파하는 지름길은 자신이 연구한 경제학을 가르치는데 열성을 다해야 한다고 결심하였다. 조선제사주식회사 경영에 참여하는 등 민족자본 육성을 위한 경제활동도 병행했다. 1942년 조선어학회사건에 연루되어 두 번째 투옥되는 수난을 겪었다. 1944년 병보석으로 풀려나 정양을 하면서 시국을 관망하고 있었다. 마침내 기다리고 기다리던 조국광복이 되었다. 김도연은 변화에 부응한 새로운 국가건설론을 모색해야만 하는 순간을 맞았다.

5·10총선거에 출마·당선된 김도연은 제헌의회 의원으로서 대한민국정부 수립에 적극 참여하였다. 이어 초대 재정경제분과위원장과 초대 재무부 장관에 임명되는 등 만성적으로 가난에 찌든 현실을 개혁하기 위한 경제부흥에 필요한 정책을 수행하는데 혼신을 다하였다. 미국 원조에 의한 생필품 보급과 경제발전책을 내놓았다. 또한 금융통화위원으로 물가안정을 통한 서민생활 보호에도 적극적이었다. 6·25전쟁 와중에는 구국총연맹 부위원장에 취임하여 전의(戰意) 앙양, 부상 장병과 피난민 구호사업에 매진하였다. 와중에도 대한수상

경기연맹 회장에 취임할 정도로 학창시절 취미생활로 즐겼던 스포츠에 남다른 관심을 보였다.

한편 이승만은 장기적인 집권을 위한 시나리오를 만들었다. 국회의원을 불법적으로 감금한 부산정치파동이 바로 그것이다. 민주주의와 헌정질서가 심각하게 파괴되자 이승만정권과 결별하면서 민주주의 수호에 나섰다. 신익희(申翼熙)·조병옥(趙炳玉)·서상일(徐相日)·이영준(李榮俊)·백남훈(白南薰) 등과 민주국민당을 조직하고 부위원장에 피선되었다. 이때부터 '정통야당' 정치인으로 길을 걸었다. 그는 의원직을 과감하게 버리는 등 민주화와 정의를 위한 일이라면 두려움 없이 나섰다. 그렇다고 여당에 대하여 무조건 반대하거나 배척하지 않았다. 타협과 논의를 통하여 합의점을 모색하는데 누구보다 열정적으로 임하는 참다운 정치인이었다.

김도연 인생역정은 대한민국 근·현대사와 궤적을 같이 한다고 해도 과언이 아니다. 식민지시기 2번에 걸쳐 옥고를 겪은 독립운동가이자 광복 이후 여러 차례 국회의원과 초대 재무부장관을 지낸 정치인이었다. 일본과 미국 유학에서 경제학을 전공하여 박사학위를 취득한 경제전문가이기도 했다. 이를 교육과 산업 진흥을 위하여 실천하였을 뿐만 아니라 직접 기업을 경영하였다. 학문적인 전문성은 국가 경제정책을 수립·집행하는 수장으로서 역할이 가능하게 만드는 요인 중 하나가 되었다.

지금까지 김도연에 대한 연구는 광복 이전 활동을 중심으로 이루어졌다.[4] 자신의 회고록은 스스로 걸어온 인생역정을 어느 정도 객관적으로 정리하였다.[5] 이를 통하여 삶의 궤적이 오늘날 우리에게 어떠한 의미를 가지는가를 파악할 수 있는 단초를 제공한다. 다른 회고록과 마찬가지로 한계점도 나타난다. 자기중심적인 입장에서 서술한 부분은 당시 상황과 괴리되는 부분도 분명하게 드러난다. 이는 연구 진전과 더불어 점차 보완되는 등 김도연에 대한 올바른 위상이 자리매김할 수 있으리라 전망된다.

일본과 미국 유학생활 중 학생운동이나 항일운동이 주요한 관심사였다. 그는 2·8독립선언을 실질적으로 주도한 중심인물이었다.[6] 백관수(白寬洙)·서춘(徐椿) 등과 조선청년독립단원으로 600여 명 유학생 의견을 결집하는데 결정적인 역할을 수행하였다. 계획부터 실행하는데 50여 일에 걸친 장기간이었다. 그동안 철저하게 비밀리에 추진될 수 있었던 배경은 이 단체 활동에 주목해야 할 부분이다. 이러한 사실은 2·8독립선언을 주도한 인물들 회고록이나 독립운동사 연구에서 공통적으로 찾아진다.[7] 그럼에도 당시 그의 현실인식이나 역할 등을 총체적으로 분석한 연구는 드물다. 최근 현실인식과 민족운동을 종합적으로 검토한 연구는 이러한 점에서 중요한 의미를 지닌다.[8] 이는 식민지 현실에 대한 지식인으로서 역할을 자각하고 이를 실천하는 실천가로서 '참모습'을 찾아볼 수 있기 때문이다.

2·8독립선언 이후 일본에서 유학생활에 회의를 느끼고 미국으로 건너가 더 깊은 공부를 하려고 결심하였다. 이에 1922년 6월 요코하마(橫濱)에서 태양환(太洋丸)을 타고 두 번째 유학길에 올랐다. 미국에 도착한 상산은 오하이오주에 있는 웨슬리안대학에 입학하였다. 그곳에서 경제학 전공으로 2년 동안 공부하다가 뉴욕에 있는 명문 콜롬비아대학으로 옮겼다. 콜롬비아대학에서도 경제학을 택해 2년만에 '균형가격론을 분석함'을 주제로 고전적인 경제학 석사학위를 받았다.

3·1운동 이후 미국에서는 유학생들의 친목 도모하는 한편 독립운

동을 후원하기 위해 학생단체가 조직되었다. 1921년 4월 출범한 '북미대한인유학생회'는 1923년 6월 시카고에서 제1회 '북미대한인유학생대회'를 개최하는 등 활발한 활동을 전개하고 있었다. 유학생회는 학우들 사이의 친목과 단합뿐만 아니라 미국정부와 미국인들에게 한국의 사정을 알리는 등 외교활동과 선전사업을 통해 독립운동을 후원하였다. 그는 학문을 닦는데도 열성적이었지만 유학생회에 가입하여 미국에 사는 동포들의 독립정신을 고취시키기 위한 활동에도 열성적이었다. 1926년 학생회의 사교부장으로서 유학생들의 친목을 도모하는 한편 민족정신을 일깨우는 사업을 적극적으로 추진하였다.

유학하고 있던 뉴욕은 1920년대 중반 이후 북미대한인유학생회의 동부지구 거점이었다. 특히 뉴욕한인교회는 성경공부나 이민자를 위한 교육뿐만 아니라 학생운동의 본거지였다. 미국 유학 중 학생회를 중심으로 독립운동을 하는 한편, 미주동포들의 실업계 진출을 위한 산업협회를 창립하여 교포들의 산업계 진출을 후원하기도 하였다. 대부분 유학생들은 학생으로서 학업을 하면서 또한 학비와 생활비를 벌기 위해 노동을 병행해야만 했다. 그도 처음에는 부친이 부쳐주는 학비로 학업을 할 수 있었지만 방학 때에는 농장 등에서 노동으로 학비를 보충했다.

한편 미주지역은 이승만의 동지회 측과 안창호의 국민회 간의 알력이 심하여 독립운동을 전개하는데 많은 문제가 있었다. 이 같은 대립을 해소해 보고자 그는 유학생들을 중심으로 파벌타파에 나서게 되었다. 우선 뉴욕에 있던 유학생들을 모아 상하이 대한민국임시정부를 후원하기 위한 첫 과업으로 『삼일신보(三一申報)』라는 신문을 발간하였다. 발행한 취지는 미주 동포들의 친목을 도모하고 나아가 동포들이 합력하여 독립운동에 온 힘을 다하도록 만드는데 있었다. 그는 장덕수(張德秀) · 김양수(金良洙) · 최순주(崔淳周) · 윤치영(尹致暎) 등과 협의하고, 허정(許政) · 홍득수(洪得洙)를 만나 신문경영 문제를 협의했다.[9] 그 결과 1926년 6월 '대동단결, 임정지지'를 슬로건으로 『삼일신보(The Korean Nationalist Weekly)』를 발간할 수 있었다.

이후 면학에 힘쓰기 위해 뉴욕에서 워싱턴으로 거주지를 옮기게 되었다. 김도연은 워싱턴에 있는 아메리칸대학 대학원 박사학위 과정에 들어가 1931년 1월 3년간의 연구 결과 '한국의 농촌경제(Rural Economic Conditions In Korea)'라는 주제로 박사학위를 받았다.[10] 박사학위 논문에 몰두하고 있을 즈음인 1929년, 국내에서 광주학생운동이 일어나 그 열기가 미국의 신문에도 보도되었다. 이 문제를 간과할 수 없다고 판단한 김도연은 안승화(安承華, 安昇華) 등 유학생들과 미국 국무성에 찾아가 광주학생운동의 전말을 설명하고 한국의 독립운동 지원을 요청하였다.

1932년 8월 미국에서 박사학위를 받고 귀국하여 연희전문학교에서 경제학원론과 경제학사를 맡아 강단에 서게 되었다. 2년간 강단에서 후학을 지도하던 중 교육계에도 일제의 강압적 식민정책이 가중되는 것은 보고 실업계에 투신하기로 결심하였다. 우선 김종익(金鍾翼)이 경영하는 조선제사회사(朝鮮製絲會社) 감사역으로 활동하였으나 경영주가 타개하는 바람에 그만둘 수밖에 없었다. 이후 직접 회사를 경영하기 위해 지인들과 협의하여 자본금 30만 원으로 조선흥업주식회사(朝鮮興業株式會社)를 창립하였다. 사장에 취임하여 토지개간 · 임야벌채 · 광산업 등 광범위한 분야의 사업을 펼쳤다. 조선흥업주식회사는 단순히 이익만을 추구하는 회사가 아니었다. 직원들의 화목과 상호부조를 도모하였으며, 우국지사들의 울적한 마음을 풀어주는 휴식처나 마찬가지였다.

사업에 열중하고 있던 1937년 일제는 중일전쟁을 일으켜 중국대륙에 대한 침략을 노골화하였다. 국내에도 이른바 '황민화정책'을 시행하면서 독립운동가들에 대한 감시를 강화하고 있었다. 1941년 12월 태평양전쟁을 일으킨 후 국내에서 반일 인사에 대한 탄압은 더욱 악랄했다. 각급 학교와 공식 회합에서 한글 사용을 금지하는 한편, 1942년 '조선어 큰사전' 편찬 작업을 하고 있던 조선어학회를 해체시키려고 함흥학생사건을 조작하여 조선어학회 회원과 그 사업에 협조한 사람을 대대적으로 검거했다. 당시 조선어학회를 재정적으로 돕고 있던 그도 1942년 12월 일경에 피체되어 종로경찰서에 구속되고 말았다.

조선어학회에는 1939년 '조선어 큰사전' 원고의 3분의 1 가량이 완성되자 조선총독부로부터 많은 부분을 수정한다는 조건으로 1940년 3월 사전의 출판허가를 얻었다. 김도연은 출판 비용 일부를 지원하는 등 사전편찬에 적극적이었다. 마침내 1942년 박문출판사에서 '조선어 큰사전' 원고 일부가 조판에 들어갔다. 일제는 조선어학회를 단순한 학술단체로 생각하지 않았다. 1942년 10월 일제는 조선어학회를 독립운동단체로 규정하고 회원들을 일제히 검거하기 시작하였다.[11] 일제는 사전편찬위원 전원과 조선어학회 회원 대부분을 구금하고 사전 원고도 증거물로 압수하였다.

이 사건에 연루된 이유는 일찍이 조선어학회의 인사들과 깊이 교류하는 한편 조선어학회에 음으로 양으로 자금을 지원하고 있었기 때문이다. 일제는 한글사전이 편찬되면 민족의식을 고취시킬 수 있다는 판단에 따라 조선어학회 회원에 대한 탄압을 시작하였다. 조선어학회의 핵심 간부들인 이극로·최현배·이중화·장지영·한징·이윤재·이희승·정인승·김윤경·이석린 등을 1차로 검거하고, 뒤이어 이병기·이만규·이강래·김선기·정열모·이유식 등 7명을 검거하였다. 3차로 안재홍 등 8명을 잡아들이고, 4차로 그가 경영하고 있던 조선흥업주식회사에까지 일제의 마수가 뻗쳐 그를 비롯한 중역들이 구속되었다.

조선어학회사건으로 구속되어 종로경찰서에서 다시 홍원경찰서로 이송되어 일제 경찰로부터 심문을 받았다. 이때 이른바 '비행기 고문'이라는 악형을 받고 의식을 잃기도 하는 등 김도연은 매일같이 경찰서에서 혹독한 고문에 시달렸다. 조선어학회사건으로 검거된 인사들은 경찰의 취조와 검사의 조사를 받기까지 근 1년이란 세월을 감옥에서 지내야만 했다. 홍원경찰서에 잡힌 조선어학회사건 관련자 28명 중 16명이 기소되었고 나머지 12명은 기소유예로 석방되었다. 그를 비롯하여 이극로·이윤재·최현배·이희승·장지영·정인승·이중화·이우식·김양수·장현식·정열모·김법린·한징·정태진 등은 기소되어 함흥형무소로 이감되었다.

마침내 함흥형무소에서 예심에 회부되었다. 일제는 예심제도를 사상범이나 독립운동가들을 다루기 위해 악용하기를 주저하지 않았다. 일제는 사건을 신중히 처리한다는 명분을 달았지만, 실상은 피의자들을 공판에 회부하지도 않고 1년이고 2년이고 무기한 미결수로 감옥에 가두어 두려는 의도였다. 일제의 예심에 걸리게 되면 형무소에서 죽어서 나가는 예가 허다하였다. 기소된 인사들 가운데 이윤재·한징은 추위와 굶주림으로 함흥감옥에서 결국 옥사하고 말았다.

예심판사의 심문을 거쳐 무려 20개월 동안 미결수로 함흥형무소에서 보냈다. 조선어학회사건에 대한 재판은 1944년 12월부터 1945년 1월까지 9회에 걸쳐 계속되었다. 1월 16일 함흥지방재판소에서 최종 판결을 받았다. 이극로는 징역 6년, 최현배는 징역 4년, 이희승은 징역 2년 6월형을 받았고, 그를 비롯한 김법린·이중화·이우식·김양수· 이인 등은 징역 2년에 3년 집행유예가 선고되었다. 그는 판결 직후 병 보석으로 출옥하였다.

감옥에서 출소한 지 7개월 만에 감격적인 8·15광복을 맞았다. 이제 야 소신대로 조국을 위하여 보람 있는 일을 할 수 있게 되었다.[12] 김도 연은 일본 유학시절이나 미국에서 유학할 때도 조국이 광복되면 정계 로 나갔겠다는 생각을 갖고 있었다. 광복을 맞아 '한국민주당' 창당에 주역으로 참여하여 정치활동을 시작하였다.

1946년 12월 과도정부 입법의원으로 서울에서 당선되어 민의를 대 표하는 의원으로 분주하게 활동하였다. 1948년 5월 제헌국회의 입법 선거 때에는 서대문구에 한민당원으로 출마하여 당선되어 재경분과 위원장에 피선되었다가, 같은 해 8월 초대 재무부 장관에 취임하였다. 그러나 제2대 민의원 선거 때에는 낙선의 고배를 마셨다. 1954년 민주 국민당 최고위원으로 취임하여, 제3대 민의원 당선 후 1955년에는 민 주당 고문이 되었다. 제4대 민의원 선거 때에는 민주당으로 출마하여 당선되었고, 1959년 11월에는 민주당 중앙위원회 부의장이 되었다. 1960년 제5대 민의원에 당선되어 4선의 관록으로 민의원 부의장으로 활동하였다.

1961년 5·16군사쿠데타로 정치활동이 금지되기도 하였지만, 1963 년 11월에 실시된 제6대 국회의원 선거 때는 민주당 전국구 의원으로 당선되었다. 1965년 8월 한일협정 국회비준을 반대하며 의원직을 사퇴하고, 같은 해 신한당 정무위원으로 피선되었다. 이후 신민당에 참여하여 조국의 장래와 민주주의를 위해 분투하다가 건강이 악화되어 연세대학교 부속병원에 입원하여 대수술을 받았지만, 1967년 7월 19일 아침 74세를 일기로 영면하였다.

제1부

경제학을 공부하며
민족운동에 참여하다

제1장

근대교육 수혜로
모순된 현실을 직시하다

1. 사숙에서 전통교육을 받다

1876년은 조선사회를 뒤흔드는 역사적인 미증유 사건이 발생했다. 최초 국제 조약이자 불평등조약인 강화도조약(江華島條約, 일명 병자수호조규)은 바로 그것이다. 1875년 운양호(雲揚號)사건을 빌미로 일본은 특명전권대신 구로다 기요다카(黑田淸隆)로 하여금 군함 6척과 군인 800여 명을 강화도에 보냈다.[1] 이들은 위협시위를 하면서 조선정부에 즉각적인 협상을 요구하였다.

일본의 무모한 행위에 대하여 척왜(斥倭)의 소리가 높았다. 반면 우의정 박규수(朴珪壽)는 세계 대세로 볼 때 이제 더 이상 쇄국정책(鎖國政策)은 불가능하다는 의견을 내놓았다. 한일 양국 사이에 통상관계는 거스릴 수 없는 시대임을 역설했다. 곧 조약 체결에 의한 통상은 오히려 시무책 일환으로 유리하다는 주장을 관철시켜 나갔다. 박규

수는 전권대신 신헌(申櫶)을 강화도에 파견하여 조약을 체결하도록 지시하였다. 강화도조약은 일본의 강요와 개항론자의 의견이 반영된 '합작품'이었다. 일본의 일방적인 강요에 의한 체결이 아니었다. 물론 일본 침략이라는 문제에 대한 적절한 대응책은 거의 모색되지 않는 등 한계를 지닌다. 이는 당시 지배층의 시국관에 대한 한계라는 측면에서 새롭게 인식해야 할 부분 중 하나이다.

일본의 조선과 청나라와 전통적인 우호관계를 단절시키려는 의도는 조약문 제1조에 그대로 반영되었다. 즉 "조선은 자주적인 독립국가로 일본과 동등한 권리를 갖는다."라는 조문은 저들의 의도를 분명하게 보여준다. 향후 조선을 침략하는데 청나라의 간섭을 배제하려는 목적과 맞물려 있었다. 침략거점을 마련하기 위한 방안은 부산 · 인천 · 원산 등 항구 개방 요구로 이어졌다.[2] '조일수호조규부록'과 '통상장정' 체결은 경제적 침투를 아주 쉽게 만들었다. 일본인의 개항장에서 통행거리 설정, 일본화폐 사용, 일본선박의 항세 면제, 관세의 무규제 등은 이를 방증한다. 이처럼 일본정부는 다양한 지원책을 강구하였다. 자국민 보호라는 구실로 군대를 파견 · 상주시키는 불법적인 행위도 일삼았다.

'신천지(新天地)'나 다름없는 조선으로 일본인 유입은 급속하게 이루어졌다. 새로운 시장을 개척하려는 자본가나 상인 등은 별다른 불안감이나 거부감 없이 한반도로 몰려들었다. 개항장에는 일본인 전관거류지가 형성되는 가운데 많은 변화를 초래하는 계기를 맞았다. 주민들은 새로운 변화에 대한 두려움과 호기심이라는 '이중적인' 시선으로 이를 바라보고 인식하는 분위기였다.[3] 특히 지리적으로 가까운 부산은 저들의 '제2의 고향'으로 생각하는 동시에 터전으로 자리매

김하기에 이르렀다. 왜관(倭館)을 중심으로 집단적인 일본인 거류지가 조성되었다. 이에 비례하여 동래(東萊)는 점차 지역사회 중심지로서 기능을 상실하는 등 부산은 일본인의 최대 거점지였다.

임오군란(壬午軍亂)과 갑신정변(甲申政變) 이후 일본은 친일세력을 육성하는 데도 상당한 노력을 기울였다. 망명객이나 일본 유학생 등에 대한 후원은 이러한 목적 하에 치밀하게 이루어졌다.[4] 물론 차관공세를 통한 경제적인 침략도 병행되었다. 일본 상인들은 개항장에 설치된 일본제일은행지점을 통해 저리의 막대한 금융지원을 받았다. 입도선매(立稻先賣)로 다량의 쌀을 일본으로 유출시켜 상당한 수익을 올렸다. 흉작과 수해 등으로 국내 쌀값은 폭등하는 등 사회적인 불안을 일으키는 요인이었다. 무분별한 쌀의 반출을 방지하고자 일부 지방관은 여러 차례 방곡령(防穀令)을 내렸다.[5] 그때마다 일본은 피해를 입은 자국 상인들에 대한 배상금을 요구하여 이를 끝까지 관철시켰다.

갑오농민운동은 일본에게 동아시아 패권을 장악하는 결정적인 계기 중 하나였다. 봉건적인 수탈에 저항을 거듭하던 농민들은 마침내 전라도 고부(古阜)를 중심으로 총궐기하였다. 이들은 관아를 습격하는 한편 무기를 탈취하여 질서정연한 대오로 정비했다. 당황한 정부는 이를 제대로 수습할 대안을 마련하지 못한 채 허둥거리고 있었다. 농민군 활동이 호남지방으로 확산을 거듭하자 청나라에 원병을 청원하는 등 지배층은 한계를 여실히 드러내었다.

침략의 기회를 호시탐탐 노리던 일제는 자국민 보호를 구실로 불법적으로 군대를 파견하였다. 사회적인 불안은 점차 고조되는 분위기였다. 위기를 직감한 농민군 지도부는 이를 수습하려는 대안을 제시하였다. 지배층과 사이에 원만한 타협이 이루어짐으로 상황은 반전되었다. 이른바 전주화약(全州和約)으로 어느 정도 사회적인 안정화를 도모할 수 있었다. 농민군은 전라도 일대에 집강소(執綱所)를 설치하는 등 자치적인 활동을 전개하였다.[6] 정부는 청일 양국에게 군대철수를 요청했다. 일제의 침략을 간파한 청나라도 공동철병을 주장하는 등 어수선한 분위기가 계속되었다. 마침내 일본은 궁궐을 침입하여 민씨정권을 몰아내고 내정개혁을 강요하는 한편 청일전쟁을 도발하기에 이르렀다. 이리하여 한 치 앞을 예측할 수 없는 급변적인 상황과 사회적인 불안이 만연하였다.

김도연은 이와 같은 역사적인 격변기인 1894년 6월 16일에 태어났다. 경기도 양천군 양동면(陽東面) 염창리(鹽倉里, 현 서울시 양천구 염창동)가 고향이다.[7] 본관은 영천(永川)으로 아버지는 김종원(金鍾遠), 어머니는 초계 정씨(草溪 鄭氏)였다. 아호는 상산(常山)이다. 7남매 중 차남으로 형은 주연(周演), 동생은 진연(珍演)·창연(昶演)·갑연(甲演) 등을 두었다. 집안은 이 일대를 대표하는 부농이었다. 이러한 경제적인 기반은 어린 시절을 비교적 여유롭게 생활할 수 있는 든든한 배경으로 작용하였다. 근대교육 수혜와 일본과 미국 등지에서 별다른 어려움이 없이 할 수 있었던 유학생활은 "하늘이 내려준 축복"이라고 해도 결코 과장된 표현이 아니다.

당시 일반적인 가정과 같이 부모님은 명민한 김도연에게 대단한 기대감을 보여주었다. 그런 만큼 자녀교육 특히 아들에 대한 교육적인 관심은 누구보다 강렬한 소유자였다. 7세 때부터 종조부 집에서 운영하던 전통교육인 서당교육을 3년간 받았다. 물론 집에서 간단한 한문을 수학하는 등 기대감을 저버리지 않았다. 『천자문』이나 『동몽선습』

등은 올바른 마음가짐이나 행동거지 등을 올바로 가지게 하는 정신적인 지주나 마찬가지였다. 집을 방문하는 손님들에게 공손하게 절하는 예의범절로 칭찬을 받았다.

이어 건너 마을 백석동(白石洞) 허씨댁 서당에서 김근행(金近行) 훈장으로부터 가르침을 받았다. 때때로 훈장의 눈을 피하여 동무들과 어울려 놀다가 회초리를 맞거나 꾸중을 들었다. 개구쟁이로 소문이 인근에 자자할 정도였다. 이른바 '골목대장'으로서 입지는 강화되고 있었다. 그렇다고 마냥 노는 데만 정신을 팔리지 않았다. 공부를 열심히 하면서도 친구들과 친분을 두텁게 하는데 소홀하지 않았다. 『통감』·『소학』·『대학』·『맹자』 등을 배우며 한시 등도 작문하는 경지로 나아갔다. 김도연은 서당의 글짓기에서 장원을 하여 스승으로부터 칭찬을 받는 등 즐거운 시간을 맞았다.

염창리는 조그마한 촌락이나 퍽 아름다운 곳이었다. 명칭은 조선시대에 서해안의 염전으로부터 수집해온 소금을 서울로 운반하기 전에 소금의 뱃길 어귀인 이곳에 소금 보관창고를 지었던 데서 유래하였다. 이곳은 조선 초기까지 양천현이었으나 곧 금천군으로 되었다. 인조 때 양천군으로 잠시 승격되었다가 숙종 때 다시 양천현이 되었다. 갑오개혁 직후인 1895년 윤5월 1일 칙령 제98호로 실시된 23부제에 의해 인천부 양천군 남산면 소속이었다. 이듬해 1896년 8월 4일 칙령 제36호로 실시된 13도제에 의해 다시 경기도에 속하였다. 1914년 4월 1일 경기도령 제3호에 의해 양천군은 김포군·통진군과 합하여 김포군이 되었다. 양천군 남산면의 염창리 일부는 가양리로 합해지고 나머지는 김포군 양동면 염창리로 불렸다.[8]

집은 야트막한 산 밑에 위치하여 경치가 매우 좋았다. 야산 뒤에는 한강이 유유히 흐르는 산명수려(山明秀麗)한 고장이었다. 집 앞은 넓은 평야가 펼쳐 있었으나 수리시설이나 제방 등이 거의 없었다. 홍수가 나면 범람하여 거의 해마다 농작물 피해를 입었다. 선대는 증조부 김정려(金鼎麗) 대까지 서울에 살았으나 조부 김영규(金寧圭) 대부터 외가가 있는 등촌리(登村里) 인근인 이곳으로 낙향하여 터전을 잡았다.[9]

할아버지는 인근 현풍(玄風) 곽씨와 결혼하여 4남매를 두었다. 일가를 이룬 후 궁답(宮畓)을 관리하는 사음(舍音)으로 어느 정도 생활기반을 마련할 수 있었다. 부친은 근검절약으로 부를 축적하여 군내에서 알아주는 부농이 되었다. 집 주위 대부분 땅은 아버지 소유였다. 2대에 걸쳐 수천 석에 달하는 치부는 눈물겨운 노력과 피땀이 서린 노력의 결실이었다.[10] 전설과도 같은 가정사에 대한 이야기는 듣는 김도연에게 자부심과 함께 미래를 설계하는 든든한 밑거름이 되었다.

당시는 일제가 한국에 대한 본격적인 침략을 강화하는 시대였다. 그럼에도 어린 시절이라 김도연은 직접 일제의 침략상을 체험하거나 인식할 수는 없었다. 단지 어른들의 대화를 통하여 국내외 정세에 대해 어렴풋이 파악하는 정도였다.[11] 그는 백척간두와 같은 상황을 타개하기 위해 무엇이 필요한가를 부분적이나마 느꼈다. 상상이나 몽상이 아닌 새로운 세상에 부응할 수 있는 무언가를 생각하는 계기를 부여하였다. "장차 조금이라도 국가를 위하고 민족을 위하는 행동을 하자면 신학문을 배워야 한다는 꿈"을 품었다. 서울로 가서 신학문에 대한 관심과 인식이 싹트기 시작했다. 생각과 달리 기회는 비교적 빨리 찾아왔다.

한편 한반도를 둘러싸고 각축을 벌이던 제국주의 열강은 자국 이익을 위하여 국제적인 조약마저 헌신짝처럼 버렸다. "초록은 동색"이라는 격언처럼. 러일전쟁 발발과 더불어 대한제국 운명은 스스로 유지하기에 너무나 벅찬 상황을 맞았다. 위기를 맞은 지배층은 '엄정한' 국외중립을 선언하였다. 하지만 전쟁에 광분한 일제는 이를 전혀 인정하지 않았다. 오히려 무단적인 방법으로 원활한 전쟁수행을 위한 전선을 가설하거나 철도를 부설하는데 혈안이었다. 노동력을 강제로 징발하는 등 "고래싸움에 새우등 터지는" 격이었다. 경의선 철도부설에 군단위로 노동력을 할당하자 이에 반발하는 농민운동이 곳곳에서 일어났다.12)

전쟁물자 수송을 위한 노동력 징발도 병행되었다. 특히 친일세력인 일진회(一進會)는 회원들을 조직적으로 동원하여 이에 부응하는 분위기였다. 일진회원 발호는 이러한 역사적인 배경과 무관하지 않았다.13) 예상과 달리 일제는 러시아와 대결에서 승승장구하고 있었다. 자신감을 얻은 저들은 한국 식민지화를 위한 다양한 방안으로 대한제국을 '국제적인 미아'로 고립시켰다. 시정개선(施政改善)을 구실로 단행된 '화폐개혁'은 경제적인 예속을 가속화시키는 요인이었다.

제2차 영일동맹이나 테프트-카스라밀약 등을 통하여 한국에서 독점적이고 배타적인 지배를 인정받았다. 반면 필리핀이나 중국에서 미국과 영국 등에게 일시적으로 식민지배를 양보하는 아량을 보여주었다. 영구적인 식민지배를 위한 전주곡은 을사늑약(乙巳勒約)이었다. 장지연(張志淵)은 『황성신문』에 「시일야방성대곡(是日也放聲大哭)」을 통하여 일제의 만행을 고발하였다.14) 나아가 한국인의 항일의식을 일깨웠다. '을사오적'을 저격할 암살단 조직은 이와 같은 역사적인 배경에서 비롯되었다. 위기의식은 민족의식을 고취하는 방향으로 진전을 거듭하는 상황과 맞물려 있었다.

일제의 파렴치하고 무자비한 행위를 국제사회에 알리려는 노력도 병행되었다. 고종은 헤이그에서 열리는 만국평화회의 특사를 파견하였다. 이상설(李相卨)·이준(李儁)·이위종(李偉鍾) 등으로 일행은 구성되었다. 헐버트도 밀명을 받고 이를 국제사회 여론에 호소하는 활동을 전개하였다.[15] 이들은 기나긴 여정 끝에 현지에 도착할 수 있었다. 이미 국제사회로부터 고립된 대한제국 위상이 말해주듯이, 회의장에 참석할 수 있는 권한마저 주어지지 않았다. 이준은 고민하다가 분사(憤死)하는 등 소기의 목적을 달성하기에 역부족이었다.

일제는 이를 핑계로 고종을 강제로 퇴위시키는 한편 국가의 마지막 보류인 군대마저 해산시켰다. 고종 양위를 반대하는 투쟁이 서울을 중심으로 불꽃처럼 확산되었다. 친일 지배층에 대한 습격이나 가옥에 대한 방화 등도 빈번하게 일어났다.[16] 특히 해산된 군인들은 무기를 소지한 채로 의병진에 가담하여 전면적인 의병전쟁으로 확산시켰다. 일본군과 전면적인 항전은 배일감정과 배일의식을 증폭시키는 중요한 계기였다.

2. 사립 태극학교에서 향학열을 불태우다

1) 국권회복을 위한 계몽운동이 확산되다

러일전쟁 발발과 을사늑약은 한국인들에게 식민지화에 대한 위기의식을 증폭시켰다. 보안회를 필두로 국민교육회 등 각종 자강단체가 조직되었다. 이어 전국적인 조직망을 갖춘 대한자강회는 민중 계몽과 근대교육 보급에 매진하였다. 1906년 4월에 장지연·윤효정(尹孝定)·심의성(沈宜性)·김상범(金相範)·임진수(林珍洙) 등은 주요 발기인으로 참여하였다. 교육진흥과 식산흥업(殖産興業)을 표방하였으나 궁극적인 목적은 실력양성을 통한 자주적인 독립국가 건설이었다.[17] 이 단체는 1905년 5월 조직된 헌정연구회(憲政研究會)가 을사늑약으로 해산당하자 새롭게 조직한 정치·사회단체였다.

회칙에 의하면 회원과 찬성원으로 구성되었다. 임원은 회장 1명, 부회장 1명, 평의원 20명 및 회의 사무를 집행하는 간사원 20명, 그밖에 법률과 정치에 능통한 일본인 1명을 고문으로 둔다고 규정하였다. 1906년 4월 임시회에서 선출된 임원진으로 회장 윤치호(尹致昊), 고문 오카키 다케오(大垣丈夫), 평의원과 간사원은 각각 10명 등이었다. 부회장이 선출되지 않고 평의원과 간사원이 규정보다 적었던 것은 창립 초기에 회원확보 부진에서 말미암았다.[18] 회원은 2명 이상의 보증과 추천을 받아 입회할 수 있었다.

지회 설립은 지방유지가 대한자강회의 취지와 목적에 동의하고 동지 30명 이상을 확보하여 입회의 청원을 하면, 본회는 먼저 평의원 이상의 임원 가운데 2명을 선정하여 해당지역의 사정을 시찰하도록 하였다. 시찰원이 결과를 평의회에 보고한 뒤 그 지방에 대한 보증을 서야만 평의회에서 통과되고 월보와 회원증을 발송하도록 규정하였다. 그 뒤 전체 회원의 모임인 통상회 승인을 얻어야 비로소 지회로 인정을 받고 활동할 수 있었다. 복잡한 절차와 대한자강회 활동기간이 1년에 불과하여 지회 조직은 25개소 정도였다.[19]

활동은 주로 서울의 본회가 중심이었다. 회의 목적을 효율적으로 수행하기 위하여 본회에 교육부와 식산부를 두어 사무의 확장을 담당하고 연구하게 하였다. 이를 바탕으로 매월 1회 열리는 통상회에 대중도 참석할 수 있는 연설회 개최와 이를 일반에게 알리기 위하여 기관지로 『대한자강회월보』를 발간하였다. 대한자강회는 회의에서 긴급히 실시되어야 한다고 결정된 사항은 정부에 회원을 파견하여 건의·관철되도록 노력했다. 정부에 건의한 사회계몽운동은 교육활동에서 학부 교과서 편집문제·의무교육·사범학교 설립·각 사립학교 연락건 등과 조혼금지와 같은 사회교육의 움직임도 있었다. 당시 유흥비 마련을 위하여 가산을 파는 행위가 많았는데, 이를 바로 잡고 개인의 재산보호와 식산흥업을 위해 부동산 매매시 증명서를 첨부하여야 한다는 법령 반포를 건의하였다. 국채보상운동이 전개되자 적극적인 참여를 결정하였다.[20]

『대한자강회월보』는 대한자강회의 국권회복을 위한 실력양성론·독립자강론을 널리 알리기 위한 기관지로 필자 대부분이 임원진이었다. 기관지는 대중에게 새로운 제도와 문물에 대한 식견을 넓히고 교육진흥·식산흥업을 통하여 국권회복의 기반을 마련하는 데에 목적을 둔 계몽적인 내용이 주류를 이루었다. 다만 월보가 국한문으로 간행되었던 것은 대한자강회가 계몽 대상으로 인식한 계층이 하층보다 전통유학자를 포함하는 지식층이었음을 보여준다. 월보를 통하여 식산흥업의 필요성, 국가부원증진책(國家富源增進策), 식산 결여의 원인, 일제의 황무지개척권 요구의 저의, 한국의 기후와 생산물, 임업의 필요, 토지개량의 필요성, 종자개량 등에 대한 구체적인 연구를 거쳐 계몽운동을 전개하였다.

대한자강회는 출발 당시부터 합법적인 활동범위 내에서 온건한 계몽운동으로 일관하였다. 대정부건의도 통감부의 영향하에 있던 친일 정권으로 말미암아 실질적인 성과를 거두기에 역부족이었다. 특히 일제의 감시를 피하기 위하여 일본인 고문으로 오카키를 두었으나 그에게 한국인을 위한 활동을 기대할 수 없었다. 오히려 그는 이와 같은 약점을 교묘하게 이용하여 일제의 침략을 위하여 활약했다. 그러나 국채보상운동 이후 대한자강회가 적극적으로 현실정치에 참여하는 움직임을 보이자 일제의 탄압이 뒤따랐다. 결국 이완용 내각의 지시에 따라 내부대신의 명의로 해산을 당할 수밖에 없었다.

일제는 1907년 7월 헤이그특사사건을 구실로 고종 양위를 획책하면서 한국인의 반발을 봉쇄하기 위하여 보안법을 반포했다. 대한자강회는 이 법령으로 해산되고 말았다. 이 단체는 활동상 많은 한계를 가지고 있었지만 여러 제약 속에서도『대한자강회월보』간행과 지회를 두는 등 국권회복을 위한 국민계몽에 크게 이바지하였다. 윤효정 등 단체의 주도층은 1907년 10월 대한협회를 조직하는 등 계몽활동을 지속적으로 이어갔다.

2) 주민들 열성으로 태극학교가 탄생하다

사회적인 불안과 혼란이 거듭되자, 상황을 관망하던 김도연 부친은 마침내 중대한 결단을 내린다. 아버지는 구학문으로 이와 같은 사태를 수습하기에 너무나 역부족이라고 생각하고 번민을 거듭했다. 비록 자신은 범부이지만 자녀들만은 격랑에서 벗어나 보다 '인간다운 삶'을 살기를 염원하였다. 결국 자녀교육에 대한 관심 고조와 더불어 근대교육의 중요성을 절감하기에 이르렀다. "사람이 나면 서울로 보내고, 말이 나면 제주도로 보낸다."라는 격언처럼 결심은 곧바로 실천으로 이어졌다. 마침내 1908년 상경한 김도연은 서울 아현동에 소재한 사립 태극학교(太極學校) 2학년에 입학하였다.[21]

새로운 학문을 배우기 위한 번화한(?) 서울에서 본격적인 생활이 시작되었다. 변화는 지적 호기심을 자극하는 중요한 기제였다. 낯선 서울거리도 김도연에게 점차 친숙하게 다가왔다. 비록 부모님 슬하를 떠나 외로운 생활이었으나 자제력을 발휘하며 적응해 나갔다. 헛되이 시간을 낭비한다는 것은 부모님에 대한 최소한 자식 된 도리가 아니라는 생각이 자꾸 떠올랐다.

태극학교는 김준식(金俊植)·박준명(朴俊明)·김영종(金永鍾)·조중근(趙中根)·홍순필(洪順必, 洪淳泌) 등이 1908년 여름에 설립한 4년제 초등교육기관이었다. 당시 도쿄 유학생들은 예비학교로서 태극학교를 운영하고 있었다. 이는 대한제국을 상징하는 학교로 발전을 기원하는 의미였다.[22] 유학생들에게 유학생활에 가장 필수적인 어학능력 향상에 목적을 두었다. 나아가 한국인으로서 자긍심과 민족의식을 고취시키는 역점을 두었다. 아현동에 설립된 태극학교도 이와 같은 소망을 담았다.

> 서문 외 아현 유지청년 제씨는 마을이 거의 천호인 큰 마을이나 한 개 학교가 없어 인민의 지식이 암매(暗昧)함을 분한(憤恨)하여 학교를 설립차로 발기하였다. 동중 제씨가 적극 호흥하여 태극학교를 설립하고 김준식은 가사(家舍) 일좌(一坐)를 허부(許付)하며 기타 제씨도 각기 다수 연조하여 교사를 수리하는데 청년교육이 시급하다 하여 교사 준공 전에 이 마을에 있는 관공묘(關公廟)를 차용하기로 의정하였다. 박준명·김영종·조중근·홍순필 제씨는 열심 찬무함으로 장차 교황(校況)이 십분 완전하리라고 칭송하는 사람이 많다더라.[23]

태극학교를 설립한다는 소식을 접한 김준식은 학교 건물로 자기 집을 제공하는 등 열성적이었다. 교사가 준공되기 이전에 관공묘를 임시교사로 빌려 개교할 정도로 주민들의 열성은 대단했다. 근대교육에 대한 열망은 빠른 개교를 위한 활동으로 이어졌다. 특히 아현동 부호 차석희(車錫喜)와 김덕문(金德文) 알선과 의연금 모집은 계획보다 빨리 개교하는 든든한 버팀목이었다.[24] 의연금 모집에 동참한 주민들은 매우 열성적이었다. 당시 의연금 현황은 이러한 사실을 그대로 보여준다.

> – 아현계 아현
> 노병희 김준식 차석희 각 8백환, 김대용 6백환, 오학윤 김영종 임상근 각 2백환, 김세우 최우선 각 1백 환, 함치극 구덕기 김준식 김천공 최태식 차덕효 차줄연 노춘기 박창순 오근성 김경준 지순거 각 80환, 류광운 노계원 각 45환, 강준영 최태근 고춘심 음봉주 김명근 이태섭 김주연 이덕유 박용식 최인성 각 40환, 장형집 이원근 류계준 조준팔 강우삼 김윤부 김춘식 김창호 김흥태 경완식 류재춘 차봉섭 차병섭 맹경순 각 10환, 조준민 김윤소 양운룡 주치덕 이홍백 이석구 고영순 김봉운 김일진 정홍석 한룡식 조재호 신태희 이한규 김경은 채원근 각 2환, 합계 5천4백22환
> – 권정승계 아현
> 노한준 장보환 각 10환, 송흥원 3환, 김건영 2환, 김흥원 강윤엽 우경하 한철수 김천보 경덕화 각 1환, 김홍규 90전, 김준규 김태혁 김태진 강소사 송영국 김학준 김진근 엄경률 김덕현 정대인 이기상 각 50환, 장창순 윤경운 김상협 최재덕 임태현 황흥화 각 40전, 박호보 30전, 김경완 홍성준 홍순창 이춘근 최택수 전시종 김순명 각 20전, 합계 42환 50전
> – 차자리계 아현
> 김봉현 20환, 이중계 임진환 김상호 각 10환, 합계 50환
> – 시방계 능라방 흥신계
> 김봉구 이순서 조종식 김창유 김창호 최성수 최영조 각 6환, 이용구 임재

원 홍정조 이종원 김흥규 김봉규 각 5환, 음재준 4환, 최남홍 오경섭 천종렬
각 3환, 이완신 박재규 박치명 여화여 류순영 박인보 김성근 김학룡 최문삼
각 2환, 권흥구 임한주 임한순 김봉규 이중록 하재명 문창익 이석재 조명성
이봉운 이승우 김진호 이경현 김성윤 신대헌 이덕재 고영성 최동순 배덕환
최영근 최성복 김춘홍 김상억 김응배 한진혁 최창식 박경서 이장환 각 1환,
오치화 임춘식 이기윤 각 50전, 이성운 30전, 합계 2백환 80전
　　이순거 4환, 조경근 2환, 임진섭 10환, 함치극 괘종 일좌
　　총합계 5천6백80환 30전
　　태극학교 고백. 25)

　　당시 아현동은 서울 외곽으로 빈촌 중 하나였다. 어려운 생활에도
일시에 의연금 5,680환 30전이나 모금되었다. 이는 근대교육에 대한
주민들의 열망이 어느 정도인가를 엿볼 수 있는 대목이다. 곧 태극학
교는 아현동 근대교육의 상징이자 주민들의 '희망봉'이라 해도 과언
이 아니었다.

3) 신학문에 향학열을 불태우다

　　8명의 학생으로 개학한 후 순식간에 재학생은 70여 명이나 호응하
는 등 커다란 반향을 불러일으켰다. 1910년에는 교원 8명과 재학생
120여 명으로 비약적인 발전을 거듭하고 있었다. 교과목 중 국어·지
리·산술·역사·수신 등을 중시하는 가운데 민족의식을 강조했다.
설립 당시 임원진은 교장 김중환(金重煥), 부교장 차석희, 교감 조중
근(趙中根), 학감 홍순필, 교사 김일선(金一善)과 김교익(金敎翼), 찬
무장 이동휘(李東輝) 등이었다.26) 이들은 열성적으로 교육활동에 매
진하는 적극성을 보였다.

일작(日昨) 금요일에 아현 태극학교에 이 마을 유지제씨와 청년학원이 다수히 회집하였는데 교장 김중환, 찬무장 이동휘, 감독 이진호가 출석하여 교무를 일절 정리하고 교육의 필요로 차례로 연설함에 방청인이 대부분이 크게 감동하니 이 학교 성취를 예선가하(豫先加賀)할만 하다더라.[27)

교장 · 찬무장 · 감독 등은 동리 유지들과 청년들에게 근대교육의 중요성을 강조하였다. 교육이 진행되는 가운데 1910년 10월에 성대한 개교식이 진행되었다.

일작 목요일에 아현 태극학교에서 개교식을 거행하였다. 내빈이 3백여 명에 달하고 동중 남녀노소는 이를 축하하기 위해 구름과 같이 모여더니 자선부인회와 여자교육회와 보학원(普學院)에서 개교식에 참석했다. 내빈 중에서 학도 70여 명에 대하여 정영택(鄭永澤) · 강윤희(姜允熙) · 정운복(鄭雲復) 3씨가 차례로 축사를 하자 학도 김관호(金觀鎬)가 답사하고 금일은 즉 월종시험일이라. 자선부인회장과 여자교육회장과 해교 부교장 차석희(車錫喜)와 홍충현(洪忠鉉)이 공책 · 연필 · 필묵 등을 학도들에게 다투어 시상하였다. 고아원 학도가 순서를 따라 주악(奏樂)하고 봉명학교(鳳鳴學校) 학도 180여 명이 역시 참여하여 늦도록 대단한 성황을 이루었다 하였다더라.[28)

개교식에는 내빈이 300여 명이나 참석할 정도로 인산인해를 이루는 장엄한 광경이었다. 자선부인회 · 여자교육회 · 보학원 관계자 등 여성들도 참여하였다. 이는 여성교육 보급과 중요성을 알리려는 의도와 무관하지 않았다. 정운복 · 정영택 · 강윤희 등은 대한협회 · 기호흥학회를 대표하는 인물로서 차례로 등단하여 학생들에 대한 격려를 아끼지 않았다. 시험 성적우수자에 대하여 시상하는 등 향학열 고취에 남다른 관심을 보였다. 고아원과 봉명학교 학생들은 주악을 연주하는 한편 오랫 동안 상견례를 병행하였다. 특히 교사들은 지리 ·

역사 · 수신 시간에 "나라의 국권을 회복하려면 제군들의 애국정신으로서만 이룩된다."고 역설했다.[29]

한편 태극학교 설립이나 운영에 관련된 주요 인물의 경력은 다음과 같다. 교장인 김중환은 풍산(豊山)이 본관이다. 1888년 문과에 합격한 뒤 승정원 가주서(假注書)에 임명되었다. 이후 누차 가주서의 임면을 거듭하다가 1891년 성균관 전적에 임명되면서 사간원 정언을 겸하게 되었다. 1892년 이후로 사헌부 지평, 내부참서관, 내부 지방국장, 지방제도 조사위원, 시종원 시종, 교전소(校典所)의 기사원(記事員), 중추원 의관 등을 차례로 재임한 전형적인 관료이다.[30] 내부 지방국장 재직 시에는 호구조사의 중요성과 지방비 남용을 방지하는 대안을 제시하기도 했다.

> 요사이 폐막이 층생하여 무뢰한 승려가 경향에 출몰하며 혹 해패한 거조가 파유하니 일절 금칙 할지오. 호적은 국가에 큰 법이라. 국초에 호적 법의가 신중하였으나 법구 패생함으로 근래에 문구가 되어 정부에서 전국 인구의 다과를 알지 못하니 이는 정치상에 큰 결점이라. 이런고로 호적 규칙을 새로 반포하되 고금을 참작하여 간편하게 함은 전국 인구를 상세히 조사함이라. 일호 일구라도 유루치 말되 설혹 한번 조사하고 다시 생산 물고와 이거 이래를 때로 수정치 아니하면 문구가 또 될 터이기로 별반 영칙하고 칙령 반포하신 규칙을 봉준 무위하여 실심 대양케 함이오. 신식 호적조의 값 4푼은 지품비와 필묵 잡비를 참작 마련함이거늘 들은즉 서기 등은 마음대로 많이 받거나 남봉하여 청문이 낭자하니 해 지방관이 실검한 책망을 어찌 면하리오.[31]

1898년에는 내부협판, 중추원의관, 개성부윤, 1899년 이후 탁지부의 문부조사위원(文簿調查委員) · 지계아문(地契衙門) 부총재 등을 역임하였다. 1905년 특명전전공사, 1907년 경상북도선유사에 잠시 임명되었다.[32] 1905년 이후로는 주로 육영사업에 종사하여 찬문학교·보성학교·한남학교·동명학교·봉명학교·화동학교 교장을 두루 겸임하였다.[33] 보성학교 생도들에게 열심히 공부할 것을 권유하는 등 남다른 노력을 기울였다.

> 연내 교육에 열심하던 김중환이 하루는 보성학교 학생 10여 명에게 세계 형편과 학문에 진취됨을 설명하였다. 자신의 아들 순흠(舜欽)에게 너희들 중에 네가 학력이 특우(特優)하니 너는 강사가 되어 과정은 일어와 산술로 교수하고 여러 학생은 수업하라 한 데 학생들이 매주 일요일에 모여 그의 집에서 수업하더니 금번 월종시험을 치루었는데 우등은 김원득·김명흠·윤선호 제씨오 급제는 박제형·박용준·이경룡 등이라 하니 그의 열심함을 칭송하지 않는 사람이 없었다더라.[34]

학생들에 대한 찬사는 이들에게 자긍심을 일깨우는 동시에 향학열을 고취시키는 결정적인 요인이었다. 이들은 매주 일요일마다 모여 공부하는 열성을 보였다. 장차 교사로서 자라나는 2세들을 교육하려는 야심찬 계획을 실현하기 위한 노력도 기울였다. 김중환은 기호흥학회 찬무원으로 열성적인 활동에 매진하였다.[35]

찬무장인 이동휘 아버지는 승교(承嬌, 일명 이발)이다. 부친은 후일 연해주 노인동맹단 일원으로 활동하는 등 항일운동에 적극적이었다. 이동휘는 1896년 서울에 신설된 육군무관학교에 입학하여 1899년 졸업한 후 궁성수비대에 근무하였다. 1901년 삼남지방 검사관(檢査官)으로 임명되어 6개월간 지방 관료의 부정부패를 다스린 후 1902년 참령(參領)으로서 강화도 진위대장으로 전출되어 1904년까지 근무했다. 특히 강화진위대장에 부임한 이동휘는 현지 근대교육을 주도한 대표적인 인물이었다.

일찍이 육영학원(보창학교 전신) 설립·운영을 주도하는 한편 대한자강회·신민회·한북흥학회·서북학회 임원과 회원으로서 왕성한 교육계몽활동을 전개하였다. 강화진위대장을 사임한 이후 근대교육 보급을 위한 활동은 더욱 집중되었다.[36] 그는 강대흠(姜大欽)·황범주(黃範周) 등과 주민 부담에 의한 의무교육 시행을 위한 단체 결성을 주도하였다. 면장·이장 등을 비롯한 유지 수백 명이 군청에 회집한 가운데 임시의장 이동휘 사회로 강화학무회(江華學務會) 발기대회는 개최되었다. 당시 지방관의 의무교육 실시에 대한 의지와 주민들 열의는 상상을 초월할 정도로 대단하였다.

> 강화군에서 의무교육을 실시하기 위하여 동군 신사 이동휘·강대흠·황범주 제씨가 발기하고 군내 신사와 면장·이장 수백 인이 이번 달 24일에 군청에 모여 학무회를 조직하였다. 임시회장 이동휘는 개회 취지를 설명하고 본군수 고청룡(高靑龍)은 의무교육 실시하는데 미개한 인민이 방해하는 사람이 있으면 비록 강제라도 결단코 실시하겠다고 격렬하게 근면하고 …(중략)… 각 교숙(校塾) 경비는 각 구역 내 사민(士民)의 분담한 의무전곡(義務錢穀)과 지사의 특별의연과 학도의 월사금으로 영원히 유지하게 한다하니 강화 일군이 우리 대한 의무교육 실시의 훈도 모범되기를 확신하겠다더라.[37]

즉 군수는 강제적인 방법을 동원한 의무교육 시행을 역설하고 나섰다. 이에 신사유지와 면장·이장 등도 호응하는 등 도내 근대교육은 도약을 위한 새로운 '계기'를 마련한 셈이다. 당시 피선된 임원진은 회장 강대흠, 부회장 조상석(趙尙錫), 총무 황범주 등이었다. 임원 선정

후 의무교육의 시급성을 역설한 이동휘는 참석자들로부터 열렬한 환호와 박수갈채를 받았다. 의무교육 시행방안은 생활 정도에 따라 주민 부담에 의한 사립학교 설립으로 이어졌다.[38]

의무교육 시행을 위한 주요 내용은 다음과 같다. "첫째, 강화도내 16면 114개 마을을 56개 학구(學區)로 나눈다. 둘째, 학구마다 사립학교를 설립한다.[39] 셋째, 학령아동(學齡兒童)은 강제로 각 '구역학교'에 입학시킨다. 넷째, 15세 이상 20세 이하 한문에 능숙한 자는 보창학교 중학과에 입학시킨다. 다섯째, 20세 이상 40세 이하 한문에 능한 자는 중성학교(中成學校) 사범속성과에 입학시킨다. 여섯째, 학교경비는 주민들 생활정도에 따라 부과한 의무금, 유지들 의연금, 학생 월사금 등으로 충당한다." 의무교육은 민족지도자와 교사 양성 등 긴밀한 관계·계획에 따라 시행되었다.[40] 보창학교 중학과와 중성학교 사범과 설치는 이를 반증한다. 또한 신·구학 절충은 지역적인 특성을 반영한 부분이다. 한문 능통자에 대한 우대책과 교사로서 양성은 이러한 현지 분위기와 결코 무관하지 않았다.

보창학교 지교 부설인 야학 운영은 근대교육 시행을 위한 가장 현실적인 대안 중 하나였다.[41] 이는 민중에 대한 무한한 신뢰감과 아울러 보다 투철한 현실인식에서 비롯되었기 때문이다. 더욱이 100여 개교 이상에 달하는 지교는 교육구국운동을 전개하는 주요한 기반이었다.[42] 신민회는 안악면학회(安岳郡勉學會)·해서교육총회(海西敎育總會)·평양청년권장회(平壤靑年勸奬會)·연학회(練學會)·동제회(同濟會) 등 학회를 조직하는 등 그의 활동을 지원하였다. 서북학회도 협성학교지교(協成學校支校)와 지회를 설립하는 등 동참하고 나섰다. 이리하여 북한지역 교육운동은 새로운 전기를 맞았다.

현금 단천에 체류하는 이동휘가 함경남도에 교육을 발달코자 바쁘게 돌아다니니 도처 설유(說諭)하여 한서기포(寒暑飢飽)를 전혀 생각하지 않고 피눈물 권면하는 고로 해씨 한 번 눈물을 흘리면 한 학교가 설립되고 한마디 말에 한 학회가 설립되었다. 도처 인민이 만집불사(挽執不捨)하는 고로로 그의 서울로 돌아올 날이 3 – 4년 후에 있을 듯하다고 북쪽에 온 사람의 전하는 말이 있다더라.[43]

계봉우가 북간도지역 '민족학교' 역사교과서로 저술한 『오수불망(吾讐不忘)』에도 이러한 구절을 볼 수 있다.[44] 이는 당시 이동휘의 대중강연과 사립학교 설립을 통한 구국운동으로 방향전환을 의미한다. 곧 한국인의 정치활동이 철저하게 봉쇄되자, 그는 이전의 정치개혁운동에서 대중계몽운동으로 전환하는 등 일반적인 정세 흐름에 부응하고 있었다.[45]

재학 중 김도연은 동창생인 최연택(崔演澤)·이원재(李元載)와 의형제를 맺을 만큼 절친한 관계였다. 서로를 격려하며 향학열을 불태우는 등 교내는 물론 사회적인 주목을 받는 주인공으로 등장한다.

아현 사립태극학교 3년급 생도 김도연 김(崔의 오자)연택 양씨는 연금 18세라. 일전에 성혼하였는데 그 결혼날에도 양씨가 촌음(寸陰)을 수석(受惜)하여 점심시간에 혼례를 행하고 곧바로 등교하였다니 해 양씨의 공부하는 열성은 일반 교육계에 실로 모범할 만한 일이라더라.[46]

역사적인 무대에 김도연이 등장하는 순간을 맞았다. 그는 최연택과 점심시간을 이용하여 혼례를 올린 후 곧바로 등교하여 학업에 전념할 정도로 향학열을 불태웠다. 이들은 학교 수업 외에도 대한제국기 정치·사회단체에서 주관하는 강연회에 참석했다.[47] 이는 현실인식을 심화시키는 한편 자신들의 나아갈 바를 모색하는데 많은 노력으로 귀결되었다.

10월 개최된 가을운동회는 주민들의 참여로 인산인해를 이루었다. 홍제원 부근에서 시작된 운동회는 다양한 종목으로 정정당당한 경쟁심을 배양시켰다. 건강과 위생생활의 중요성도 스스로 인식하는 중요한 계기였다.

> 어제 일요일 아현 태극학교에서 추기운동회를 홍제원(弘濟院) 부근에 개최하였다. 순서는 기취경주(旗取競走) 1등에 이을경(李乙庚)·이구성(李九成)·김태봉(金泰峯), 고도(高跳) 1등 김귀원(金貴元), 양인삼각(兩人三脚) 1등 오형상(吳衡相)·김치평(金治平), 계산경주(計算競走) 1등 김강산(金剛山), 광도(廣跳) 1등 장희순(張希舜), 도보경주(徒步競走) 1등 노학산(盧鶴山), 구습(球拾) 1등 우귀동(禹貴童) 제씨오. 임원·학도부형 등 내빈이 귀래(歸來)할 시에 학도를 인솔하고 삼계동(三桂洞) 풍경을 완상(玩賞)하고 창의문(彰義門)을 들어와 부감장안도(俯瞰長安道)하고 행보가(行步歌)·운동가를 산보질창(散步迭唱)하여 날이 저물어 귀교하였다더라.[48]

정정당당한 경쟁을 통한 운동회는 학생들에게 자신감을 배가시켰다. 각종 경기는 날이 저물어 학교로 돌아오는 도중 학생들은 「행보가」와 「운동가」 등을 제창하였다. 주민들은 늠름하고 대오 정연하게 행군하는 이들에게 아낌없는 박수갈채를 보냈다.

과목 중 수신·역사·지리 등은 김도연이 가장 흥미를 가지고 열심히 공부한 과목이었다. 김일선과 홍순필 선생의 열성적인 강의는 민족의식을 일깨우는 중요한 계기였다. "이 나라 국권을 회복하려면 너희들 책임이 크다"라는 격려사는 면학하는 분위기를 조성하였다. 서울 출신 학생들보다 많은 노력으로 재학 중 수석을 차지하는 등 우수한 성적을 거두었다.[49) 부모님을 비롯한 가족들은 칭찬을 아끼지 않았다. 재학 중 취미생활로 축구를 즐겼다. 운동은 건강한 신체를 유지하는 비결이자 지치지 않고 열심히 공부할 수 있는 에너지원이었다. 의형제인 이원재나 최연택과 같이 토론회·강습회·친목회를 개최하였다. 이를 통하여 학생들에게 변화하는 상황을 알려주었다. 격의 없는 의견 교류는 장래 민족이나 국가에 어떻게 기여할 수 있을지를 모색하기에 이르렀다.[50)

1911년 3월 31일에 김도연은 태극학교를 수석으로 졸업했다. 재학 중 수강한 교과목은 매우 다양했다. 수신·국어(일본어)·조선어·한문·역사·지지·외사(외국역사)·외지(외국지리)·작문·산술·물리·화학·생리·습자·도화(미술)·지도·농업·상업·창가·체조 등 그야말로 전인교육이라고 해도 과언이 아니다. 교사진은 김일선·조중근·홍순긍·이희상(李熙祥)·김상국(金祥國)·이관희(李觀熙) 등이었다. 졸업할 당시 교장은 김중환이 재직하고 있었다.[51)

3. 보성중학교에서 민족의식에 눈뜨다

1) 보성중학교에서 수학하다

1910년 대한제국이 일제에 의해 강제로 병탄되었다. 한민족 분노와 허탈한 분노는 극에 달하는 상황이었다. 을사늑약 이후 재야인사들처럼 홍범식(洪範植)·황현(黃玹)·이만도(李晚燾) 등은 자결로서 저항하였다. 이회영(李會榮)·이상룡(李相龍)·김대락(金大洛) 등 일가는 치욕적인 삶에서 벗어나고자 집단적으로 중국 동북지역으로 망명 길에 올랐다. 이는 신민회가 추진한 국외독립운동기지 건설의 일환으로 추진되었다.[52] 이처럼 너무나 어수선하고 험악한 분위기였다.

김도연은 절망적인 현실에 좌절하지 않고 오히려 적극적으로 일본 유학을 결심하기에 이른다. 스승인 김교익 권유와 '대외식민지정책' 특히 대한제국 침략에 대한 불법성 등을 간취(看取)하여 대일투쟁을 전개하려는 생각 때문이었다.[53] 자신의 의도와 달리 일본유학은 당장 실천하기에 역부족이었다. 부친은 국내에서 중등교육을 수학한후 일본유학을 권유했다. 보성중학교(普成中學校)에 진학하여 일본유학을 위한 준비도 이때부터 시작되었다. 일본어는 물론 영어·수학 등을 공부하는데 남다른 노력을 기울였다. 영어는 장차 세계사적 안목으로 국제사회를 이해하는데 가장 유효한 방안 중 하나로서 생각했다. 곧 국제정세를 제대로 인식하기 위한 소식은 영어를 독해함으로 가능하다는 사실을 인식하고 있었다.

보성중학교는 이용익(李容翊)이 설립한 대한제국기를 대표하는 사립중등학교였다. 설립자가 러시아로 망명한 이후 손자 이종호(李鍾浩)가 운영하다가 심각한 재정난에 직면하였다. 특히 교주의 러시아 연해주로 망명은 심각한 재정난으로 귀결되었다. 일제의 직간접인 탄압으로 인한 학교 운영을 둘러싼 갈등은 폐교 직전까지 내몰았다.[54] 일본에 망명한 후 귀국한 손병희(孫秉熙)는 이를 인수하여 민족교육 산실로 육성할 원대한 계획을 세웠다. 노백린(盧伯麟)·박중화(朴重華)·최린(崔麟) 등을 교장과 일본 유학생을 교사로 초빙함으로 교육 내실화를 도모할 수 있었다. 노백린은 망국 원인으로 상무정신이 부족한 사회적인 인식임을 지적하였다. 전형적인 군인인 그는 병

식체조 등을 가미한 상무정신을 일깨우는데 노력을 아끼지 않았다. 이러한 의도를 제대로 인식하지 못한 일부 학생들 반발도 있었으나 전혀 흔들리지 않고 자신의 뜻을 그대로 관철시켜 나갔다. 위기의식이 확산되는 가운데 학생들도 이에 호응하는 등 분위기는 반전되고 있었다.

특히 최린의 수신과 원영의(元泳義) 역사 수업은 김도연에게 개방적이고 올바른 민족의식이나 국가의식 등 외연을 확대하였다.[55] 동창생은 정치가 이기붕(李起鵬), 언론인·교육자 최승만(崔承萬), 문학가 염상섭(廉想涉) 등을 들 수 있다. 이들은 보성중학교를 졸업하거나 재학 중에 일본으로 유학하였다. 김도연을 비롯한 동창생들은 유학생활 동안 『학지광(學之光)』과 같은 유학생 커뮤니티를 통한 활동과 더불어 2·8독립선언에 참여한 경험을 공유할 수 있었다.[56] 특히 "언어·문자의 성쇠는 민족의 흥망과 직접적 관계"에 있다고 주장한 어문민족주의자 주시경(周時經)의 가르침을 통해 민족의식을 심화시켜 나갔다.

설립자이자 교주인 이용익은 함북 명천에서 서민의 아들로 태어나서 소년 시절에 서당에서 수학하였다. 이후 고향을 떠나 보부상으로 자금을 모아 함남 단천에 와서 금광에 투자하여 거부가 되었다. 재화를 얻게 되자 큰 뜻을 품고 한성에 올라와 민영익(閔泳翊)의 집에 기거하면서 금광에 관한 정보를 제공하였다. 1882년 임오군란 때 충주로 피신한 민비(閔妃)와 민영익 사이 비밀연락을 맡아 임무를 충실히 수행했다. 이리하여 민영익의 천거로 고종의 두터운 신임을 얻어 출세가도를 달렸다.

재직 당시에는 내장사의 직조소(織造所)를 근대적 공장으로 개편하고자, 모범양잠소를 설치하여 근대적 견직기술을 강습하게 하였다. 각 도에 공업전습소를 설치하여 염직·직조업·제지업·금은세공·목공의 근대 기술자 양성을 시도한다. 또한 사기(沙器)제조회사를 서울에 설립했으며, 총포공장을 건립하기도 하였다. 이밖에도 1898년 정부에서 근대식 석판인쇄기계를 도입하여 우표·상표·지계(地契) 등을 인쇄·발매하고, 1903년에는 박람회를 개최하려고 하였다.57) 철도 부설, 근대금융기관 설립 등에도 적극적으로 지원하는 등 근대적인 개혁에 많은 영향을 미쳤다.

정치적 입장은 일관성 있게 친로반일(親露反日)적 입장을 고수하여, 1904년 러일전쟁이 일어나자 정부로 하여금 국외 엄정중립을 선언하게 하였다.58) 그 결과 전쟁 중 일본으로 압송되어 온갖 회유를 받았으나 모두 거절했다. 일본에 납치되어 있을 때, 일본의 개화문물에 접하고 다수의 도서와 인쇄기를 구입·귀국하였다.

1905년 을사늑약이 강제 체결되어 국권이 박탈되고 이른바 보호정치가 시작되자, 육군부장(陸軍副長)이라는 직명으로 고종의 밀서를 가지고 원조를 요청하기 위해, 프랑스로 향하던 중 6월에 중국 산둥성 옌타이항(山東省 煙臺港)에서 일본 관헌에게 발각되었다. 이때 밀령의 책임을 추궁받을까 염려한 대한제국 정부에 의해 모든 관직에서 파면되었다. 그 뒤 해외를 유랑하면서 계속 구국운동을 전개하다가 뜻을 이루지 못하고 블라디보스토크에서 객사하였다. 사망 시에 고종에게 유소(遺疏)를 남겼다. 주요 내용은 '광건학교(廣建學校), 인재교육, 국권회복' 등이었다.

2) 어문민족주의에 심취하다

김도연이 보성중학교에 입학할 당시 학생들의 연령층은 천차만별이었다. 15세에서 25세까지로 서울 출신은 어린 연령인 반면 시골 출신은 비교적 나이가 많았다. 그는 18세로 중간에 속하는 편이었다. 반장에 선출되어 학생들 의견을 조정하는 등 무난하게 반장직을 수행할 수 있었다. 재학 중 가장 기억에 남는 부분은 단연 수학여행이었다.

새로운 교주로 부임한 손병희도 수학여행에 동행하였다. 체조교사 우종현 인솔로 대구역에 도착한 일행은 달성공원에서 사열식을 거행하는 등 흥분된 분위기였다. 대구 시민들은 이를 구경하기 위해 인산인해를 이루었다. 현지에서 발행되는 신문은 그날의 광경을 대서특필하는 등 관심을 보였다.[59]

경주에 도착하여 석굴암·첨성대·안압지·무열왕릉 등 유적지를 두루 돌아보았다. 지도교사의 설명은 신라문화의 우수성을 새삼 절감하는 교육현장이었다. 상산은 우수한 문화가 왜 이렇게 쇠퇴하게 되었는지를 곰곰이 생각하는 시간이기도 했다. 특히 '경주 최부자' 최준(崔浚)의 환대는 일행에게 피로감을 반감시키는 신선한 청량제였다. 수학여행으로 우리의 역사와 문화에 대한 관심도 점점 늘어났다.

재학 중 많은 조언과 격려를 아끼지 않은 선생은 김교익이었다. 선생은 최천택과 상산에게 일본으로 유학을 자주 언급하는 등 격의 없는 대화로 이들에게 용기를 일깨웠다. 국가와 민족을 위하여 보람 있는 일이 무엇인지를 생각해보라는 일침도 서슴지 않았다. 교과목 중 국어(당시 조선어)는 가장 흥미와 민족적인 자긍심을 일깨우는 수업이었다. 강사로서 고매한 인품을 가진 주시경은 단연 학생들의 존경을 받았다.

주시경은 황해도 봉산군 쌍산면 무릉(戊陵)골에서 태어났다. 어릴때의 이름은 상호(商鎬)이다. 1894년 9월 배재학당에 입학하여 스스로 국어 · 국문의 과학적 연구를 개척하기 시작하였다. 1896년 4월 7일 서재필(徐載弼)을 중심으로『독립신문』을 창간하게 되자, 총무겸 교보원으로 국문판 조필(助筆)을 맡았다. 서재필과 함께『독립신문』을 우리나라 처음으로, ①국문전용, ②국문 띄어쓰기, ③쉬운 국어쓰기의 방법으로 발행하는데 결정적 역할을 하였다. 신문 창간과 함께 독립신문사 내에 국문연구단체인 국문동식회(國文同式會)를 조직하여 본격적인 국문연구를 추진했다.[60] 이는 한국 최초의 국문 연구단체이다. 국문동식회는 이후 국문연구회를 거쳐 일제하에서 조선어연구회로 발전했다가 조선어학회로 개칭되었다.

1896년 11월 30일 배재학당 안에 협성회(協成會)가 창립되자『협성회회보』편집위원으로 활약하였다. 1896년 7월 2일 독립협회가 창립되자 이에 가입하여, 1897년 12월 5일에는 22세의 청년의 나이로 일약 독립협회의 중앙위원으로 선출되어 활동했다. 이어 만민공동회(萬民共同會)에서는 양기탁(梁起鐸) · 이동녕(李東寧) 등과 함께 자주민권 · 자강운동을 전개하였다.[61] 독립협회 해산 후에는 상동의 사립학숙(私立學塾)에 국어문법과를 신설하고 청년 학생들에게 국어문법을 교육하는 한편 국어국문 연구에 온 정력을 집중하였다. 이리하여『대한국어문법』과『국어문전음학(國語文典音學)』을 저술하는 등 한글 상용화를 위한 초석을 다졌다. 1907년 1월에 지석영(池錫永)이 국어연구회를 설립할 때 이준 추천으로 연구위원이 되었다. 학부 안에 국문연구소가 설치되자 연구위원으로『국문연구안(國文研究案)』을 제출하였다. 이어『국문초학』·『국어문법(國語文法)』·국어사전(일명 말모이)』·『말의 소리』등을 저술하여 국어음운학의 과학적 기초를 닦았다.[62]

국어국문 연구뿐만 아니라 애국계몽운동에도 직접 뛰어들어 활동하였다. 서우학회의 협찬원, 대한협회 교육위원으로서 애국계몽운동을 적극적으로 전개하고,『서우』등을 비롯한 애국계몽 잡지에 국민의 분발을 촉구하는 애국적인 논설들을 발표하여 국민을 계몽하였다. 여성계몽을 위하여 신채호(申采浩)와 함께『가뎡잡지』도 편집했다. 1907년에는 량치차오(梁啓超)의『월남망국사(越南亡國史)』를 순국문으로 번역·간행해서 프랑스의 식민지통치에서 압박받는 월남의 실태를 국민들에게 알렸다.[63] 이는 민족적 자각과 애국적 분발을 불러일으켜 국권회복에 나설 용기를 심어주었다.

1906년부터 1910년까지 서울의 18개 중학교에서 주 평균 40여 시간 국어 강의를 실시하였다. 시내에 흩어져 있는 여러 학교를 돌아다니며 한 강의였기 때문에 점심시간을 내지 못하여 굶기가 다반사였다. 여름방학에는 상동의 청년학원에 하기국어강습소를 설립하여 한글 교육에 전력을 기울였다.[64] 강의는 ①음학(音學), ②자분학(字分學), ③격분학(格分學), ④도해학(圖解學), ⑤변체학(變體學), ⑥실용연습의 6과로 나눈 전문적인 강의였다. 일요일에는 보성학교 안에 조선어 강습원(朝鮮語講習院)을 설립하여 청년학생들을 모아 무료로 강의하였다. 조선어강습원의 수강생은 자발적으로 모인 애국적 청년들이 많았기 때문에 특히 효과가 매우 컸다. 당시 김도연도 주시경을 통하여 국어에 관한 관심을 가졌다. 후일 조선어학회에서 활동할 수 있었던 역사적인 연원은 여기에서 찾아진다.

그러던 중 김도연은 1913년 10월 중순 최연택과 함께 염원하던 일본으로 유학을 떠나게 되었다. 사숙·태극학교·보성중학교 등 전통교육과 근대교육을 수학하면서 애국심과 민족의식을 형성하였다. "실력을 배양하고 힘을 길러 조국과 민족을 위해서 보람 있는 일을 해야겠다는 일념(一念)"을 가지고 일본으로 떠났다.[65] 두려움과 새로움에 대한 설레임이 교차하는 묘한 순간을 맞았다.

제2장

일본 유학 중
2·8독립운동을 주도하다

1. 조선유학생학우회 임원으로 활동하다

1913년 10월 도쿄에 도착한 김도연은 유학생감독부 기숙사에 기숙하면서 본격적인 일본어와 영어 공부에 매진했다. 이후 세이쇼쿠(正則)영어학원에 다니면서 영어·일어·수학 등을 공부한 뒤 이듬해 긴죠중학교 3학년에 편입하였다. 최연택은 긴죠중학교 입학 이전까지 김도연과 함께 생활했다. 그는 학비와 생활비 등 문제로 유학생활을 포기하고 귀국하였다. 동료가 귀국한 후 1917년에는 게이오대학 경제학과인 이재과에 입학했다.[1]

1910년대 일본에는 많은 한국인 유학생이 거주하고 있었다. 도쿄에는 1920년 당시 유학생은 1,023명으로 다른 지역 유학생 전부인 118명보다 월등이 많았다.[2] 이러한 현상은 이곳을 중심으로 자연스럽게 여러 유학생 단체가 조직될 수 있었다. 조선유학생학우회·동경조선기독교청년회·동아동맹회·반도중학회·여자친목회·조선학회 등은 대표적인 단체였다.

김도연은 게이오대학에 입학하기 이전부터 조선유학생학우회·동경조선기독교청년회·조선학회·반동중학회·반도웅변회·동아동맹회 등에 가입·활동하였다. 조선유학생학우회는 1912년 회원 사이의 친목도모, 지덕체(智德體) 발달, 학술연구와 의견 교환을 도모하기 위하여 창립된 단체였다. 주요 발기인은 안재홍(安在鴻)·최한기(崔漢基)·서경묵(徐慶黙) 등이었다. 이는 도쿄에 있는 한인 학생단체 중 가장 큰 규모였다.3) 운영비는 회비와 의연금으로 충당되었다. 주요 활동은 정기 혹은 임시총회에서 졸업생 축하회와 입학생 환영회 개최, 민족의식 고취와 학문적인 정보를 교환하는 매개체로 기관지인 『학지광(學之光)』을 발행하였다. 기관지는 '배일적'인 내용이 많아 발매반포금지처분을 받은 적도 많았다.

이 단체 참여한 시기는 명확하지 않다. 1917년 평의원으로 선임된 점으로 보아 이전부터 이 단체에 가입·활동한 것으로 보인다. 이후 서무부원을 거쳐 1918년 총무로 선임되어 활발한 활동을 전개하고 있었다. 점차 핵심적인 멤버로서 확고한 지위와 함께 2·8독립운동 주역으로 성장했다. 1915년 임원진은 회장 백남훈(白南薰), 총무 박이규(朴珥圭), 문서부장 김철수(金錣洙), 편집부장 장덕수(張德秀) 등이었다. 1917년 9월에는 회장 김명식, 총무 김철수(金喆壽), 서무부장 김안식(金安植), 그는 송계백(宋繼白)과 서무부원으로 선임되었다. 1918년에는 회장 이태영(李泰英), 총무 김도연, 평의원 김철수·최팔용·서춘 등이었다.4)

반도중학회는 1914년 그와 백남훈 · 전영택(田榮澤) 등의 후원으로 조직되었다. 목적은 중등교육기관 유학생들의 친목 도모였다. 총회 · 강연회 · 웅변대회 등을 개최하는 한편 축구 · 야구 등 운동경기도 함께 즐겼다. 기관지로『반도(半島)』라는 잡지를 발간하였다.[5]

반도웅변회는 송계백 · 민병세(閔丙世) · 김재희(金在禧) 등에 의하여 조직되었다. 이 단체는 웅변 연습을 위하여 조직되었으나 회원들의 학술 정보를 교류하는 등 민족의식을 고취시켰다. 회원 12~13명으로 소수였으나 신뢰감은 어느 단체보다 강하였다. 회원들은 매주 일요일마다 회합하여 연습에 노력을 기울였다. 2 · 8독립운동 이후 일제의 감시와 탄압으로 활동이 중단되었다.[6]

동경조선기독교청년회에도 참여 · 활동하였다. 이 단체는 황성기독교청년회 부총무였던 김정식(金貞植)이 파견되면서 조직되었다. 1916년 김정식이 귀국하자 김영수(金榮洙)와 백남훈이 간사로서 선임 · 활동하였다. 1919년에는 회장 피셔와 간사 백남훈으로 회원은 140여 명이었다. 이 단체는 기독교의(基督敎義)에 의해 도쿄 내 유학들에게 지덕체의 발달을 도모하게 하고 완전한 인격을 양성하는 것을 목적으로 삼았다. 대중 강연회 개최와 기관지『기독청년(基督靑年)』도 발행하였다.[7]

일본유학 시절에 김도연은 기독교에 귀의했다. 어떠한 이유로 기독교를 믿게 되었는지 자세한 내막을 알 수 없다. 회원으로 가입 · 활동은 도쿄 내 한국인 단체 중 가장 단단한 조직력을 가졌다는 청년회 회장에 선임되는 든든한 기반이었다. 특히 그의 일생에 커다란 점환점이 되었다. 피셔와 만남은 당시 일본과 한국의 감리교주재감독인 웰치(Bishop Herbert Welch)와 인연으로 미국유학에 결정적인 영향을 주었기 때문이다.

　김도연은 조선유학생학우회를 비롯한 여러 유학생 단체에 참여하면서 국내외 정세와 항일의식을 함양하였다. 이러한 활동을 기반으로 점차 동경유학생 사회에서 주도적인 위치로 발돋움했다. 결국 2·8독립운동 주역으로 성장할 수 있었다.

2. 2·8독립운동을 주도하다

　1918년 1월 미국 윌슨(Woodrow Wilson) 대통령은 종전을 위한 '14개조 평화원칙'을 발표하였다. 같은 해 11월에는 제1차 세계대전이 막을 내렸다. 전후 처리를 위하여 파리강화회의가 개최되었다. 이 원칙과 강화회의는 당시 제국주의 열강에 의하여 강제적으로 지배를 받던 약소민족에게 자주독립의 희망을 고취시켰다. 일본 유학생들도 마찬가지였다. 김도연을 비롯한 일본 유학생들은 "암흑에서 광명을 본 것과 같은 기쁨과 희망에 벅찼고, 한결같이 이때야말로 조국광복 절호의 기회"라고 인식했다.[8]

　대외적인 정세변화는 국내외 독립운동 세력에게도 커다란 영향을 미쳤다. 1918년 상하이에서 결성된 신한청년단(新韓靑年團)은 파리강화회의에 김규식(金奎植)을 민족대표로 선정·파견했다. 또한 장덕수(張德秀)를 일본으로, 여운형(呂運亨)을 러시아 연해주로, 김철(金澈)·선우혁(鮮于赫)을 국내로 각각 파견하여 각계 지도자들과 접촉하였다.[9] 이들은 각자 맡은 바 임무를 실행함으로 국내외에서 3·1독립운동을 견인할 수 있었다.

한편 미주지역에서는 '소약국동맹회' 참석과 파리강화회의에 민족 대표 파견을 결정하였다. 특히 미주지역 한인들의 한국독립을 위한 외교활동은 김헌식(金憲植) 등이 뉴욕에서 조직한 신한회(新韓會)와 대한인국민회를 중심으로 추진되었다. 1918년 11월 신한회를 조직한 김헌식은 미국대통령·상하의원·미국의 평화회의 대표단에게 한국 독립을 청원하는 결의문을 전달하였다. 대한인국민회 역시 소약국동 맹회에 참여하는 동시에 이승만(李承晩)·민찬호(閔讚鎬)·정한경 (鄭翰景) 등 한인대표를 선출하여 파리강화회의에 파견한다는 소식 이었다.[10] 물론 이 계획은 미국 정부가 여권을 발급하지 않아 실패하 고 말았다.

이러한 국제정세와 달리 1918년 음력 11월 만주와 연해주에 망명한 민족지도자 39인은 「대한독립선언서(일명 무오독립선언서)」를 발표 했다. 김교헌(金敎獻)·김동삼(金東三)·김약연(金躍淵)·김좌진(金 佐鎭)·박은식(朴殷植)·신채호(申采浩)·안창호(安昌浩)·이시영 (李始榮)·이동휘 등은 "한국은 자주독립국임을 선포하는 동시에 일 본은 사기와 강제적인 무력에 의한 병합임으로 무효"임을 강조했다. 이는 해외에 망명한 저명인사 대부분을 망라할 뿐만 아니라 경술국치 이래 최초의 독립선언이었다. 강제 병탄은 무효인 만큼 "섬은 섬으로 돌아가고, 반도는 반도로 돌아오고, 대륙은 대륙으로 회복하라."고 주 장했다. 이어 국민 된 본령은 독립임을 명심하여 일제와 육탄혈전(肉 彈血戰)을 전개하여 독립을 완성할 것을 촉구하였다.[11] 국내는 물론 외국 유학생 사회에도 전달되어 독립에 대한 기대감을 상승시켰다.

일본 유학생 사회도 국제정세와 독립운동 세력의 움직임 등이 전해 졌다. 미주지역 한인독립운동 세력에 관한 소식은 고베(神戶)에서 발간되던 영자신문 『The Japan Advertiser』의 1918년 12월 15일자 「한국인, 독립 주장」과 18일자 「약소민족들 발언권 인정 요구」라는 기사를 통하여 알려졌다.[12] 전자는 재미 한인들이 독립운동에 대한 미국의 지원을 요청하는 청원서를 미국정부에 제출했다는 내용이었다. 후자는 뉴욕에서 열린 세계약소민족동맹회의 2차 연례총회가 파리강화회의 및 국제연맹에서 약소민족의 발언권을 인정해야 한다는 내용과 한국 대표가 이에 포함되었다는 소식이었다. 이는 도쿄의 한인유학생들을 크게 고무시켰다. 김도연을 비롯한 유학생들은 "현재가 한국 독립의 절호의 시기"라고 판단하였다.[13] 이들은 1918년 12월 29−30일 망년회 및 동서연합웅변대회를 열고 독립문제를 의제로 논의를 진행시켰다.

이듬해 1월 6일에도 동경기독교청년회관에 모여 "독립운동에 대한 구체적인 운동을 개시해야 한다."면서 구체적인 실행을 위한 임시실행위원 10명을 선출하였다. 임시실행위원은 그를 비롯하여 최팔용(崔八鏞)·백관수(白寬洙)·이종근(李鍾根)·송계백(宋繼白)·최근우(崔謹愚)·서춘·전영택·윤창석(尹昌錫)·김상덕(金尙德) 등이었다. 전영택이 병으로 사퇴하여 대신 이광수(李光洙)와 김철수가 선임되어 총 11명으로 구성되었다.[14] 이들은 독립운동의 방법을 협의한 결과 「민족대회소집청원서」·「독립선언서」 등을 작성하여 일본정부와 각국 공사관, 일본 양원에게 송부하기로 결정한 다음 1월 7일 보고하였다. 강화된 일제 경찰의 감시와 조직적·체계적인 운동을 위해 임시실행위원들은 조선청년독립단을 조직하여 독립운동의 계획을 구체화시켜 나갔다.[15]

김도연을 비롯한 임시실행위원들은 「민족대회소집청원서」·「독립선언서」·「결의문」을 기초하고 이를 각각 일문과 영문으로 번역하였다. 「민족대회소집청원서」는 최팔용이 2월 6일 1,000부를 인쇄했다. 「독립선언서」와 「결의문」은 최원순의 주도하에 등사판으로 약 600부를 등사하였다.[16]

준비가 완료되자 2월 8일 오전 조선청년독립단원들은 「민족대회소집청원서」·「독립선언서」·「결의문」 등을 각국 공사관과 일본 대신, 양원 의원, 각 신문사와 통신사 등에 우편으로 보냈다. 오후에는 조선유학생학우회 임원선거를 명목으로 학생대회를 개최하였다. 대회 회순에 따라 백관수가 「선언문」을 발표한 다음 김도연은 「결의문」을 낭독했다.[17] 주요 내용은 다음과 같다.

- 결의문 -

一. 본단은 일한합병이 오족(吾族)의 자유의사에 출(出)하지 아니하고 오족의 생존과 발전을 위협하고 또 동양의 평화를 요란(擾亂)하는 원인이 된다는 이유로 독립을 주장함.

二. 본단은 일본의회 급 정부에 조선민족대회를 소집하여 해회(該會)의 결의로 우리 민족의 운명을 결할 기회를 여(與)하기를 요구함.

三. 본단은 만국강화회의에 민족자결주의를 우리 민족에게도 적용하게 하기를 청구함. 이 목적을 달성하기 위하여 일본에 주재한 각국 대공사(大公使)에게 본단의 주의를 각기 정부에 전달하기를 의뢰하고 동시에 위원 2인을 만국강화회의에 파견함. 우 위원은 이미 파견한 우리 민족의 위원과 일치된 행동을 취함.

四. 전항의 요구가 실패될 시는 우리 민족은 일본에 대하여 영원의 혈전(血戰)을 선(宣)함. 이로써 발생하는 참화는 우리 민족이 그 책임을 지지 아니함.[18]

조선청년독립단은 「결의문」을 통해 '일한합병'의 불법성에 대한 성토와 우리 민족의 독립을 강하게 주장했다. 또한 윌슨의 민족자결주의가 우리 민족에게도 적용되기를 원하였다. 이 모든 요구들이 받아들여지지 않을 경우 일본에 대하여 영원한 혈전을 벌이겠다고 경고했다. 김도연을 비롯한 유학생들은 「결의문」을 통해 당시 그들이 가졌던 국제정세 인식과 항일정신, 그리고 독립에 관한 의지를 강력하게 주장하였다.[19]

2·8독립운동이 일어난 뒤 임시실행위원들 중 이광수와 최근우를 제외한 9명은 현장에서 체포되었다. 처음에 니시간다(西神田)경찰서 유치장에 수감되었다가 이후 경시청으로 이송되었다. 이들은 도쿄재판소에서 재판을 받았다. 그를 비롯한 최팔용·서춘·백관수·김철수·윤창석 등은 출판법위반으로 9개월 금고형을 선고받았다. 송계백·김상덕·이종근은 각각 금고 7개월을 선고받았다.

2·8독립선언은 단지 적의 중심지인 도쿄에서 일어났다고 해서 자랑할 사실이 아니다. 그 사상이 당시의 시대사조였던 '민족자결론'의 선봉적 대변이요 실천이었다는 데 더 큰 의의가 있었다. 2·8독립운동은 확실한, 그리고 확신한 이데올로기에 의한 운동이었다. 단지 근대적인 '국권회복운동'만이 아니라 실로 민족의 장래와 그 운명에 대한 자각적인 확신에서 일어났다. 더욱이 한국의 민족주의(체계적 사상으로서)가 배일이나 반일에서 연원된 것이라고 하면, 그것은 일본에 유학하면서 항일의식을 철저하게 가지고 있던 유학생들의 〈2·8독립선언서〉에서 시작되었다고 하겠다. 투쟁적·혁명적 혹은 자유주의적 민족주의였다는 데서 더욱 서구적 성격을 지녔다.

뿐만 아니라 2·8독립선언이 국내의 3·1운동에 커다란 자극을 준 것은 두 말할 것도 없다. 3·1운동 같은 독립운동이야 언제든지 일어날 것이었으나, 그것을 단축시켜서 3월 1일에 일어나도록 한 것이 2·8독립선언이었다. 사실 2·8독립운동에 가담했던 수백 명의 학생이 국내에 돌아와서 3·1운동에 가담하여 그 범위를 전국적으로 확산시키는 전령사였다.

2·8독립운동의 학생들은 전근대적인 애국주의를 현대적이고 시민적이며 혁명적인 서구적 민족주의로 전화시켰다. 그들은 반세기 이후에 있을 민족주의의 예언자들이었다. 그런 의미에서 「2·8독립선언서」가 「조선청년독립단 민족대회 소집 촉진 취지서」 등에 나타난 민족주의는 오늘에도 그 생명력을 지닌다. 형을 마치고 출감한 학생지도자들은 국내로 들어와 3·1운동의 촉매 역할을 하거나 중국으로 망명하여 임시정부에 참여하였다.

2·8독립선언은 국치 9년 만에 적의 수도 한 복판에서 조국의 청년 엘리트들이 전개한 민족독립운동의 금자탑이었다. 일제에게는 한민족이 결코 강제 병탄에 굴복하지 않는 자주독립민족임을 선언하고, 국내적으로는 민족지도자들을 분기시켜 3·1운동을 일으키게 하는 분수령이 되었다.[20]

3·1운동이 대한민국임시정부 수립의 원동력이 되고, 임시정부가 오늘 대한민국의 법통으로 이어지고 있음을 볼 때, 도쿄 2·8독립선언은 3·1운동과 임시정부와 대한민국의 정신적·사상적 원류이고 근원이다. 일본 극우세력의 수상한 움직임을 직시하면서, 2·8독립운동에 나타난 청년지사들의 애국혼과 용기를 절충한 사실에서 역사적인 의의를 찾아볼 수 있다.

3. 순회강연회 일원으로 참가하다

일본 도쿄에서 2·8독립운동이 있은 후 한 달도 안 되어 3월 1일 국내에서도 독립만세운동이 일어났다. 온 겨레가 여기에 호응하여 목이 터지도록 부르짖는 독립만세 소리는 천지를 뒤흔들었다. 이는 억압으로 무단통치를 자행하던 일제 당국자 간담을 서늘케 했다. 한민족은 일치단결하여 자유와 평화를 온 세계에 알리고자 목숨까지 걸고 참여하였다.

평화스러운 만세시위에 일본 헌병과 경찰은 무력으로 잔인하게 이를 진압하는데 혈안이었다. 수원 제암리에서는 방화와 발포까지 하는 잔인무도한 만행을 저질렀다. 3·1만세운동은 2·8독립선언의 영향을 받아 손병희·이승훈·한용운 등을 비롯한 종교계 지도자 33인의 주동으로 불길을 지폈다. 서울 시민과 학생들은 '탑골공원'에서 모여 독립선언서를 낭독하고 한국이 독립국임과 자주국임을 선포하였다. 평양·원산·정주 등지에서도 같은 날 만세시위가 시작되었다.[21] 이러한 소식은 곧바로 전국에 파급되어 맨주먹으로 항쟁한 역사적인 독립투쟁이었다. 5월 중순까지 전개된 성스러운 3·1운동에 참가한 인원은 2백 만 명을 넘었다. 사상자도 1만 5천여 명에 달할 정도로 독립에 대한 열망은 대단한 기세였다. 당시 검거되어 경찰서나 감옥에 수감된 인원은 수만 명에 달했다. 많은 애국지사가 옥중에서 신음하며 고통을 당한 사람들이 무수히 많았다.

3·1운동 직후 독립운동 총본산을 자임하는 대한민국임시정부는 중국 상하이에 수립되었다. 본부는 치외법권이 인정되는 프랑스 조계에 두었다. 국내외 애국지사들은 이곳으로 모여들어 독립운동 방

향을 모색하였다. 일본은 우리나라를 합병 후 우리들에게 자주독립의 사상을 없애기 위하여 갖은 수단으로 탄압을 가했다. 하지만 결국 저들은 식민정책 실패를 자인하고 무단정치를 문화정치로 바꾸었다. 조선총독에 사이토 마코토(齋藤實)가 새로 부임했다. 한국인들을 회유하기 위하여 극소수 고급관리로 등용시켰다. 이는 친일세력을 육성하여 한민족 상호간 불신감을 조장하려 의도였다. 또한 신문 발간도 허용하였으나 식민지정책의 근본방침에는 조금도 변함이 없었다. 교육·산업 등 모든 방면에서 불법적인 억압과 탄압은 그대로 지속되고 있었다. 그와 반대로 선각자들은 민족자립의 기초 위에 민족문화 향상에 중점을 두었다. 교육진흥을 통한 민족 실력양성과 민족자본 육성을 위한 물산장려운동을 전개하였다.

김도연은 도쿄 시부야구에 있는 감옥에서 1920년 4월경에 출옥하였다.[22] 국내에서는 3·1운동이 있은 후 이른바 문화정치를 하는 총독치하에서 언론자유가 다소 용인되었다. 한민족 의사를 표현하는 기관으로 『동아일보』와 『조선일보』도 창간되는 합법적인 활동영역은 확대되는 계기를 맞았다. 『동아일보』는 「조선민중의 표현기관으로 자임하노라, 민주주의를 지원하노라, 문화주의를 제창하노라」라는 3대 슬로건을 내걸었다. 신문이 창간되자 한국인들은 커다란 기대감을 보냈다. 동아일보사는 조선유학생학우회의 주최로 국내에서 열리게 되는 순회강연회를 적극적으로 후원하게 되었다.

당시 국내정세에 비추어 강연회 개최는 자못 커다란 의미를 지닌다. 독립을 갈망하는 민족의 염원은 아직도 사라지지 않고 지하에서 국내외에 잠재하고 있었던 때였다. 이때 우리 유학생들은 여름이나 겨울 방학을 맞아 고국에 돌아와 정기적인 순회강연회를 개최하였다.

유학생들은 기회를 이용하여 평소 우리가 연구한 학문과 국내외 정세를 동포들에게 널리 알려주려고 노력을 기울였다. 동아일보사는 유학생들을 후원하여 민중에게 계몽선전을 확대하려는 목적을 두었다. 첫째는 민족혼을 살리고, 둘째는 새로운 학문과 사상을 국내청년들에게 소개하려는 데에 있었다. 조선유학생학우회는 학생 중 연사로 18명을 선정하여 이를 3팀으로 나누어 전국을 순회강연차 7월 6일에 도쿄를 출발하게 되었다. 고국에 선발대로 돌아온 김준연·한재겸·김성수·김송은·서춘 등은 동래에서 시작하여 성황을 이루게 되었다. 소식이 알려지자 전국 각지로부터 동아일보사에 강연요청이 쇄도하였다. 이를 모두 받아들일 수 없었으므로 주요 도시 30여 곳으로 가기를 결정했다. 서울에서 7월 18일 단성사, 19일에는 공회당에서 강연을 하기로 하고 연사로는 이종근·최원순·서춘·신동기·김준연·변희용·김종국 등과 김도연도 뽑혔다.

단성사에서 열린 첫날 강연회는 이날 종로 일대에 삼엄한 경비와 기마대까지 출동하였다. 이와 같이 경비가 삼엄한 가운데 수천의 군중들은 시간도 되기 전에 물밀듯이 몰려들었다. 말 그대로 장내는 입추의 여지가 없는 대성황을 이루었다. 그날 장내를 정리하기 위하여 입장권을 10전에 팔았는데 나중에는 암표로 5원에 팔렸다는 이야기도 있었다. 이와 같이 성황을 이룬 가운데 강연회는 동아일보사 주간 장덕수의 열렬한 개회사로 시작되었다. 먼저 김준연은 「세계의 개조와 우리들의 각오」라는 제목으로 열변을 토하였다. 계속해서 김도연은 「조선 산업의 장래에 대하여」라는 제목으로 유럽의 산업 상황을 소개하고 본론에 들어가려는 찰나였다. 갑자기 등장한 종로경찰서 서장은 "치안유지법 제2항에 의거해 연설을 중지하라"고 해서 강연이 중단되었다. 군중들은 흥분하여 「경찰은 물러가라」는 함성까지 곳곳에서 요동을 쳤다.[23] 경찰은 50여 명이나 몰려 들어와서 해산을 명령했으나 흥분된 군중들은 좀체 해산하려 하지 않았다. 눈에 독기를 잔뜩 품은 일제 경찰들은 무력을 사용할 공포분위기로 부득이 해산하였다. 그때 『동아일보』에 기재된 기사를 소개하면 "이번 우리 동아일보가 후원한 것은 …(중략)… 우리도 남과 같이 살기 위하여 우리의 힘을 길러야 한다는 것을 동포의 귀에 사무치게 하고자 하는 완전한 문화운동이다. 그러나 이 의미 깊은 문화운동의 중앙무대라 할 경성에서 20만 동포의 눈물 나는 동정과 피 끓는 환영 속에서 전과는 비교할 수 없는 수많은 군중이 모인 가운데 단성사에서 첫날의 입을 열자마자 바야흐로 벌리는 입에 단단한 마개를 질리우고 비로소 조선인의 부르짖음이 첫소리는 눈물 속에 그치지 아니치 못하였다."

유학생들 고국방문 순회강연회는 매년 정기적으로 개최되는 등 문화계몽운동을 확산시키는 든든한 밑거름이나 마찬가지였다. 3·1운동 이후 커다란 기대감 속에서 개최되었던 강연회는 많은 탄압 속에서 면연히 계승·발전되어 나갔다. 이는 비참한 일이기는 하나 고국 동포들에게 현실인식을 일깨우는데 크게 이바지했다. 감옥에서 석방된 이후 김도연은 이와 같은 기회를 만들려고 무던히 애를 썼다. 기회 있을 때마다 민족의식을 외치고 조국 독립을 위하여 기꺼이 헌신하기로 작정했다. 결심과 달리 일제의 삼엄한 감시와 탄압으로 학업이 불가능함을 알고 미국 유학을 결심하기에 이른다.

제3장

미국유학길에 오르다

1. 선교사 주선으로 미국 유학길에 오르다

일제의 삼엄한 감시와 탄압으로 학업이 불가능함을 알고 미국 유학을 결심하기에 이른다. 이유는 첫째로 2·8독립운동으로 인한 수감생활과 그 속에서 겪은 고통과 출감 이후 활동에 대한 제약 등을 지적할 수 있다.[1]

둘째는 기독교와 흥사단(興士團) 영향 등에서 찾아진다. 일본유학 중 기독교에 귀의한 후 동경조선기독교청년회에서 활동하였다. 이를 계기로 감리교주재감독인 웰치를 만나게 되었다. 그는 웨슬리안대학 입학추천서 작성과 입학을 주선해 주었다. 구체적인 시기는 김도연이 흥사단 입단을 위해 작성한 「보증서」·「이력서」·「청원서」 등을 통하여 유추해 볼 수 있다. 여기에는 1921년 3월 당시 그의 주소가 495 W. Central D. Ohio로 기재되어 있다.[2]

김도연이 미국으로 건너간 날짜는 1922년 6월이었고, 7월 21일 샌프란시스코항에 도착했다. 여권을 발급 받아 요코하마에서 태양환(太洋丸)을 타고 10일 후 하와이 호놀룰루에 도착하고, 이어 무사히 샌프란시스코항에 도착할 수 있었다.[3] 이곳에서 몇 일간 머문 뒤 오하이오주 델라웨어로 이동하였다. 여름방학 끝난 후 웨슬리안대학 3학년에 편입하여 경제학을 전공했다.[4]

미국 입국 1년 전에 흥사단 입단 「청원서」에 당시 거주지를 웨슬리안대학이 위치한 오하이오 델라웨어 지역으로 기재했는지를 구체적으로 증명할 자료는 없다. 다만 상황을 유추해 볼 때 흥사단에 가입할 당시 웰치 박사로부터 웨슬리안대학 입학추천서를 받았던 것으로 보인다. 즉 「청원서」에 당시 거주하지 않았던 오하이오 델라웨어 주소를 상세히 기록한 점으로 보아 이미 웨슬리안대학 입학추천서를 받기로 약속하였거나 이미 입학추천서를 받았다는 사실을 의미한다. 이는 자신이 미국유학을 강력하게 희망하고 있었다고 생각된다.

흥사단 가입은 미국유학에 영향을 미쳤다. 그는 1921년 3월 흥사단에 입단 창원서류를 제출했다. "동경으로 파견된 김항조(金恒祚)와 접촉이 있게 되어 그 근본취지에 찬동"하여 흥사단에 가입했다.[5] 1920년 흥사단은 중국 방면에 흥사단 사업을 일으키기 위하여 흥사단 원동임시위원부를 상하이에 설치하였다. 이광수를 위시하여 청년·학생들과 접촉하여 단원을 모집하는데 적극적이었다. 이듬해 도쿄로 온 김항조는 유억겸(兪億兼) 등을 단원으로 모집했다. 이러한 분위기 속에서 1921년 3월 흥사단에 입단청원서를 제출·입단하기에 이르렀다. 보증인은 김항조와 이광수였다.[6]

미국유학 이후 흥사단 활동에는 적극적으로 참여하지 않았다. 그가 현지에 적응하는데 흥사단으로부터 많은 도움을 받았다. 이러한 사실은 "샌프란시스코항에 도착한 뒤 교포의 도움으로 그곳에서 며칠 유숙할 수 있게 되었고, 그 동안 국민회와 교회도 나가보았으며, 이후 오하이오주"로 이동했다는 회고를 통하여 확인할 수 있다.[7]

웰치 박사의 입학추천서 작성과 흥사단 가입은 미국유학에 커다란 요인으로 작용하였다. 미국에는 그와 관련된 인연이 있는 인물이 없었을 뿐만 아니라 미국생활에 대한 구체적인 정보도 거의 없었다. 이러한 고민을 해결해 준 인물은 웰치 박사였다. 웨슬리안대학 입학추천서는 물론 후원에도 남다른 관심을 보여주었다. 당시 미국에서 한인사회 구심체로서 활동하던 흥사단도 많은 도움을 주었다.

학교를 졸업한 후 뉴욕에 있는 컬럼비아대학(Columbia University) 대학원에 입학했다. 전공은 경제학이었다.[8] 뉴욕으로 학교를 옮기게 된 계기는 대학원 진학과 일본유학생 시절부터 잘 알고 있던 동료들이 유학하고 있었기 때문이다. 그와 친분이 두터운 이들은 장덕수·김양수(金良洙)·윤홍섭(尹弘燮)·장이욱(張利郁)·윤치영(尹致暎)·김마리아(金瑪利亞) 등이었다. 이들은 대부분 컬럼비아대학과 뉴욕대학에서 유학하고 있었다.[9]

2. 경제학 연구와 독립운동을 병행하다

웨슬리안대학교 경제과 3학년에 편입한 후 상산은 1923년 북미한인 유학생회 뉴욕학생회 지부에 가입하여 기관지『우라키(THE ROCKY)』 편집위원으로 활동하였다. 이 잡지 창간호에「산업의 과학적 경영에 대한 고찰」을 투고했다. 이 글은 미국 경영학자 테일러리(F. W. Taylord)의 테일러리즘을 분석·고찰한 논문이다. 그는 테일러리즘의 생산력 증대라는 관점에서 파악하였다.[10] 그는 글을 쓴 목적을 다음과 같이 언급했다. "이 글을 쓰는 이유는 이 문제에 대해 많이 아는 것도 아니다. 이 방법이 산업 발전에 유일한 최선의 방법이라는 신념이 있어서도 아니다. 그러나 오늘날 어느 사회나 새 방법을 연구하여 종래 산업계의 폐해와 자본주의 횡포를 제거하고 영구한 평화와 평등적 기초 위에 산업을 개발하고 부를 증식하며 일반사회의 행복을 도모하려는 의도이다. 각 사회가 이 문제를 해결하려 함에 그 이상은 비록 같으나 사회상태에 따라 실행하는 방도가 다소 차이가 있기 때문이다." 부의 편중과 불평등한 노사관계를 새롭게 정리하려는 의도였다.

같은 해 12월 28일부터 1924년 1월 1일까지 인디아나주에서 개최된 제9회 국제학생자원대회에 한국대표로 참석하였다. 1925년에는 컬럼비아대학교 석사과정에 입학하여 경제학 연구를 계속했다. 이듬해 6월에는 3일간 개최된 북미대한인유학생총회 동부지방대회 회장으로 이를 성공적으로 개최하였다. 1927년에는 컬럼비아대학교에서 「마샬과 데븐포트의 가치론의 비교(A Comparison of Value Theories Marshall and Davenport)」로 석사학위를 받았다. 6월에는 북미대한인유학생총회 동부학생대회에서 회원 등과 함께 이승만 지지를 공식적으로 표명했다. "구미위원부는 우리 임시정부의 기관으로 구미에 대한 실질적인 외교를 담임 존재하는 것으로 인정하고 일반 애국동포는 그 기초확립과 유지발전에 대하여 성심을 기울여 의무를 다하기를 요함"이라고 밝히는 동시에 이러한 결의사항을 서신으로 이승만에게 알렸다. 또한 허정(許政)·장덕수 등과 『삼일신보』 발간을 위하여 노력하였

다. 10월에는 뉴욕에서 유미한인산업협회(留米韓人産業協會)를 조직했다.[11)

이 단체는 1927년 10월 김도연을 중심으로 미국 각지에 거주하는 동지들을 규합하여 뉴욕에서 조직되었다. 준비위원은 그를 비롯하여 나기호 · 최순주 · 장덕수 · 김종철 · 임파 · 현철 · 임아영 · 오기은 · 김성실 · 최정집 · 윤홍섭 · 안정수 · 곽림대 · 장리욱 · 최영욱 · 이용직 · 홍득수 · 이동제 · 이철원 · 허정 · 김양수 · 윤치영 · 이대위 · 김여택 · 우상용 · 최인관 · 박인덕 · 송기주 · 김현구 등이다. 취지는 "우리 산업진흥을 조장하고 산업 발달에 뜻이 있는 인사들이 모여 서로 친목을 도모하며, 산업 상태와 발전 방도를 조사 · 연구하여 기업의 발흥의 조장"을 도모하기 위함이었다. 더불어 교민들이 산업계에 진출하여 사업활동에 도움을 주는 등 교민들 지위향상에 목적을 두었다.

주요 사업은 "①내외지 산업 사정을 조사 · 연구함, ②내외지 산업 기관의 참고 재료를 공급하며, 해 기관을 통하여 본회 회원의 직업을 소개함, ③상당한 인재를 선택하여 전문 기술을 수학케 함, ④1년 1차 혹 2차 조사 재료를 출판함" 등이었다.[12) 기관지로 국한문판인 『산업』을 간행 · 배포하였다. 기관지에는 조선의 농업 및 산업 현황과 발전 방안, 세계 경제의 추세, 미국 산업계와 재미한인 실업가들에 대한 소개와 현황 등을 수록했다. 유미한인산업협회 입회원서, 산업협회에 대한 문의, 기관지 투고 등 이 단체와 관련된 수신소(연락처)는 콜롬비아대학교 김도연이었다. 회원은 1928년 뉴욕에 거주하는 40여 명에서 1932년 시카고 · 디트로이트 · 워싱턴 등으로 확대되었다. 일화배척운동을 전개하는 등 활동영역도 확대시켜 산업지식의 연구 발전에 의한 조선독립의 경제적 실력양성운동을 지닌 단체로서 인식될 정도였다. 연말에는 윤치영·장덕수·윤홍섭·김양수 등과 대한인동지회에 가입했다.

이듬해 1월에는 윤치영·장덕수 등과 대한인동지회 뉴욕지부를 조직하였다. 6월에는 북미대한인유학생총회 이사부 서기와 동부학생대회 조사위원으로 선임되었다. 6월 29일에는 『삼일신보』 창간에 참여하였다. 이 신문은 대한민국 독립의 완성을 위한 민족의 자각을 촉성시켜 사회운동을 고취하는 한편 노동대중을 위한 진보적 성격을 지향하는 주간지이다.[13] 제호에 나타난 바처럼 3·1운동 정신을 계승·발전시킨다는 의미였다. 주요 간부진으로 사장은 허정, 주필은 김양수, 편집부는 김도연을 비롯한 장덕수·최순주, 영업부는 홍득수·윤홍섭·윤치영, 재정은 신성구(申聖求), 공장인쇄는 이철원(李哲源) 등이 맡았다. 원래 창간은 발기 당시인 1927년으로 계획을 세웠으나 인력과 재정난 등으로 연기하여 1928년 3월 1일 창간을 목표로 계획을 수정하였다.

국문활자를 구하기 힘들어 편집을 맡은 장덕수가 동아일보사 송진우에게 요청하여 1928년 6월 29일 창간호를 발행할 수 있었다. 활자는 상당한 물량으로 미국으로 운반하는데 많은 시간이 소요되었기 때문이다. 발간 취지와 달리 이승만을 지지 후원하는 내용이 주류를 이루었다. 이는 한인사회로부터 외면당하는 결정적인 계기가 되어 결국 1년 만에 폐간되고 말았다.

1929년 6월에는 이훈구·염광섭 등과 함께 북미대한인유학생총회 회장후보로 추천되었다. 뉴욕학생대회 토의부장으로 대한인동지회와 대한인국민회 통합을 위한 주제로 토론회를 개최했다. 다음 해에는 유미한인산업협회 기관지 창간호에 「농민상조은행(農民相助銀

行) 건설에 대한 일고찰」을 투고하였다.[14] 주요 내용은 "소작농의 처참한 삶은 고율의 소작료와 농가부채에 그 원인이 있음"을 분석했다. 나아가 우리 농업이 나아갈 방향은 건전한 자작농 육성으로 귀결되었다. 그런 만큼 농가 부채 해결을 급선무로 인식하고 고리대금업자들을 구축하여 건전한 농업사회를 만들기 위한 저리로 대부하는 금융기관 설립을 제안하였다.

1931년 1월에는 워싱턴 소재 아메리칸대학교(American Uniersity)에서 「한국의 농촌경제」라는 주제로 박사학위를 취득하였다. 주요 내용은 일제 식민지배로 인하여 토지 소유권과 경작권이 불안정하여 민중생존권이 크게 위협받는 현실에 대한 비판이었다. 한국은 유리한 자연환경 등으로 다양한 물산이 생산된다. 그럼에도 일제의 폭력적인 수탈로 농업국가에서 곡물을 수입하는 현실을 강하게 지적했다.

10월 15일에는 뉴욕지역에 거주하는 교민들과 유학생 등으로 재미조선문화회(在美朝鮮文化會)를 조직했다. 기성위원장은 윤홍섭, 기성위원은 김도연을 비롯한 오천석·허정·윤성순·황창하·정태진·유억겸 등이었다. 「취지서」와 「규약」에는 유구한 역사를 자랑하는 우리 민족의 문화와 역사가 세계에 중국과 일본의 아류로 취급당하고 있으며, 이러한 잘못된 역사가 학자와 정치가에 의해 다시 오전(誤傳)되고 있다는 우려를 표명하였다. 구체적인 활동은 우리 역사에 관한 저서를 수집하고, 도서부를 컬럼비아대학 도서관 내에 두어 우리 역사와 문화를 밖으로 소개하고 알려야 한다는 제시했다. 결국 컬럼비아대학 도서관에 조선도서관을 설치한 후 우리 역사와 문화를 알리기 위한 적극적인 활동을 전개하는 등 교민들에게 자긍심을 일깨우는데 적극적으로 활용하였다.[15] 12월에는 재만동포구제사업을 위한 위원으로 피선되었다. 목적은 만주사변 발발로 어려움에 처한 재만동포를 위한 기부금 모집에 있었다. 모집된 의연금은 서울 중앙청년회에 위탁하였는데, 이는 뉴욕한인교회를 중심으로 전개되었다.[16]

바쁜 와중에도 미국을 방문한 여류화가 나혜석(羅蕙錫) 부부를 안내하기도 했다. 이들 부부는 일본 유학 시절부터 인연이 있었다. 나혜석은 당시 상황을 이렇게 회고했다. "세상은 좁고 사람은 가깝다. 여기저기에서 친한 친구를 만나게 된다. 우리 일행 한소제(韓小濟) 부부, 우리 부부, 김도연은 한소제의 자가용 드라이브를 하였다. 가다가 멈추고 가르치는 집은 즉 구한국시대 주미 한국공사관이었다. 조그마한 양옥 정문 우에는 태극의 국표(國表)가 희미하게 남아 있다. 이상히 반갑기도 하고 슬프기도 하였다."[17] 이들 부부 방문에 한인사회는 크게 술렁거렸다.

3. 한국 농촌문제로 박사학위를 받다

김도연은 경제 분야에 관심이 많았다. 게이오대학 경제학과에 입학한 이유도 이러한 인식에서 비롯되었다. 미국에 유학하면서도 경제학을 계속 공부하였다. 1931년 아메리카대학에 제출한 박사논문 주제는 식민지 한국 농촌의 경제였다.[18] 학위논문을 쓰는 시점에서 상산은 신고전학파 경제학을 식민지 현실에 어떻게 적용할 것인가가 주된 관심사였다. 박사학위논문은 본문 8개 장으로 분량은 약 250페이지에 달한다. 논문 목차는 다음과 같다.

논문 내용 중 상당 부분은 외국인을 대상으로 한국 농촌문제를 개괄적으로 알리는데 있었다. 그는 서문에서 토지소유권 문제, 농촌 신용문제, 지세제도 등을 집중적으로 분석한다는 입장을 밝혔다.[19] 그는 농촌에서 가장 중요한 부분을 소작 문제로 보았다. 소작농들은 제대로 된 법의 보호를 받지 못한 채 지주를 위해 가혹한 노동에 시달리고 있음을 지적했다. 소농은 과도한 지대, 높은 대부이자율, 무거운 세금으로 생존권이 크게 위협받는 현실이라고 파악하였다. 이를 해결하는 방안은 협동조합의 신용대부에 의한 자작농 육성이었다. 이는 이미 유럽에서 성공적으로 운영되고 있음을 제시했다.[20] 곧 농촌문제를 해결하는 지름길은 신용기구 설립에 있었다. 동양척식주식회사 · 조선식산은행 · 금융조합 등 농업금융기관이 있었으나 소작농은 금융지원은 거의 전무한 실정이었다.[21]

이러한 문제점을 극복하는 방안은 바로 농민상조은행(農民相助銀行)이었다. 은행은 크게 대규모 농민상조은행과 소규모 농민상조은행으로 구분했다. 전자는 전국에 8개 혹은 3개, 후자는 촌락을 단위로 설립을 모색하였다. 후자는 회원을 대상으로 생산자금을 저리로 대부하는 가운데 예금을 받아 이자를 지급한다는 논리였다. 이외에도 생활필수품의 공동구매, 생산물 공동판매하는 협동조합의 역할을 강조하였다. 자본금은 주식으로 1주 5원으로 3년간 분납할 수 있으며 농가 1호당 1주 이상 50주 이하를 소유할 수 있었다. 주주는 유한책임제로 관리는 주주들의 자치제로 운영하고자 했다.[22] 마을 단위로 설립하려는 신용조합은 이윤 획득이 아니라 소농의 경제생활 향상에 있었다.

지세 문제도 김도연의 주요한 관심사 중 하나였다. 생산력 증대를 위해 관개사업이나 토지개량사업 등은 조선총독부에 의해 시행되고 있었다. 그런데 생산성이 향상되었으나 경작자는 더 많은 부담으로 다가오는 현실이었다. 증액된 세금을 감당할 수 없는 대부분 농민들은 빚을 갚기 위해 토지를 저당 잡히거나 일본인 회사나 개인에게 팔아야 하는 빈곤의 악순환이 거듭되었다. 생산력 증가의 효과는 오직 빚의 증가로 궁극적인 혜택은 일본인이었다. 산미증식계획 등 식민지 농업정책의 구조적 문제를 일본인 대 한국인이라는 민족적 대립 구조 속에서 인식했다.[23]

결국 김도연은 농촌문제 해결에 지주제를 인정하는 입장이었다. 모든 문제의 근원은 식민지배에서 파생된 문제로 보았다. 일제는 일본인 이익을 위하여 한국의 자원을 개발한다고 비판했다. 한민족이 정상적인 경제생활을 위한 지름길은 정치적 자유 즉 독립국가 건설이었다. 그런 만큼 민족모순 해결이 우선적인 과제였다. 즉 계급모순은 커다란 문제로서 인식하지 못했다.[24] 자본가 본위의 생산력 증식이라는 자본주의 경제사상은 그의 일관된 입장이라고 해도 과언이 아니었다.

1932년에는 유미한인산업협회 기관지 『산업』 제2호에 「농사개량 운동과 중앙조사연구기관 조직의 필요」를 투고하였다. 주요 내용은 "농민의 생활 향상과 근대적인 농업으로 발전을 위하여 기존의 잘못된 관행을 타파하는 가운데 지도임무를 가질만한 '중앙기관' 조직을 주장하였다. 이를 위한 구체적인 방안은 농업의 과학적 연구의 필요성을 강조하는 한편 이러한 업무를 실행할 '중앙조사연구기관' 설치를 강조했다. 20여 년간 유학생활을 마치고 귀국하여 연희전문학교에서 경제학을 가르쳤다.

제4장

연구와 사회활동을 병행하다

1. 경제학 지식 보급과 경제활동에 주력하다

　박사학위를 받은 후 미국에서 약 1년 7개월 정도 활동하다가 1932년 8월에 귀국했다. 그는 이에 대해 "이제 남 못지않게 지식도 닦았고 사회도 알게 되었으며 정치 이면도 대충 알았으니 이 이상 미국에 머물러 있을 필요가 없을 것 같다."고 회고했다. 그는 8월 28일 영등포역에 도착하여 기자들을 만났다. 향후 진로를 묻는 기자들 질문에 "아직 정하지는 않았으나 경제학 전공을 살려 교육에 종사하거나 만약 여의치 못하면 실업 방면에 진출하겠다."고 언급하였다.[1]

　해외로 유학을 떠난 지 20년 만에 박사학위를 받고 귀국한 말 그대로 금의환향이었다. 세월은 유수 같이 흘러 39세라는 중년임을 실감하는 순간을 맞았다. 항일운동으로 투옥되거나 요시찰 인물로서 고국에서 무엇을 할 것인가라는 고민도 적지 않았다. 미국 유학 중 아버지 사망 소식에도 장례식에 참석하지 못했다. 자식으로 최소한의 도리도 제대로 하지 못한 회한이 불현듯이 머리를 스쳐 지나갔다.

귀국 후 가족들과 생활은 평온함과 안락함을 동시에 주었다. 미국 유학 중에 아버지는 서대문구 아현동에 새로운 거처를 마련해주었다. 더욱이 토지도 유산으로 물려주는 등 연구에 몰두할 수 있도록 배려를 아끼지 않았다. 당시 큰아들은 양정중학교, 둘째 아들은 미동국민학교에 재학 중이었다. 부인에 대한 미안함과 고마움을 위해 새로운 방안을 모색하지 않을 수 없었다.

김도연은 연희전문학교에서 '경제학원론'과 '경제학사'를 가르쳤다. 이 학교에는 일본 유학시절에 친하게 지낸 유억겸(俞億兼)이 교감으로 재직하고 있었다. 미국에 같이 유학한 최순주(崔淳周)는 교수 겸 재무담당자였다. 그는 강의 시간마다 장래 이 나라를 이끌어갈 인재 양성해야겠다는 마음을 다잡았다. 이듬해에는 경제연구자들로 조직된 조선경제학회에 발기인으로 참여했다. 이 학회는 사실상 연희전문학교 교수들이 주도하는 학회였다. 1934년 10월에 사업위원회 상무로 선임되었다.[2]

김도연은 물산장려운동에 참여하여 1933–1934년 상무이사로 재임했다. 그는 귀국 직후 중앙기독교청년회과 물산장려회에서 미국의 경제 공황을 주제로 강연하였다.[3] 이는 미국 유학시절부터 추구한 활동의 연장선이나 마찬가지였다. 한국인 기업가의 역할을 강조하는 두 편의 글을 발표했다. 산업 중 80%를 차지하는 농업이나 현재 인구 증가 추세로 보아 농업이 다 수용하기 어렵기 때문에 공업을 발전시켜야 한다는 논리였다. 다행히 한국은 공업 발전의 중요한 요소인 동력·원료·생산비·시장 등 매우 유리한 조건이었다. 동력은 풍부한 석탄과 아직 개발될 여지가 많은 수력전기, 원료는 금·철·흑연광 등을 꼽았다. 문제는 자본의 결핍, 일본 기업과 경쟁력 시장 상황의 변동에 기민하게 대처할 수 있는 능력 부족 등을 안고 있었다.[4]

그는 이러한 여건만 탓하며 일본인의 한반도 진출을 방관한다면 한국인 기업가의 무능함을 광고하는 일이라고 혹평하였다. 자본주의제도에서는 "기업가는 가장 많은 이익을 획득하는 당연하다는 입장이었다.[5] 자본주의 발전에서 자본가의 역할을 매우 긍정적으로 보았다. 동시에 기업가의 역할과 책임, 사회적인 처우와 배려 등을 높이 평가했다. 한편으로 면직물·견직물·인견·마직물 등에 대한 실태도 조사하였다. 한국인의 경영하는 공장은 특색을 최대한 살린다면 발전할 전망이 크다고 생각했다.[6]

2년 동안 강단 생활을 청산하고 실업계에 투신하였다. 직접적인 이유는 식민지 노예교육에 대한 발발이었다.[7] 일본 유학시절 친분이 있던 조선제사회사 사장 김종익을 찾아가 상의한 후 1935년 10월에 감사역으로 입사했다. 이 회사는 1920년 5월에 자본금 100만 원으로 설립하였으나 경제공황 여파로 경영난에 직면하자 김종익이 이를 인수하였다. 그러나 1935년 당시 원료 문제는 경영 상태는 크게 호전되지 않았다.[8] 김종익이 구상하던 증권회사 설립에도 기대를 걸었으나 그의 갑작스러운 죽음으로 뜻을 이룰 수 없었다.[9]

조선제사에서 성과를 거두지 못하자 유학생 시절 지인들과 직접 조선흥업주식회사를 설립했다. 처음에는 전무로 취임하였다가 취체역 사장으로 실질적인 경영자가 되었다. 30여 명 주주들은 지주층 인테리였다. 주요 업무는 토지개간, 임야벌채, 공산업 등이었다. 춘천에 있는 임야를 벌채하여 대량의 목재와 화목(火木)을 반출하는 한편 소요산 부근에 목탄을 생산하였다. 목재를 바탕으로 흑석동에 50동의 주택을 건축하여 팔았다. 안변에는 흑연광산을 매입하여 일본으로 수출하는 등 전문경영인으로 능력을 발휘하였다.[10]

상산은 춘천·안변·동두천·회양 등지로 출장을 자주 다녔다. 회양에서는 정어리가 많이 잡히는 현장을 보고 정어리 기름을 짜는 공장을 설립했다. 전시경제로 군수공장이 많이 설립되어 토지매매업과 임산업의 경기는 좋았다. 조선어학회사건으로 상산을 비롯한 김양수·서민호 등이 검거됨으로써 회사를 경영할 수 없는 궁지로 내몰렸다.

2. 조선어학회사건으로 다시 옥살이를 하다

태평양전쟁을 일으킨 이후 일제의 최후 발악은 광풍을 일으키고 있었다. 저들은 국내 독립운동가 등과 항일정신에 의하여 발족된 각종 결사단체에 관계된 인사들은 속속 검거하였다. 이른바 '불령선인'들의 집단체로 주목을 받아오던 자신의 흥업회사도 언젠가 저들의 마수에 걸리리라 생각될 정도로 살얼음판이나 마찬가지였다. 이광수·주요한 등을 중심으로 조직된 수양동우회(흥사단)와 신흥우·유억겸 등이 중심인 흥업구락부(동우회) 관계자들은 검거되었다.[11] 일본 유학시절에 수양을 목표로 하여 흥사단에 가입한 김도연은 미국에 건너가 교포들의 교민단에 가입하였다. 어느 한 사건에 관련되어 검거될 줄 알았으나 어떻게 되었는지 그냥 넘어 가서 요행히 화를 면하게 되었다.

1942년 10월에는 우리말 우리글을 말살하려는 일제의 민족말살정책에 항거하여 한글 사전을 편찬 중이던 조선어학회 관련자들을 모조리 검거해 버렸다. 김도연도 결국 이 사건에 관련되어 그해 12월 29일 홍원에서 출장 나온 형사에게 체포되어 종로경찰서에 구속되었다. 일제 말엽에 일어난 가장 유명한 조선어학회사건을 알리는 신호탄이었다. 1941년 8월 초순 함흥 영생여자고등보통학교 4학년에 재학 중이던 박영희가 여름방학을 맞아 홍원읍에 있던 집으로 귀가한다.[12] 다음날 사촌언니 시댁으로 놀러 갔을 때 홍원경찰서 고등계 형사 3명이 이 집으로 찾아왔다. 백양의 부친은 홍원읍에 있던 육영학원의 설립자였으며 어업조합의 이사장으로 지방유지에 속하여 일제의 주목을 받을 만한 이유가 없었다. 형사 중 '야쓰다'로 창씨개명 한 한국인 안정묵은 공명심이 강한 자였다. 일기장은 박영희가 재학 중 써온 것이었다. 아무런 소득 없이 돌아갈 수가 없었는지 빌려가는 형식으로 일기장을 가져갔다.

이것을 가져간 '야쓰다'는 밤새워 일기장을 통독하고 백양이 2학년 때 써 두었던 일기에서 '국어를 상용하는 학생을 처벌하였다'고 한 구절을 발견하고 눈을 번쩍 뜨고 이 구절을 음미해 보았다. "국어라고 하면 일본어임에 틀림 없고 일본어 상용자를 처벌했다면 배일사상을 가진 교원이 학교 안에 존재하여 학생들에 대하여 독립정신을 고취시키는 불순한 행동을 하고 있다."는 결론을 얻었다. '야쓰다'는 다음날 고등계 형사주임 '나까지마'에게 보고하여 조사해 보고 입건해야겠다는 의견을 제시한다. 공교롭게 일기장에는 담임 선생님의 검인까지 찍혀 있어 야쓰다의 심증은 더욱 굳어졌다. 그날 중으로 사촌 언니 시댁에 가 있던 박양을 경찰서로 연행했다. 사촌언니 시댁은 홍원군의 공의(公醫)인 이종술로 경찰에서는 무시할 수 없는 존재였다. 박양 부친도 유지이므로 경찰에 연행된 박양은 불구속으로 심문을 받게 되었다. 1주일간 '야쓰다'로부터 심한 고문을 받았다. 때때로 감언이설과 때로는 화를 내며 뺨을 갈기는 등 폭력과 폭언을 일삼았다. 일기장에 적어둔 구절을 추궁하면서 "학교 안에 조선독립을 목적한 '클럽'이나 혹은 공산주의 사상을 가진 자가 독립사상이나 공산주의사상을 침투시키고 있지 않으냐?, 또는 이 학교는 미국선교사가 설립한 학교이니 외국과 비밀접촉으로 배일사상을 선전하여 독립운동을 하는 자가 있지 않으냐?"며 자백을 강요하였다.

사실상 일기장에 적어둔 일은 까마득하게 잊고 있었다. 일기장에 쓴 내용을 자백하면 사건이 확대될 것을 눈치 채 끝까지 부인하였다. 사건이 이렇게 되자 다른 형사들은 아이들 장난 같으니 그만둘 것을 조언까지 했다. 공명심이 강한 '야쓰다'는 반드시 배후에는 무엇이 있다고 판단하면서 일기장에 자주 등장하는 동급생 4사람을 연행해서 구속 취조를 하니 박영희도 자연히 구속을 당하게 되었다. 이들 여학생 5명을 취조하던 중 함흥 영생여자고등학교에 정태진과 김학준이란 사람이 교편을 잡고 있었던 사실을 알게 되었다. 김학준은 일본 유학 중 경제학을 전공한 후 귀국하여 공민과 체육을 담당했다. 공부 시간에 세계정세를 이야기하면서 일본은 반드시 패망할 것이라고 학생들에게 여러 차례 이야기를 하였다고 한다. 정태진은 연희전문학교 문과 출신으로 미주에 건너가 콜럼비아대학 철학과를 마치고 귀국한 후 국어와 영어를 담당하였다. 수업시간에 권율 장군의 행주대첩, 이충무공의 노량대첩, 진주의 논계, 평양의 계월향 이야기 등으로 학생들 인기를 끌었다.[13]

여학생들의 진술에 의하여 기고만장 해진 '야쓰다'는 일기책 뒤에는 한국독립에 관계되는 집단이 움직이고 있다는 결론을 내린다. 배후를 조작한 일은 바로 조선어학회사건이었다. 이에 1942년 9월 5일 정태진이 서울에서 홍원경찰서로 연행되었다. 당시 그는 영생여고를 그만두고 서울로 올라와 정인승 소개로 조선어학회에서 조선어사전의 편집사무를 맡아 보고 있었다. 증인으로 잡혀간 정태진은 끈덕지고 무시무시한 고문에 배겨 나지 못하고 허위 자백서를 썼다. 자백서에는 거짓인 100여 건에 달하는 고백이 나열되어 있었다. 이 중 하나는 "조직이나 단체는 없지마는 내 개인으로서 교단을 통하여 민족정신을 고취시켰다"는 사실과 "조선어학회가 민족주의자들의 집단체이다"라는 구절이었다.[14] 이것만으로 사실상 사건을 만들기에는 막연한 일이었다. 홍원경찰서는 조선어학회를 상대하기에 사건 자체가 심상치 않을 뿐만 아니라 관련자 대부분이 명망을 띠고 있는 지식층이었다. 그런 만큼 간단하게 처리할 수 없어 함경남도 경찰부 의견을 들어보기로 했다. 이때 함남 경찰부에 새로 부임한 특고과장은 지방 사정을 잘 알 수 없다는 핑계로 가장 고참이었던 '이찌하라' 경부에게 사건의 처리를 일임하였다. 특고과장은 "차제에 어학회와 같은 민족주의자 집단을 철저히 응징할 필요가 있다"는 결론 아래 어학회 간부들 검거에 착수했다.

1942년 10월 1일 조선어학회의 핵심을 이루고 있던 이극로 · 최현배 · 이중화 · 장지영 · 한징 · 이윤재 · 이희승 · 정인승 · 권승욱 · 김윤경 · 이석린 등 11명의 임원들이 1차로 검거되었다. 18일 이우식, 19일 김법린, 20일 정열모, 21일 이병기 · 이만규 · 이강래 · 김선기, 12월 23일 안재학 · 이인 · 서승효 · 김양수 · 장현식 · 윤병호 · 이은상 등 8명도 3차로 구속되었다. 김도연은 조선어학회사건이 흥업회사에 비화할 것을 예측하고 기다리고 있던 중 2인의 중역이 먼저 연행되는 가운데 12월 28일 4차로 검거되고 말았다. 서민호가 검거되고 이듬해 3월말부터 4월 1일까지 신윤국·김종철 등도 구속되었다. 안호상·권덕규 등은 혐의를 받았으나 검거되지는 않았다. 이 사건으로 직접 관련된 사람 32명 중 28명이 구속되고 약 50명의 증인들까지도 피의자나 다름없는 혹독한 취조를 받아야만 했다.[15] 3·1운동 이래 민족정신을 고취하기 위하여 꾸준히 문화운동에 노력을 기울인 조선어학회는 이와 같이 일제의 혹독한 탄압을 받게 되었다.

3·1운동 이후 조선총독에 새로 부임한 사이토 마코토는 문화정치라는 명목으로 유화정책을 베풀었다. 그는 강력한 무단정치로 어려움에 빠져있던 우리 문화운동도 사이토의 능글맞은 완화정책으로 차츰 활기를 띄었다. 월간 잡지와 일간신문이 발행되는 가운데 우리 한글을 연구하는 기관인 조선어연구회도 조직되었다. 처음에는 사립학교의 국어담당 교직원인 장지영(張志暎)·권덕규(權悳奎)·이상춘(李常春)·신명균(申明均)·김윤경(金允經) 외 10명은 서울 휘문의숙(휘문중학교) 강당에 모여 조선어학연구회를 만들었다(1921년 12월 3일).[16] 창립 당시 임원진은 간사장 임경재(任璟宰), 간사 장지영·최두선(崔斗善) 등이었다. 이들은 1개월에 한 번씩 월례회를 열고 한글에 대한 연구·토론하는 등 열정을 기울였다. 기관지로 1927년 2월에는 월간 『한글』을 발간해 오다가 재정난과 일제 탄압으로 휴간되었다. 1931년 2월 10일에 이르러 조선어학회로 개명하게 되었다. 명칭을 바꾼 이유는 일본인 이토오가 일본인들에게 한글을 가르치기 위하여 중구 태평로에 조선어연구회라는 간판을 부쳐 놓고 『조선어연구』라는 잡지를 발간하고 있었다.

재정적 뒷받침이 없었던 조선어학회는 심한 운영난에 빠졌다. 독지가인 정세권은 화동에 있는 집 한 채를 기부하였다. 이를 조선어학회 회관으로 정하여 연구를 위한 기반을 구축할 수 있었다. 1926년 음력 9월 29일(양력 11월 4일)에 훈민정음반포 480주년이 되는 날을 '가갸날'로 기념했다. 국어학자와 신민사 공동으로 식도원에서 개최되었다. 이는 본격적인 국어운동 시작으로서 '현금 조선 민족으로 가장 의의 있는 기념일'로 받아들여졌다. 2년 후에는 한글날로 명칭을 고쳤고, 1932년 양력 10월 29일로 고쳐 기념하였다.[17]

독일에서 유학을 마치고 돌아온 이극로(李克魯)가 조선어학회 회원으로 가입했다. 그는 분주히 움직여 돈을 구하여 운영자금에 충당하였다. 그는 조선어학회 간사장으로 취임하여 일제 경찰에 검거되기까지 조선어학회의 자매기관으로 조선어사전편집회를 1929년 10월 31일에 조직하고 조선어사전 편집 기념 도서출판관의 창립을 계획을 추진하는 등 의욕적으로 일을 맡았다. 이리하여 조선어학회가 기능을 발휘하여 거둔 결과는 「한글 맞춤법 통일안」과 외래어 표기법을 제정하였다. 조선어학회 기관지인 『한글』을 간행함으로 민족문화 향상에 크게 이바지했다.[18] 또한 각 지방도시에서 3년 동안 여름 한글 강습회도 개최하는 등 매우 열성적이었다.

회원들은 언어와 문자를 소유하고 있는 민족이 사전 한 권도 가지지 못한 것을 애통히 느끼고 있었다. 1929년 10월 31일 수표동 42번지 조선교육회 회관에서 한글기념식을 마치고 사회 각 방면의 인사 108명이 발기하여 조선어사전편찬회도 조직하였다. 당시 발표된 취지서는 조선어사전 편찬 목적과 방법을 다음과 같이 밝혔다.

인류의 행복은 문화의 향상을 …(중략)… 조선의 언어는 상술한 것처럼 어음, 어의, 어법의 각각 방면으로 표준이 없고 통일이 없으므로 하여 동일한 사람으로 조석이 상이하고 동일한 사실로도 경향이 불일(不一)할 뿐만 아니라 또는 어의의 미상(未詳)한 바이 있어도 일를 질정(質正)할 만한 준거가 없기 때문에 의사와 감정은 원만히 소통되고 완전히 이해될 바이 없다. …(중략)… 금일 세계적으로 낙오된 조선 민족의 갱생할 첩로(捷路)는 문화의 향상과 보급을 급무로 하지 않을 수 없는 것이요, 문화를 촉성하는 방편으로는 문화의 기초가 되는 언어의 정리와 통일을 급속히 꾀하지 않을 수 없는 것이다. …(중략)… 본대 사전의 직분이 중대하니만치 따라서 이의 편찬사업도 그리 용이하지 못하다. 1일이나 1월의 짧은 시일로도 될 수 없는 사업이요, 1인이나 2인의 단독한 능력으로도 도저히 성취될 바이 아니므로 본회는 인물을 전 민족적으로 망라하고 과거 선배의 업적을 계승하여 혹은 동인의 사업을 인계도 하여 엄정한 과학적 방법으로 언어와 문자를 통일하여서 민족적으로 권위 있는 사전을 편성하기로 자기(自期)하는 바인즉 모름지기 강호의 동지들은 민족적 백년대계에 협조함이 있기를 바라는 바이다.[19]

조선어사전 편찬은 '조선 민족을 갱생할 지름길로서 문화 향상과 보급'을 위한 사업 중 하나로 인식되고 있었다. 또한 '문화를 촉성하는 방편'으로 계획된 민족적 사업으로 추진할 것임을 밝혔다.

이우식은 다수 인사들로부터 적지 않은 금액을 기부받아 인원을 정리하는 한편 단어장을 모아 설명을 부치는 등 본격적인 편집을 맡았다. 이리하여 조선어학회는 우리말과 글을 말살하려던 일제의 항거해서 문화운동을 전개하는 동시에 우리말 사전을 편집하여 널리 보급하려던 중 사전에 일제의 탄압을 받아 관계자들이 검거되고 말았다.

1930년 12월 3일 총회에서 맞춤법통일과 표준말 제정, 외래오표기법 등을 통일하기로 결의했다. 맞춤법 제정위원은 권덕규 · 김윤경 · 신명균 · 이극로 · 장지영 · 이희승 · 정열모(鄭烈模) 등이었다. 1932년 12월에 원안이 마련되었다. 토론과 수정 작업을 거쳐 이듬해 10월

19일 임시총회에서 「한글맞춤법통일안」이 채택되고, 한글날 기념식에서 발표되었다. 맞춤법이 표준말 근거로 조선어표준어사정위원회를 두고 1935년 1월부터 1936년 8월까지 사전편찬을 위해 수집한 어휘를 토대로 사정했다. 이해 한글날에는 「사정한 조선어 표준말 모음」을 공표하고 1937년 단행본으로 출간하였다. 1931년 1월 24일 외래어표기를 통일하기 위한 외래어표기법 및 부수문제협의회를 열어 책임위원을 뽑았다. 외래어표기법과 일본음표기법, 조선어음의 로마자표기법, 조선어음의 만국음성기호표기법에 대한 안을 기초하였다.[20] 8년 동안 연구심의를 거쳐 1938년 4가지 원안이 완료되었다. 이를 각종 간행물에 시험 적용하고 전문가들 자문을 얻어 1941년 1월 「외래어표기법통일안」을 발표했다.

민족사상을 고취시키기 위하여 우리말과 우리글을 보급하기 위한 문화운동을 하던 조선어학회에 운영자금을 제공한 이유로 김도연은 1942년 12월 29일 밤에 수감되었다. 유치장은 초만원이어서 그는 할 수 없이 유치장 변소 위에 올라 앉아 밤을 새우게 되었다. 영하 10도의 추운 밤에 담요 한 장으로 몸을 가리고 도저히 잠을 잘 수 없었다. 오직 하루 속히 홍원으로 끌려가기만을 기다리는 심정이었다. 꼬박 3일간 뜬눈으로 밤을 새워가며 유치장 감방에 있다가 1943년 1월 1일 홍원경찰서로 이송되었다. 떠나기 전 가족들과 면회를 허락받아 작별을 고할 수는 있었지만 바로 호송되어 정월 초하루를 기하여 가족들을 남겨두고 언제 돌아올지 모르는 기약 없이 홍원으로 끌려가게 되니 서글픈 생각이 가슴을 메웠다. 정월 초하룻날 밤 홍원경찰서에 당도하니 그날 밤은 유치장 감방에도 넣어주지 아니하고 유치장 복도에 '다다미' 한 장을 깔고 수갑을 양다리에 채운 채 밤을 새우게 했다. 추위에 떨며 잠을 이루지 못하고 있는데 먼저 이곳으로 끌려와서 구속되어 있는 동지들이 유치장 안에서 이불을 하나 내어 주어서 겨우 잠을 잘 수 있었다.[21] 이날 밤 서민호도 나와 함께 홍원경찰서에 이송되어 복도에서 밤을 새웠다. 다음날 유치장 제1호 감방에 들어가니 먼저 구속된 안재홍 · 김법린 · 정열모 · 장현식 등은 잡범과 함께 수감되어 있었다.

다음날 취조실로 나가 보니 먼저 잡혀간 동지들이 취조를 받고 있었다. 창백한 얼굴로 걱정에 잠겨있는 그들을 보니 눈시울이 뜨거워 가슴이 아팠다. 김도연은 '오오하라'라고 창씨개명 한 한국인 주병훈에게 취조를 받게 되었다. 사건 취조를 담당한 형사들은 홍원경찰서에서 선발한 6명과 홍남경찰부에서 파견한 4명 등 10명이었다. 이들은 3명씩 분담하여 취조를 하고 조서를 꾸몄다. 이들 중에는 4명의 일본인과 6명의 한국인이 있었다. 그 중 홍원경찰서 '야쓰다'라는 안정묵과 홍남경찰부의 '오오하라'는 가장 강하게 입건을 주장하였다. 일제에 대한 공명심에 날뛰는 이들의 취조는 악랄하기 짝이 없었다. 김도연 더욱 가혹한 고문을 당했다. 처음 이들을 대할 때 친절한 말을 하기에 얌전한 녀석에게 걸린 줄 알았으나 크나큰 오산이었다. '오오하라'는 먼저 신문하기를 "조선 사람은 황국신민이 되기 위하여 창씨를 했는데 너는 왜 창씨를 하지 않았느냐?"하기에 김도연은 '가네상'이라 하면 마찬가지 아니오 응대했다. 그는 당장 눈을 부릅뜨더니 책상 옆에 있던 네모난 몽둥이를 집어 들고 "너는 동경유학생시절에 2 · 8독립운동의 주동자가 아니냐?"하고 마구 때렸다.

김도연은 처음 당하는 일로 흥분한 나머지 그가 든 몽둥이를 빼앗아 때려서 사생결단을 내려고 했으나 간신히 참고 참았다. 그때 어찌나 많이 얻어맞았는지 1960년대까지 허리에 통증이 가시지 않을 뿐만 아니라 그때 일만 생각하면 소름이 끼쳤다고 한다.[22] 더욱이 '오오하라'는 김도연에게 자백서를 써오라고 강요하였다. 그래서 김도연은 "어학회의 취지에 찬동하여 자금을 보내준 일이 있을 뿐 실제로 어학회 자체가 무슨 일을 했는지 알 수 없다"고 말하며 자백서를 내동댕이쳤다. 상산은 자백서를 4－5차례나 썼으나 조선어학회의 사전편찬이 독립운동을 위한 길이라는 것은 끝내 부인하였다. '야쓰다'는 "너 이따위 자백서를 쓰다가는 혼이 날테니 정신 차려야 한다"고 몇 번이나 비꼬았다. '오오하라'는 정말 정신 차리도록 취조해야겠다고 위협을 서슴지 않았다. "네가 미국유학을 하고 있을 때 독일에서 미국으로 돌아온 이극로를 만나서 독립운동에 관계되는 의견을 교환한 일이 있는데, 그 자리에서 의견이 맞는 점이 있어 이극로는 귀국하여 한글운동을 통해서 독립에 이바지하려는 뜻을 말했고, 너는 귀국하여 실업계에서 경제활동을 통해 독립에 이바지하겠다는 약속을 하지 않았느냐?"하고 끈질기게 추궁을 거듭하였다. 김도연이 그러한 유도신문을 부인하니 "이 놈은 심하게 다루어야 정신을 차릴 것이다"라고 하면서 본격적인 신문을 시작했다.

당시는 전쟁말기라 그랬는지는 몰라도 어찌나 독종이었던지 일제의 개들은 갖은 혹독한 고문을 자행하면서 저들의 뜻에 맞는 자백을 강요받았다. 비행기를 태우는 방법, 물을 먹이는 방법, 육전이라고 하여 목총을 들고 여러 사람이 사정없이 때리는 방법 등 온갖 수단을 써가면서 죽지 않을 정도로 심문을 가했다. 이렇게 고문을 당하다가 의식을 잃으면 며칠 동안 감방 안에 넣어 두었다가 주사를 주어 회생시킨 후 다시 끄집어내어 자백서를 쓰게 한다.[23] 내용이 마음에 들지 않으면 또다시 신문과 자백서를 쓰게 강요하였다. 1차로 검거된 정태진은 이와 같은 신문에 못 이겨 조선어학회를 민족주의자들의 집단이라고 자백서를 썼다. 저들 취조를 받아 오던 회원들은 혹독한 신문에 배겨낼 수가 없었다. 비행기심문이라고 하여 짚단 같은 것을 발밑에 바쳐 놓고 겨드랑에 목총을 끼게 하여 사람을 천정에 달아 놓으면 체중으로 인하여 두 어깨가 뒤로 뒤틀려서 등뼈가 빠질 것 같이 아픈 무서운 고문도 받았다. 한 번은 안재학을 불러서 "너희들은 독립운동자들이니 김(김도연 – 필자주)에게 말하여 자백케 하든지 아니면 따귀를 후려 갈겨라"고 시킨 일이 있었다. 이때 안재학은 "다른 짓은 다할 수 있어도 차마 동지의 뺨은 때릴 수 없소"하고 거절하였다. '오오하라'는 비행기를 타고 있는 김도연의 양쪽 팔을 이리 누르고 저리 누르니 김도연은 팔이 아파서 견딜 수가 없어 의식을 잃곤 하였다. 이에 상산은 배겨날 도리가 없어서 자백서를 썼다가 검사 취조 때 부인할 생각으로 '오오하라'가 말하는 대로 미국에서 이극로를 만나 독립운동을 모의했다고 시인하였다. 그러한 취조로 구속된 사람들에게 거의 매일처럼 계속되어 근 6개월이나 지나게 되었다. 어느 날 취조를 받기 위해 무덕전(경찰서 본관)에 나오니 가족들이 보낸 편지와 음식물이 나누어졌다. 상산 집에서 보내온 흰 무리떡도 여러 동지들에게 나누어 주었다. 가장 나이 많던 이윤재는 얼마나 시장했던지 떡 한 조각을 먹고 또 한 조각을 먹으려 하자 멀리서 보고 있던 형사들 중 '시바다'는 "저 늙은 것이 또 먹어 돼지 같이"하며 조롱했다. 그는 본명이 김석묵(金錫黙)으로 이윤재가 배재고등보통학교에서 가르친 제자였으나 스승에 대하여 그와 같은 모욕을 주었다.[24] 당시 식량난이 가중되는 가운데 수감자들에게 사식을 허락하는 대신에 각자가 한 달에 쌀 한 말씩을 가져오게 하여 밥을 지어 주게 했다. 경찰서 일꾼으로 밥 짓는 일을 맡은 '다로'는 그 쌀을 다 먹기도 전에 우리들에게 쌀을 가져오게 하라고 독촉이 성화같았다. 당시를 다음과 같이 회고하였다. "지금도 가끔 생각나는 것은 미역국이다. 각자가 집에서 보내준 용돈을 거두어 동해안에서 잘 잡히는 고등어나 꽁치 등을 사다가 미역국을 끓여 먹기도 했다. 나는 그 국이 어떻게나 맛이 있었던지 아직도 잊혀지지 않는다."

유치장 생활에 싫증도 났거니와 지칠 만큼 지쳐서 가끔 경찰서 내 운동장에서 운동을 한다. 외부 사람의 얼굴을 볼 수 있던 사실이 너무나 기뻤다. 우리들을 보기 위하여 경찰서 담장을 넘겨다보는 사람들은 내쫓아 버렸다. 상산은 운동시간이 되면 가장 기뻐하며 운동에도 열중하여 건강을 유지하려고 노력하였다. 마음속으로는 일본이 패망하여 형무소의 문을 우리들의 손으로 직접 나올 때가 있으리라는 희망을 품고 있었다. 이러한 희망을 품게 된 것은 바깥의 소식을 들을 수는 없었지만 유치장에서 잠자는 시간에 일경들이 주고받는 말 중에 "사이판 군도에서 일본군대가 옥쇄했다"느니 "태평양에서 일본함대가 침몰했다"는 등의 이야기가 흘러나오는 것을 엿들 수 있었다.[25] 조만간 일제가 패망하리라 짐작되었다.

조선어학회사건에 관련되어 홍원경찰서에 끌려간 김도연 동지들은 검거된 이래 경찰의 취조와 검사의 조사를 받기까지 근 1년이란 세월을 두고 철창신세를 지게 되었다. 음식을 제대로 먹지 못하여 영양실조가 되어 몸은 극도로 쇠약해졌다. 유치장에서 먹는 밥은 밀·보리·피·수수·강냉이·감자·메밀·비지 등 잡곡밥이었다. 이것을 먹고 설사를 하여 눈은 쑥 들어가고 안색이 창백해진 동지들도 있었다. 김도연은 닥쳐올 형무소생활이 어떻다는 것을 알고 있었으므로 그만한 정도는 참고 견딜 수 있었다. 경찰서에 있는 것이 지긋지긋하여 하루라도 빨리 사건이 일단락되기를 고대하였다. 사건의 결말을 짓기 위해서는 여하튼 검사의 조사를 받아야 하므로 나는 반갑지도 않은 검사가 오기를 기원했다. 동지들은 검사가 오기를 고대한 것은 비단 그것만이 아니었다. 경찰 신문에 못 이겨 허위 자백한 것을 취조 방식이 좀 더 부드럽고 과학적인 것으로 알려진 검사 앞에서 고문을 당한 사실을 밝혀 경찰의 조서를 부인하려는 뜻이 있었기 때문이다. 온다고 하던 검사는 좀처럼 나타나지 않더니 수개월 후에 '아오야기 고로'라는 일본검사가 홍남검사국으로부터 경찰서로 찾아왔다. 보통 같으면 피의자들이 검사국으로 송치되어 취조를 받았다. 유독 조선 어학회사건은 검사국으로 가는 것은 이름뿐이고 특별히 검사가 경찰서로 찾아와서 취조하게 되는 까닭을 우리는 의아하게 생각했다. 그래도 검사취조에 조그만 희망을 걸었다.

검사 취조는 피의자를 취조하던 형사들을 좌우에 앉히고 검사자신이 중앙에 앉아서 위압적인 분위기를 조성한다. 그리고 한 사람 한 사람씩 불러서 신문하기 시작하였다. 검사 '아오야기'는 우리 동지들이 고문에 못 이겨 허위진술을 했다고 하면 "고문은 무슨 고문이냐 바른대로 대답해라"하고 호통을 치며 경찰조서를 전부 시인하게끔 조사를 진행시켰다. 검사 조서방식이 이러하므로 동지들은 어쩔 수 없이 경찰조서의 부인을 단념하고 검사의 신문에 "네 그렇습니다. 그런 일이 있읍니다"고 대답했을 뿐이다. 이리하여 검사 취조도 경찰 조서와 일치되어 검사취조에 하나의 희망을 걸고 있던 우리들 실망은 이만저만이 아니었다. 나중에 알고 보니 '아오야기' 검사가 홍원에 도착하자 홍원경찰서 간부들은 그를 일류여관에 숙박시켰다. 매일 요정에서 접

대하여 주지육림 속에 빠지게 하는 등 처음부터 검사를 매수하여 우리들의 취조에 임하게 했다.

이와 같이 검사의 취조가 있은 후 홍원경찰서에 피검되어 구속된 28명 중 16명은 기소되고 나머지 12명이 기소유예로 석방되었다. 기소된 16명은 김도연을 비롯하여 이극로·이윤재·최현배·이희승·장지영·정인승·이중화·이우식·김양수·장현식·정열모·김법린·한징·정태진 등이었다. 이들 중 이윤재·한징은 나중에 함흥감옥에서 굶주림과 추위에 견디지 못하여 애석하게도 옥중 사망하고 말았다.[26] 검사의 기소의견은 회원들 행동이 국가적 반동행위로서 치안유지법 제1조에 해당되므로 내란죄가 성립된다는 내용이었다. 이리하여 상산은 1943년 9월 홍원경찰서 유치장신세를 끝내고 동지들과 함께 함흥형무소로 이송되었다. 이송되던 날 홍원경찰서장으로부터 일장의 훈시를 들은 동지들은 손에다 쇠고랑을 차고 몇 사람씩 포승으로 묶긴 채 지긋지긋하던 경찰서를 등지고 전율역에서 기차를 타고 함흥형무소로 옮겨졌다.

전율역을 떠나 함흥으로 가는 일행은 차중에서나마 오래 만에 외부 세상을 대할 수 있었다. 차창 밖으로 내다보이는 맑은 초가을의 하늘과 들판에 무르익은 벼의 황금물결은 고향과 가족들에 대한 향수를 그리게 하였다. 내 나라의 말과 글을 쓰는 운동에 가담한 이유로 검거된 이래 9달 동안이나 유치장에서 혹독한 고문을 받아오다가 또다시 쇠고랑을 차고 함흥형무소로 끌려가는 일행 모습은 초라하기 짝이 없었다.[27]

형무소에 도착하자 간수들은 우리가 입고 간 옷을 벗겨버리고 청색 죄수복으로 갈아입혀 미결수 구치감에 입감시켰다. 간수의 지시에 따라 각 감방으로 흩어지게 된 동지는 다시 서로 헤어지게 된 것을 무척 섭섭하게 생각하였다. 상산이 들어간 감방은 여러 미결수들이 섞여있는 잡방이었으나 그들은 의외에도 반가이 맞아 주었다. 보통잡범이 들어있는 감방에서는 감옥생활의 선후배 구별이 엄격함에도 그들이 상산을 반갑게 맞아준 이유를 곧 알았다. 상산이 조선어학회사건에 관련되어 독립운동을 하다가 검거되었다는 소식을 그들 선배들이 미리 듣고 있었기 때문이다. 상산은 같은 방에 있던 동료 미결수들의 후대를 받았으나 당시 형무소 생활은 기결수와 조금도 다름없는 대우를 받았다. 식량난이 우심했으므로 의복 차입은 허락되었으나 사식만은 허용되지 않았다. 다른 죄수들과 같이 '양은공기' 2개와 접시 1개가 배당되었다. 1일 3식으로 식사시간이 되면 철창구멍으로 밥과 국물이 배급되었다. 밥이 들어올 때는 밥공기를 내밀고 국이 들어올 때는 국그릇을 내밀어야 했다. 어쩌다가 다른 반찬이 한 가지 더 있을 때는 접시를 내민다. 명색이 밥이라고 하는 것은 조·콩·쌀 같은 것을 섞은 잡곡밥으로 1-6등급이 구별되었다. 상산에게 배급된 식사는 가장 분량이 적은 6등급이었다. 국이라는 것은 물에다 소금을 타고 우거지를 넣은 소금국물로 어쩌다 들어오는 반찬이라야 죄수들이 사역장에서 가꾼 무나 배추의 줄거리를 소금물에 쪄서 주었다. 형무소 대우가 그렇고 보니 상산은 무엇보다 밥이 적어 배고픔을 견디지 못하였으니 식사만은 오히려 지긋지긋하던 홍원경찰서 유치장생활이 좋았다고 생각할 정도였다.[28] 감방수의 죄수들이 모두 굶주림으로 화제는 자연 먹는 이야기와 음식이야기 뿐이었다. 하루는 강원도 강릉서 왔다는 죄수 한사람이 자기고향의 음식자랑을 늘어놓았다. 감으로 곶감을 만들어 약밥에 넣었는데, 그 맛은 천하진미라고 뽐내면서 입맛을 쩍쩍 다셨다. 듣는 사람들은 구미가 바싹 당기게 하여 뱃속을 골려 주었다. 침을 삼켜가면서 먹는 이야기는 돌고 돌아 떡 만드는 이야기에 이르렀다. 어떤 죄수 한 사람은 잡곡밥을 수건에 넣어 떡을 치다가 그만 간수에게 들켜 매를 싫건 맞고 며칠을 굶고 앉아있는 벌까지 섰던 일도 있었다.

잠은 8시 취침에 6시 기상이었다. 시간 중에는 숨소리 외에 꼼짝도 못하게 하니 잠못 이루는 날은 지루하기가 이를 데 없었다. 특히 아침에는 기상하자마자 세수를 하였다. 세수시간이 되면 죄수들은 마치 돌격대처럼 세면장으로 뛰어나가 얼른 얼굴에 물을 찍어 바르고 감방으로 뛰어 들어왔다. 늦은 걸음걸이로 세면장에 가다가는 허탕을 치는 경우가 비일비재하였다. 상산은 처음 세수시간에 주춤하고 있다가 물도 찍어 발라 보지 못하고 그대로 감방으로 온 일도 있었다. 여러 잡범 죄수들과 함께 지나기 얼마 후 상산은 너무나 복잡하고 불결한 감방생활에 지치기도 하였지만 온몸에 옴으로 견딜 수가 없었다. 간수에게 독방으로 보내줄 것을 간청했더니 사정이 딱했던지 며칠 후에 독방으로 옮겨 주어 훨씬 편히 지낼 수 있었다. 밥을 운반하는 죄수도 상산이 독립운동가라 하여 이따금 밥을 두덩어리씩 집어넣어 주었다. 당장 주린 창자도 채울 수 있게 되었다. 뿐만 아니라 조용한 사색과 독서를 할 수 있게 된 것이 무엇보다 좋았다. 성경과 불교 역사서적을 독파하였으며 그밖에도 수양서적 같은 것으로 정신수양에 힘썼다. 어느 날 취침시간이 되어 잠자리에 들었더니 간수가 철창의 윗 창구(감시하는 구멍)를 열더니 무슨 봉지를 던져주기에 수상히 여겨 얼른 펴보았다. 그것은 뜻밖에도 인절미로 맛있게 먹었다. 아마 간수는 상산 신분을 알고 마음 속으로 동정이 갔던 모양이었다. 그러나 일본 시부야 형무소에서 겪은 감옥생활과 함흥형무소에서 겪은 감옥생활을 비교해보면 사람을 대하는 품이 천양지차였다. 식민지정책의 가혹함이 식민지 안에서 더 극심함을 절실히 깨달았다. 그는 감옥생활을 하는 중에 집에서는 잠시라도 걱정이 떠날 날이 없었음은 말할 나위도 없다. 아들 병대는 1943년 8월 일본 센다이에서 유학 중이던 것을 그만두고 곧 귀국하여 흥업회사의 일을 보면서 집안 일을 돌보았다. 차남 병국은 1944년 고려대의 전신인 보성전문학교에 재학 중 학병으로 나가게 되었다. 멀리 함흥형무소까지 찾아온 병국이 면회를 청하여 상산에게 학병으로 나가게 되었다는 사실을 전하였다. 그는 가슴이 터지는 것 같은 쓰라림과 흐르는 눈물을 금하지 못한 채 부자지간의 석별의 정을 나누었다. 이는 아무리 숙명적이라 할지라도 아버지인 상산은 일제의 반역자라고해서 감옥살이를 하는 반면 아들은 일제의 전쟁수행을 위하여 학도병으로 끌려가게 되었다. 약소민족으로서 비애가 아니고는 절대로 겪지 못할 일이었다. 일제의 비인도적인 정책의 한 단면을 그대로 보여주는 대목이다.

이와 같이 갖은 옥고를 겪어오던 동지들은 중대사건 연루자로 판사의 예심에 회부되었다. 예심제도는 당시 사상범이나 독립운동가 등을 탄압하기 위하여 이용되었다. 사건을 신중히 처리한다는 표면상 이유는 사실상 피의자들을 공판에 회부하지도 않고, 1−2년 동안 무기한 미결수로서 감옥에서 격리하려는 심사였다. 이러한 예심제도는 인권유린도 이만저만이 아님은 물론 예심에 걸리게 되면 공판을 받기 전에 죽어 나가는 예가 허다했다. 상산은 경찰에서 취조하던 형사들이 "너희들은 예심에 걸리게 되니 형무소에서 죽어서 나갈 지도 모른다"고 하던 말이 생각나서 마음이 불안하였다. 여하간 예심에 걸리는 것이 제일 두려웠으며, 일제는 조선어학회사건의 관련자들을 중범으로 다루는 대대적인 조작을 서슴지 않았다.

1944년 2월 상순경에는 예심판사가 형무소로 찾아와 동지들을 한 사람씩 불러다 엄격한 조사를 시작하였다. 그는 어학회에 자금을 제공한 이유로 기소된 상산을 조사실에 불러다 심문하면서 "조선어학회에서 한글사전을 만드는 것은 궁극에 가서는 조선독립을 목표로 한 것이고 그 취지에 찬동하여 자금을 제공한 것이 아니냐"고 추궁했다. "조선흥업회사를 창설한 것도 경제활동을 통하여 독립을 뒷받침 하려는 것이 주된 목적이 아니었는가?"고 퍽 정중한 태도로 경어를 써가며 신문하였다. 상산은 예심판사 심문에 대하여 "어학회에서 한글사전을 만드는 것이 독립운동으로는 생각하지 않았으며 친지들 간에 좋은 문화사업을 한다고 생각하여 얼마간의 자금을 돌보아 준일이 있을 뿐이다"고 말하고 "흥업회사를 창설한 것은 생활대책의 길을 개척한데 불과하다"고 하여 경찰과 검찰 측의 조서를 부인했다. 예심판사는 "교양 있는 당신이 이 사건을 그렇게 부인하는 태도로 나올 줄 몰랐소. 정말 뜻밖의 일이오"[29]하면서 "당신의 은사인 최린 같은 분이나 독립운동을 해오던 이광수·주요한 같은 이도 지금은 조선인의 황민화운동을 위하여 학생들에게 학병 가기를 권유하는 등 과거를 뉘우치고 있는데 교육을 많이 받아 알만한 당신이 끝까지 그런 태도로 나온다는 것은 유감스럽다"고 하면서 회유하였다.

김도연은 "이후의 일은 이후의 일이고 어학회 자체가 독립을 목표로 하여 한글사전을 만든 것은 아니다"고 끝까지 부인했다. 그는 상산을 3-4차례 심문하면서 어떻게 해서든지 경찰조서를 시인시키려고 했다. 상산은 끝내 일관적인 태도로 이를 부인하였다. 이와 같이 예심을 거친 동지들은 2명이 옥사하고, 2명이 면소되었을뿐 12명이 공판에 회부되었다. 예심판사가 공판회부를 결정한 이유서 요지는 "조선어학회는 대정 8년의 만세 소요사건 (1919년·3월 1일 독립선언)이 실패로 돌아감에 장래 조선독립을 기약하는 데는 문화운동에 의하여 민족정신을 환기시키고 실력양성을 도모하는 것이 급선무라고 생각하여 대두된 것이다"고 지적했다. "이 운동이 용두사미로 그치게 되자 소화 6년(1931년) 피고인들을 중심으로 문화운동 중에서도 기간이 되는 언문운동의 방법을 택하여 그 이념을 지도이념으로 삼고 겉으로는 문화운동의 가면을 쓰고 조선독립을 목표로 하여 조선어학회의 활동이 전개된 것"이라고 단정을 내렸다. 또한 이유서에는 "조선어학회는 4년이란 시일을 두고 조선민족에 대하여 언문운동을 전개함으로써 조선민족으로 하여금 마음속 깊이 파고 들어가게 하여 민심의 새로운 관심을 일으키고 여러 해 동안을 편협한 민족관념을 북돋우게 하여 민족문화의 향상, 민족의식의 향상 등을 기도함으로써 조선독립을 위한 실력을 기르는 수단을 다했다"는 결론을 내렸다. 이와 같은 이유로 동지 20명이 예심판사에 의하여 공판에 회부되었을 때 또한 각자행위에 대한 공소이유서가 첨부되었다.

상산과 관계되는 부분은 다음과 같다.[30] "피고 도연은 도쿄에 있는 긴죠중학교를 거쳐 게이오대학 이재과(경제학과 - 필자주) 2학년을 중도퇴학하고 대정10년 4월 미국으로 건너가 오하이오주 웰실리안 전문학교와 콜럼비아대학과 아메리칸대학에서 경제학을 전공하여 소화 6년 3월에 박사학위를 얻고 소화 7년 7월에 귀국하여 일시 연희전문학교 경제학 담임강사로 있다가 피고 김양수와 함께 조선흥업주식회사를 경영하던 자인데 게이오대학에 재학할 때부터 일본의 조선통치에 불만을 품었고 '윌슨'이 제창한 민족자결주의에 자극되어 조선의 독립을 희망하여 대정 8년 2월 도쿄에서 이광수·최팔용 외 수명과 함께 조선독립선언서를 출판하여 배포한 까닭으로 그해 6월 22일 동경지방재판소에서 출판법위반에 의하여 금고 9개월에 처하게 되었다. 그후 형의 집행을 마치고 출감한 뒤 미국으로 건너가 유학하는 중에 김양수와 같이 3·1신문을 발행하여 대한민국임시정부를 도울 것과 각파 민족단체의 대동단결을 도모하여 혹은 뉴욕에 있는 조선사람과 실업가를 규합하여 재미한인산업협회라고 하는 단체를 결성하여 산업지식을 연구함으로써 조선독립의 경제적 실력양성을 도모하는 등 여러 가지로 조선독립을 위하여 활동하다가 피고인 김양수 건유로 소화 15년 1월까지 조선어학회가 조선독립을 목적하는 결사인줄 알면서 조선흥업주식회사에서 이 결사의 사업인 조선어사전편찬자금으로 700원을 피고인 김양수를 통하여 조선어학회에 제공하였다. 이로써 이 결사의 목적 실현을 돕는 행위를 하였다"는 내용이었다.

상산은 1942년 12월 홍원경찰서에 검거된 이래 무시무시한 경찰의 고문과 검사의 취조, 교활한 예심판사의 심문을 거쳤다. 무려 20개월을 두고 미결로 방치되었다가 1944년 여름 제1심에서 담당판사로부터 2년 징역에 3년간 집행유예의 언도를 받았다. 담당검사의 상고가 있었으나 병보석으로 출옥하였다. 처음에는 거주제한을 받아 병보석 후에도 김양주와 같이 3개월 동안 홍원에서 머물러 있다가 2심판결이 있은 후에야 해제되었다. 7개월 후에는 감격적인 8·15광복을 맞이하였다. 사건에 관련된 조선어학회의 임원 중 이극로·최현배·이희승 등은 3년 혹은 2년의 실형언도를 받아 8·15 이후에나 출옥되었다. 상산은 이와 같이 몸서리치는 악형과 오랜 감옥생활 속에서도 희망을 잃지 않았다.

제2부

대한민국 수립과
민주화운동에 나서다

제5장

대한민국 수립운동에 앞장서다

1. 해방 정국의 추이를 살피다

해방이 되자 일제의 탄압으로 그동안 금지당했던 정치활동이 활발해지기 시작했다. 일제의 폭압적인 식민정책으로 자신의 정치적 견해를 표출할 수 없었던 한민족은 해방으로 정치공간이 열리자 자신의 정치적 이해관계와 이념에 따라 집단을 형성하였다. 해방 직후 정치활동을 나선 주요 정치세력은 김성수·송진우를 중심으로 한 우익 민족주의세력, 여운형을 중심으로 한 사회주의적 민족주의세력, 박헌영(朴憲永)을 중심으로 한 공산주의세력, 기독교계 인사를 중심으로 한 종교세력 등이었다.[1] 이들은 해방과 함께 해외 즉 중국·소련·미국으로부터 입국한 정치세력과 이합집산하면서 헤게모니를 쟁취하기 위해 경쟁했다. 이들 정치세력 사이에는 국가건설의 기본방침이 달랐기 때문에 자신의 주장을 관철하기 위하여 대립하고 투쟁하였다. 여기에 외적 요인으로 미국과 소련이라는 매개 변수가 작용하여 갈등은 한층 더 극대화되었다. 이들 중에서 해방과 함께 가장 먼저 조직화된 것이 여운형을 중심으로 한 건국준비위원회였다.[2]

일제의 패망이 임박했지만, 대다수 민족지도자들은 민족해방에 대한 뚜렷한 전망을 갖지 못하고 관망 상태에 있었다. 이는 일제의 가혹한 사상 탄압과 보도 통제로 지도적 위치에 있었던 인사들까지도 정세의 변화를 정확하게 예측할 수 없었기 때문이었다. 여운형이 해방 정국에서 다른 사람들보다 비교적 신속하고 유리한 입장에서 활동을 시작할 수 있었다. 이는 식민통치하에서 전개한 활발한 활동과 무관하지 않으나 해방 1년 전에 비밀리에 결성한 조선건국동맹 때문이었다.[3] 조선건국동맹은 1944년 8월에 여운형 · 조동우(趙東祐) 등이 조직하였는데, 뒤에 이여성(李如星) · 김세용(金世鎔) · 이만규(李萬珪) · 이상백(李相佰) 등이 참여했다. 전국적인 조직망을 확보하여 상당수의 조직원을 갖고 있었다.

태평양전쟁에서 참패와 원폭투하 소식을 접하면서 항복이 임박해지자 조선총독부는 일본인의 안전 귀국과 생명 · 재산을 보호하기 위해 자신들에게 우호적이었던 송진우에게 치안권과 행정권을 맡아 줄 것을 요청하였다. 송진우는 대한민국임시정부만이 통치권력을 이양받을 수 있는 권한을 갖고 있어 개인적으로는 불가능하다며 이를 거부했다. 총독부 당국은 여운형에게 이를 다시 요청하였다. 총독부가 자신들과 좋은 관계가 아니었던 여운형에게 항복 후의 치안권과 행정권을 맡아 달라고 요청하였던 것은 여운형이 조선의 청년 · 학생들로부터 많은 지지를 받고 있던 상황과 무관하지 않았다.[4] 일본의 항복

이 공표되었을 때, 조선인들로부터 존경을 받고 있던 여운형이 자신들의 생명과 재산을 보호해 줄 수 있는 적합한 인물이라고 총독부 관리들은 판단하였다.

8월 15일 아침, 정무총감 엔도 류사쿠(遠藤柳作)로부터 일본 패망 후 치안권과 행정권을 위촉받은 여운형은 ①전국적으로 정치범과 경제범을 즉시 석방할 것, ②3개월간의 식량을 확보해 줄 것, ③치안유지와 건국운동을 위한 모든 정치운동에 대하여 절대로 간섭하지 말 것, ④학생과 청년을 훈련·조직하는 일에 절대로 간섭하지 말 것, ⑤노동자와 농민을 건국사업에 동원·조직하는 일에 간섭하지 말 것 등을 제시하였다.[5]

급박한 상황에서 총독부는 여운형이 제시한 조건을 수용할 수밖에 없었다. 이에 따라 여운형은 즉각 건국준비위원회의 조직에 착수하였다. 그와 측근 인사들은 8월 15일 오후에 조직의 기본 틀을 마련하고, 17일에 여운형을 위원장, 안재홍(安在鴻)을 부위원장으로 하는 건국준비위원회가 조직되었다. 이어 8월 26일에는 건국사업의 방향을 나타내는 선언과 강령을 발표하였다. 이날 발표된 선언의 요지는 "건국준비위원회는 한민족을 진정한 민주주의적 정권으로 재조직하기 위한 준비기관이자 모든 진보적 민주주의세력을 결집하기 위해 각 계층의 인민에게 완전히 개방된 기관으로, 반동적 반민주세력과 투쟁하여 민주주의정권을 수립하지 않으면 안된다"는 내용이었다. 강령의 구체적 내용은 다음과 같다. 첫째, 우리는 완전한 독립국가의 건설을 기한다. 둘째, 우리는 전 민족의 정치적·사회적 기본요구를 실현할 수 있는 민주주의정권의 수립을 기한다. 셋째, 우리는 일시적 과도기에 있어서 국내 질서를 자주적으로 유지하여 대중생활의 확보

를 기한다.[6]

여운형은 해방 전에 조직한 조선건국동맹을 중심으로, 그리고 일제의 항복 직후 석방된 정치범과 민족주의자들과 더불어 건국을 준비해 나갔다. 건국준비위원회의 조직과 활동에 대한 일반 국민들의 지지가 급격히 확산되자, 여운형은 건국준비위원회의 조직을 확대 정비하였다. 8월 31일, 건국준비위원회는 12부 1국의 체제를 갖추어 '준정부적인' 조직으로 개편되었다.[7] 건국준비위원회의 조직은 지방에서도 활발히 진행되어, 8월 말에는 건국준비위원회 지방지부라는 명칭을 가진 조직이 전국적으로 145개에 이르렀다.[8]

건국준비위원회는 새로운 민주주의적 독립국가의 수립을 위해 준비하는 과도적 조직체임을 표방하고, 반민족적·반민주적 세력을 제외한 전 민족의 통일체를 결성하기 위해 노력하였다. 이를 위해 건국준비위원회는 "자유민주주의를 표방하는 극우세력(한민당 계열)과 프롤레타리아 민주주의를 표방하는 극좌세력(조선공산당 계열) 그리고 자유민주주의를 주장하나 균등의 원칙을 존중한 중도 우파세력(안재홍의 국민당계열), 프롤레타리아 민주주의를 지향하나 프롤레타리아독재는 부정하는 중도 좌파세력(여운형의 인민당 계열)"을 모두 참여시켰다. 여운형은 다양하게 분산되어 있던 정치세력들을 한 곳으로 규합함으로써 국가건설을 위한 좌우균형의 연합전선을 형성하려 했던 의도였다.[9]

이러한 의도에 따라 건국준비위원회는 시간이 흐름에 따라 점차 조직을 확대·개편하였다. 초기의 조직이 급박한 상황에서 명망가들을 중심으로 한 조직이었다면, 중기의 조직은 보다 실질적인 업무를 수행할 수 있는 활동가들을 기반으로 한 조직이 되었다. 후기의 조직은 미군의 진주가 임박해지고 우익세력들이 점차 세력을 규합하는 분위기에 편승하여 건국준비위원회 조직에서 탈퇴함에 따라 보다 좌익적 성격이 강한 조직으로 변하였다.[10] 참여인사들은 그들이 추종하는 이념에 따라 다양하게 변하였으나 조직적 측면에서는 12부 1국이라는 상당히 체계화된 조직으로 발전하였다.

　반면 조직과 영향력은 확대·강화되었으나, 전국유지자대회의 문제, 건국준비위원회 조직과 운영상의 문제에서 여운형과 안재홍 사이에 견해 차이가 나타남으로써 균열을 보였다. 간부들은 조직 방침과 다르게 독단적 행동함으로써 조직 내의 분열을 초래하였다. 갈등과 분열이 심화되어 국민들의 여망이었던 건국사업은 지지부진한 상황에 직면했다. 이를 극복하기 위해 건국준비위원회는 9월 4일 조직을 재정비하게 되었다. 새로 구성된 3차 조직의 인적 구성은 다음과 같다.

위원장 : 여운형, 박문규
부위원장 : 안재홍, 허헌
총무부 : 최근우, 전규홍
조직부 : 이강국, 이상도
안전부 : 이여성, 양재하
치안부 : 최용달, 유석현, 정의식, 장권, 이병학
문화부 : 함병업, 이종수
건설부 : 윤형수, 박용칠
조사부 : 최익한, 고경흠
양정부 : 이광, 이정구
후생부 : 정구충, 이규봉
재정부 : 김세용, 오재일
교통부 : 김형선, 권태휘

기획부 : 박문규, 이순근

서기국 : 최성환, 정처묵, 정화준

여운형의 이상은 현실적으로 실현하기에 역부족이었다. 정치세력 상호의 이해관계와 이념적 차이가 시간이 지남에 따라 표출 · 증폭되는 가운데 이들 사이에 이합집산이 가속화되었다. 일제의 항복 직후 정세를 관망하던 우익세력들은 점차 결집하기 시작한 반면 일사불란해 보이던 건국준비위원회는 내부적 균열을 겪게 되었다. 안재홍 등 우익세력은 "건국준비위원회가 초계급적 협조정신으로 명실상부한 과도기적 기구여야 함에도 불구하고 좌경화되어 간다"며 건국준비위원회에서 탈퇴하였다. 이렇게 되자, 초기와는 달리 좌익세력이 건국준비위원회를 주도하게 되었다. 건국준비위원회는 결국 조선공산당의 영향하에 놓이게 되었다.[11]

한편 1945년 12월 16일 모스크바에서 미국 · 영국 · 소련의 3국 '외무장관회의'가 열렸다. 26일까지 계속된 이 회의에서는 주요 의제인 제2차 세계대전의 전후 처리 문제와 함께 '한국문제'를 논의하였다. 12월 17일 미국무장관 번즈(James f. Byrnes)는 미국이 구상해 왔던 한국문제 해결방안을 소련과 영국 대표에게 제시하였다.

주요 내용은 "① 미국 · 영국 · 중국 · 소련 4개국이 신탁통치 체제의 최고 권한자(administrative authority)가 되어 UN헌장 79조에 규정된 기본 목적에 따라 행동한다. ② 1인의 고등판무관(A High Commissioner)과 4개 신탁통치국의 대표로 구성되는 집행위원회(Executive Council)를 통해서 통치 권한과 기능을 수행한다. ③ 한국의 통일 행정체제, 즉 신탁통치체제에는 한국인을 행정관, 상담역, 고문으로 사용한다. ④

신탁통치 기한은 5년으로 하되 필요하면 4개 신탁통치국 사이의 협정으로 다시 5년을 연장할 수 있다"였다.[12] 미국은 미군정의 '정무위원회' 제안을 거부하고 기존의 다자간 신탁통치를 통해 한국문제를 해결하려고 했던 것이다.

1945년 12월 20일 소련 대표 몰로토프(Viacheslav M. Molotov)는 미국 측의 제안을 수정한 한국 문제 해결 방안을 미국과 영국에 제시하였다. 소련의 제안은 미·소 점령군 대표가 공동위원회를 설치하고, 한국의 민주주의적 정당 및 사회단체와 협의하여 '임시정권'을 수립하는 내용이었다. 그리고 공동위원회가 '임시정권'과 신탁통치를 협상한다는 것이 주요 요지였다. 미국과 소련 측 안의 공통점은 한국에 대한 신탁통치 협의였고, 차이점은 한국인의 '임시정권' 수립 유무였다.[13]

1945년 12월 28일 미국 대표 번즈와 소련대표 몰로토프, 영국 대표 베빈(Ernest Bevin)이 합의한 한국문제 해결방안이 발표되었다. 한국문제를 비롯한 7개 의제에 대한 「모스크바 삼상회의 협정문」과 한국에 관한 '모스크바 삼상회의 결의안'이 바로 그것이다.[14] 소련 측 안을 미국 대표가 일부 수정하여 발표한 '모스크바 삼상회의 결의안' 제1항은 '임시정권'의 구성과 성격, 그리고 임무가 규정되었다. 제2항은 '임시정권' 수립을 위해 미소 양군의 대표들이 공동위원회를 설치하고, 공동위원회가 한국의 민주주의 정당과 사회단체와 협의하여 '임시정권'을 수립한다고 명기되었다.

제3항은 신탁통치 실시 방안을 공동위원회와 '임시정권'이 협의하여 작성한다는 것이며, 제4항은 미소 점령군 대표들의 긴급회담이 2주일 이내에 개최된다는 것이 주요 골자였다.[15] 다시 말해 '모스크바

삼상회의 결의안'에 나타난 한국문제 해결에 대한 미국·소련·영국의 결정은 공동위원회가 '임시정권'과 민주적인 정당 및 사회단체와 협의하여 신탁통치안을 작성하고 최고 5년을 기한으로 하는 신탁통치안을 4개국이 심의한다는 내용이었다. 그리고 신탁통치안은 "공동위원회 대표들의 정부", 즉 미국과 소련이 최종 결정한다는 것이 핵심이었다.

'모스크바 삼상회의 결의안'에는 신탁통치 실시가 명확하게 규정되어 있지 않지만, 신탁통치를 '임시정권'과 협의하여 실시한다는 전제는 한국민을 분노하게 만들었다. 또한 국내 좌우익 세력의 대립을 더욱 격화시켰다.[16] 1945년 12월 28일 한국에 대한 신탁통치 소식이 국내에 전해졌다. '모스크바 삼상회의 결의안'의 전문(全文)이 알려지기도 전에 "소련이 5년간 신탁통치를 주장했다"는 '왜곡'된 내용이 국내에 보도되기 시작하였다.[17] 이 소식은 임시정부를 비롯한 국내 각 정당과 단체, 그리고 대중들을 '격분'시켰다. 일제의 '강압적 지배'를 받았던 한국인들의 민족적 감정으로 받아들이기 힘든 부분이었기 때문이다. 이는 곧 전국적인 신탁통치반대운동으로 전환되었다.

2. 신탁통치반대운동에 나서다

한국에 대한 신탁통치안이 제기되었다는 소식이 전해지자 민족주의 세력을 중심으로 반탁운동이 전개되었다. 12월 29일 하지(John Reed Hodge)는 '모스크바 삼상회의 결의안'의 세부 내용을 설명해 주면서 신탁통치가 아직 확정된 것이 아니라고 주장하였다.[18] 미군정의 설명에도 그렇게 생각하지 않는 분위기였다. 더욱이 임시정부가 국제사회, 그리고 미국으로부터 '공식적인 정부'로 인정받지 못했기 때문이었다. 12월 말 조소앙(趙素昂)도 소련이 신탁통치를 주장했다는 소식에 그 진의를 '의심'하였지만, "국제공관(國際共管), 산탁관리(信託管理), 탁치(託治) 운운은 지금 새삼스러운 문제가 아니라 해외에 있을 때에 누차 목도하여 싸워 온 문제이며, 주장자의 여하를 불구하고 의연히 투쟁하여 나가겠다"고 주장하였다.[19] 해방 이전 '국제공동관리'를 반대했던 역사적 경험을 계승하여 신탁통치 반대를 위한 활동을 전개하겠다는 의지의 표명이었다.

어떠한 형태의 '신탁통치'도 반대한다는 신념을 가지고 있었다. 독립운동을 전개한 이유가 바로 즉각적인 독립을 위해서였기 때문이었다. 때문에 해방 이전 한국을 "국제공동관리 한다"는 논의가 대두되자 즉각 이에 대한 반대운동을 전개한 바 있었다.[20] 1943년 3월 루즈벨트와 영국 외상 이든(Anthony Eden)은 한국을 "국제공동관리"하는 방안을 논의하였다. 이 소식이 전해지자 1943년 5월 10일 충칭에 있던 임시정부는 모든 독립운동세력들과 '재중자유한인대회(在中自由韓人大會)'를 개최하여 국제공동관리를 적극적인 반대의사를 표명했다.[21] 더불어 근본적인 문제 해결을 위해 임시정부의 '국제적 승인운동'을 전개하였다. 1943년 11월 미국과 영국, 중국의 수뇌들이 카이로에 모여 '적절한 과정(in due course)'을 통해 한국을 독립시킨다는 '합의 내용'을 공식적으로 표명했을 때에도 임시정부는 한국의 독립 보장은 환영했지만, '적절한 과정'이라는 조건부 독립에는 반대하였다.[22]

해방 이후에도 이러한 입장은 민족주의 진영은 변하지 않았다. 해방 직후 임시정부는 중국으로부터 신탁통치 실시 가능성을 전해 들었다.[23] 이에 임시정부는 국제사회로부터 '정부'로서 인정받기 위해 중국정부와 미국정부에 협조를 요청하기도 했다. 이처럼 임시정부는 '신탁문제'가 대두될 때마다 이를 반대하는 운동을 전개하였고, 근본적인 해결책은 임시정부의 국제적인 '승인'이라고 판단하고 있었다.[24] 임시정부가 '정부'로서 환국하려고 했던 이유도 여기에 있었다.

신탁통치에 관한 소식을 전해 듣자 김구는 곧바로 긴급 국무위원회를 개최하였다. 12월 28일 주석 김구를 비롯한 임시정부 요인들은 모두 경교장에 모여 신탁통치에 관한 임시정부의 태도와 대응 방안을 논의하였다.[25] 그 결과 전 국민과 함께 신탁통치를 반대하기로 결의하고 이에 대한 '긴급조치안'과 연합국에 발송할 '전문'을 작성하였다.

1. 본 정부는 각층, 각파, 교회 및 전 국민으로 하여금 신탁제도에 대하여 철저히 반대하고 불합작(不合作) 운동을 단행할 것.
2. 즉시로 재경(在京) 각 정치단체를 소집하여 본 정부의 태도를 표명하고 전도정책(前途政策)에 대하여 결실(結實)히 합의합작(合意合作)을 요(要)하며 각 신문기자도 열석(列席)케 할 것.
3. 신탁제도에 대하여 중, 미, 소, 영 등 4국에 대하여 반대하는 전문(電文)을 급전(急電)으로 발송할 것.
4. 즉시로 미·소 군정 당국에 향하여 질문하고 우리의 태도를 표명할 것.

4국 원수에게 보내는 결의문
우리는 모스크바회의에서 신탁통치제를 적용한다는 결의에 대하여 반대한다.

이유
1. 민족자결의 원칙을 고수하는 한국민족의 총의(總意)에 절대로 위반(違反)된다.

2. 제2차대전 중 누차 선언한 귀국(貴國)의 숙약(宿約)에 위반된다.

3. 연합국 헌장에 규정한 3종 신탁적용조례(信託適用條例)의 어느 항에도 한
   국에는 부합되지 않는다.
4. 한국에 탁치를 실시함은 원동(遠東)의 안전과 평화를 파괴할 것이다.

   이상 이유로 한국의 즉시 독립과 세계평화를 위하여 탁치(託治)제도에 반
대하며, 철저한 불합작(不合作)을 미리 성명하고 귀국의 진중한 고려를 촉구
한다.

1945년 12월 28일
대한민국임시정부 국무위원회 주석 김구, 외무부장 조소앙26)

임시정부는 '긴급조치안'을 통해 '정부'로서 각 정치단체와 '합작'하
여 신탁통치반대운동을 주도하겠다는 의지를 표명하였다. 또한 '4개
국 원수'에게 신탁통치의 부당함과 '탁치안(託治案) 철회'를 요구하는
「결의문」을 작성하여 송부하기로 결정했다. 신탁통치 결정이 "민족
자결이라는 민족총의와 제2차 세계대전 이후 선언한 약속에 위반되
며, '한국'에 탁치를 실시하면 원동의 안전과 평화를 파괴할 것"이라는
요지의 「결의문」이 그것이다. 이는 주석 김구와 외무부장 조소앙의
명의로 작성되었다. 김구는 하지에게 「결의문」을 '4국 원수'에게 전달
해 줄 것을 요청하였고, 이 「결의문」은 맥아더(Douglas MacArthur)를
거쳐 미국무부까지 전달되었다.27)

이와 함께 국무위원회는 반탁운동을 실질적으로 주도할 기관을 조
직하였다. 신탁통치반대국민총동원위원회가 그것이다. 28일 국무위
원회는 각 정당과 종교단체 및 언론기관 대표자들을 초청하여 비상대
책회의를 열었다.28) 이 자리에서 신탁통치반대국민총동원위원회를

설치하고 "일대 민족적 불합작운동"을 전개하기로 결의하였다.[29]

더불어 「성명서」와 「행동강령」 발표를 통해 임시정부의 법통성과 정통성을 '수호'하고 '탁치세력 배격', 즉 '군정 철폐'를 요구하였다. '위원회'의 조직과 규정 준비를 위한 장정위원 9인도 함께 선임하였다.[30] 선정된 장정위원은 김구·조소앙·김원봉·유림·김규식·신익희·김붕준·엄항섭·최동오·조경한 등으로 모두 임시정부 요인들이었다.

'위원회'는 조직이 완비되자 국민들과 함께 본격적인 반탁운동을 전개하였다. 12월 31일 개최된 '제1차 신탁통치반대행동위원회'가 그것이다. 위원장 권동진은 건강상의 이유로 참석하지 못하고 안재홍과 김준연이 회의를 진행하였다.[31] 이 회의에서 '위원회'는 '전국민'이 일치하여 탁치세력을 배격하는 시위운동을 전개하기로 결정했다. 그리고 '총파업'을 결의하였다.[32] 다만 사회생활에 있어 "최저는 확보"해야 한다는 원칙을 세우고 교통기관과 생활필수품 생산 업체의 파업은 제외하였다. 폭력시위와 '가무음곡(歌舞音曲)' 금지도 결정했다.[33] 반탁운동의 전국적인 확대를 위해 대표자를 선출하여 각도에 파견하는 방안도 논의되었다. 국민들은 이에 적극적으로 호응하였다.[34]

'위원회'는 '제1차 신탁통치반대행동위원회' 소집과 함께 같은 날 동대문운동장에서 '신탁통치결사반대시민대회'를 개최하였다. '수만 명'의 군중이 참여한 이날 '대회'는 "신탁통치를 배격하여 자주독립을 쟁취하자"는 「선언문」 낭독으로 시작되었다. 그리고 신탁통치 '절대반대'와 "미소 양군의 즉시 철퇴"를 요구하는 「선서문」과 「결의문」을 발표하고 대규모 시가행진을 전개하였다.[35]

'시민대회' 이후 좌익진영의 이탈과 미군정의 '압박'으로 반탁운동이 시들었지만 '위원회'는 지속적으로 반탁운동을 전개해 나갔다. 1월 1일 주석 김구와 하지의 만남으로 임시정부의 '정권 접수' 시도와 관련한 갈등이 봉합되자 향후 반탁운동에 대한 '지도안'을 발표했다.

1. 탁치반대운동은 민족해방운동으로서의 독립운동으로 재출발인 것.
2. 신탁안이 완전 취소되고 자주독립이 될 때까지 반대운동을 계속할 것.
3. 실천행동으로써 시위행렬, 비합작(非合作), 철시, 파업, 파과(罷課), 여흥정지(遊興停止) 등 방법으로 할 것.
4. 모든 실천행동은 중앙위원회의 지령에 따라 정기적으로 수시 집행하되 절대 비폭력의 정신에 의하여 자제적으로 공안을 존중할 것.
5. 실천운동은 탁치취소 요구에 있으므로 연합국과의 우호관계는 잃지 않도록 주의할 것.
6. 연락은 직접 통신 신문 라디오방송으로 함.[36]

'위원회'는 1월 2일 '지도안' 공표를 통해 반탁운동을 지속적으로 전개하겠다는 의지를 국민들에게 표명하였다. 더불어 반탁운동이 연합국과 미·소 군정을 '부정'하는 것이 아니라 신탁통치를 취소하는 데 그 목적이 있다고 선언하였다. 미군정`의 '강압'으로 임시정부가 기존에 추진했던 '정권 접수' 시도와 미·소 군정 철수 요구를 철회한 것이다.

1946년 1월 12일 '위원회'는 신탁통치반대운동을 재개하였다. 안재홍·이을규·김규식 등 민족영수를 비롯한 250여 개의 단체와 '수십만 명'의 인파가 동대문운동장에 모였다. 반탁운동은 원석산(元石山)의 개회선언을 시작으로 안재홍의 개회사와 「성명서」 낭독으로 시작되었다. '위원회'는 1시간에 걸친 공식 행사를 마친 후 신탁통치 반대 가두시위를 전개하였다. 이와 함께 "한국의 즉각적인 독립승인 요구와 임시정부 즉시 승인요구, 그리고 신탁통치 거부와 38선 철폐"를 요구하는 「결의문」을 발표하여 신탁통치반대운동의 분위기를 고조시켰다.[37]

해외와 국내 각 지방에도 반탁운동이 전개되었다. 상무위원회는 1946년 1월 2일 '신탁통치결사반대시민대회' 이후 해외와 지방의 반탁운동을 확산하기 위해 일본 동경과 국내 각 지방에 '지도위원'을 파견하였다.[38] 이 영향으로 부산·부여·목포·안양·원주·광주·김포 등지에서 반탁운동이 활발하게 전개되었다.[39]

임시정부가 반탁운동을 주도하였으나 이에 대한 입장은 각기 달랐다. 신탁통치 실시에 대해 남한 내 모든 정치·사회단체들은 기본적으로 신탁통치에 반대하는 입장을 견지하고 있었다. 한민당은 미군정과 대립을 지양하고 '원만한 관계'를 지향했다. 이러한 이유로 반탁운동 과정에서 미군정을 '부정'하고 '곤경'에 빠트리는 '적극적인' 행동을 반대하였다. 이승만도 반탁운동을 원칙적으로 찬동했다. 다만 "미국정부를 '부정'해서는 안된다"는 입장이었다.[40] 미군정도 우익진영의 반탁운동을 용인했으나 임시정부의 '행정권 접수' 움직임에는 강경하게 대응하였다.[41]

좌익진영도 최초에 신탁통치를 반대하였으나 임시정부 주도의 반탁운동에는 참여하지 않았다. 임시정부를 민족의 '대표기관'이라고 인정하지 않았기 때문이다. 그럼에도 임시정부와 조선인민공화국은 재차 민족통일전선을 구축하기 위해 노력하였다. 12월 31일 임시정부 대표 성주식·장건상·최동오와 조선인민공화국 대표 홍남표(洪南杓)·홍동식(洪東植)·이강국(李康國)·정백(鄭栢) 등이 회담을 개최하고 '통일위원회'를 설립하기로 협의한 것이 그것이다. 이러한 합의를 토대로 조선인민공화국은 '통일위원회' 구성과 관련한 '공문'을 임시정부에 제출하였으나 접수하지 않았다. 결국 두 세력은 접점을 찾지 못했고, 1946년 1월 좌익진영은 기존의 입장을 철회하고 신탁통치를 지지하였다.[42] 신탁통치 문제를 둘러싸고 국론은 크게 분열되는 상황이었다. 정치적인 이념과 '완전한' 독립국가 건설에 대한 정세 판단과 인식은 이와 같은 현실을 초래하고 말았다.

'과도정권' 수립을 추진했던 임시정부의 계획과 노력이 수포로 돌아갔다. 비상국민회의의 결의로 조직된 최고정무위원회가 민주의원이라는 미군정의 자문기관으로 변질되었기 때문이다. 1월 4일 국무위원회에서 발표한 「성명서」에 나타나듯이 당시 임시정부는 '과도정권' 구성 주체를 '과도적 의회'에 비상국민회의(임시의정원), '과도적 행정부'는 국무위원회로 삼으려고 하였다. 임시정부가 '과도정권'을 수립하기 전까지 '과도적 정부'로서 역할을 담당하려고 했던 것이다.[43]

이에 따라 김구는 이승만과 함께 비상국민회의의 결의대로 2월 13일 28명의 최고정무위원을 선임하여 발표했다.[44] 김구 · 이승만 · 김규식 · 조소앙 · 조완구 · 김붕준(이상 임시정부), 최익환 · 김여식 · 권동진(이상 신한민족당), 김준연 · 김도연 · 백관수 · 백남훈 · 원세훈(이상 한국민주당), 이의식 · 박용희 · 안재홍(이상 국민당), 여운형 · 백상규 · 황진남(이상 인민당), 함태영(기독교), 장면(천주교), 김법린(불교), 김창숙 · 정인보 · 오세창 · 김선 · 황현숙(이상 무소속) 등이 그들이다.[45] '과도정권' 수립을 위한 '대표기구'이자 임시정부 국무위원회의 기능을 이어받은 최고정무위원회가 구성되었다.

최고정무위원회는 임시정부 국무위원회의 직능을 계승하였다. 최고정무위원회의 임무는 임시정부 국무위원회로서 본연의 소임과 동시에 향후 '과도정권' 조직을 위한 미군정과의 협력 관계를 구성하려는 의도였다. 임시정부 요인이자 비상국민회의 선전부장 엄항섭은 최고정무위원회의 성격과 임무를 다음과 같이 규정하였다.

> 최고정무위원회의 임무는 한국 각 민주주의 정당들과 사회단체로서 구성된 비상국민회의의 의결을 따라서 조국의 독립운동을 위하여 진력할 것은 물론이거니와 동시에 주한미군사령관과 합작하는 의미하에서 한국의 자주적 과도정부 수립을 준비하는 노력에 자문자격으로 협조할 것이다. 그리하여 이 위원회는 능력과 노력을 다하여 한국 인민의 현상을 개선시키며 한국의 완전독립을 촉성함을 그 임무로 한다. 최고정무위원회를 혹은 과도정권으로 오해하는 사람이 없지 아니하나 이것은 과도정권 수립에 한 産婆役을 함에 불과하다. 그리고 임시정부는 장래에 자주적 과도정권이 확립될 때까지는 해체되지 않는 것임을 부언한다.[46]

엄항섭은 최고정무위원회의 주된 역할을 '자주적 과도정권'을 수립하는 '모체'로 이해하였다. 이와 같은 판단은 당시의 최고정무위원회와 관련된 일반적인 인식과 다르지 않았다. 여기서 주목해야 할 점은 최고정무위원회가 '과도정권' 수립이라는 목적을 달성하기 위해 미군정과 '합작', '자문자격'으로 협조한다는 내용이다. 임시정부는 "남북을 점령한 각각의 군정하에서 남북을 통일하고 자주독립을 하는 방법은 그 군정과 합작하는 과정인 합법운동이 필요하다"는 조소앙의 주장처럼 '과도정권' 수립을 위해 미군정과 대립하는 것보다는 공식적인 '협의'와 '협조'가 필요하다고 판단한 것으로 생각된다.[47]

비상국민회의 최고정무위원회는 다음날 2월 14일 미군정과 이승만이 의도했던 '자문기구'로 전락하였다. 최고정무위원회가 민주의원으로 전환은 이를 반증한다.[48] 미군정과 대등한 협력관계를 강조했던 최고정무위원의 위상이 하루아침에 미군정의 '자문기구'로 추락하는 현실에 직면했다. 임시정부가 우려했던 상황, 그리고 김성숙과 장건상 등이 비상국민회의주비회를 탈퇴하면서 주장한 '某種의 예정안'이 민주의원이라는 현실로 나타나고 말았다.

3. 한국민주당 총무로 정치 일선에 나서다

1) 과도입법정부에 참여하다

미소공동위원회가 실패로 돌아간 후 김규식 등을 중심으로 한 이른바 중간파는 합작7원칙을 내걸고 좌우합작위원회를 조직하였다.[49] 표면상 좌우익을 절충한 타협을 시도하였으나 많은 난관에 직면했다. 합작7원칙은 ① 조선의 민주독립을 보장한 모스크바3상회의 결정에 의하여 남북을 통한 좌우합작으로 민주주의임시정부를 수립할 것, ② 미소공위 재개를 요청하는 공동성명을 발표할 것, ③ 토지개혁에 있어 몰수, 유조건몰수, 체감매상 등으로 하고 토지를 농민에게 무상으로 분여(分與)하며 시가지의 대지와 대건물을 적정처리하며 중요산업을 국유화하며 사회노동법령과 정치적 자유를 기본으로 지방자치제의 확립을 속히 실시하며 통화와 민생문제 등을 급속히 처리하여 민주주의 건설과업 완수에 매진할 것, ④ 친일파 민족반역자들을 처리할 조례를 본 합작위원회에서 입법기관에 제안하여 입법기관으로 하여금 처리 결정하여 실시하게 할 것, ⑤ 남북을 통하여 현 정권하에 검거된 정치운동자의 석방에 노력하고 아울러 남북좌우의 테러적 행동을 일체 즉시 제지토록 노력할 것, ⑥ 입법기관에서는 일체 기초권 능과 구성방법 운영 등에 관한 대안을 본 합작위원회에서 작성하여 적극적으로 실행을 기도할 것, ⑦ 전국적으로 언론 집회 결사 출판 교통 투표 등 자유를 절대 보장하도록 노력할 것 등이다.

민족주의 진영의 결사체로서 반공·반탁운동 선봉에 나선 한민당은 이를 수용하기 어려운 부분이 적지 않았다. 좌우합작위원회는 미군정이 좌우합작을 시도하는 중이었기에 김규식 등은 여운형 등과 접촉하고 있었다. 일부 한민당 인사도 이에 가담하는 등 급변하는 정세 속에서 유동적인 분위기 조성으로 귀결되었다. 당시 이승만·김구·김규식을 3영수로 추대하려 했으나 이승만과 김구는 이러한 제안을 거절하기에 이르렀다.[50] 결국 중도적인 김규식을 중심으로 좌우합작 운동이 추진하게 되었다.

1946년 10월 대구인민항쟁이 발발하자 미군정은 좌익 세력에 대한 부정적인 입장으로 변하였다. 남로당을 불법단체로서 규정한 다음 탄압을 가하였다. 이어 정부수립을 위한 과도기적인 조처로서 미군 정청 제118호로 12월 초에 입법의원선거가 실시되었다. 입법의원은 미군청이 임명한 45명과 민선이 45명을 선출한 45명 등 모두 90명이었다.

선거방식은 간접선거로 서울의 경우 3명이 선출되었다. 김도연은 출마하여 당선되는 영예를 안았다. 당시 입법의원에 당선된 상황은 다음과 같다.[51]

「우리의 대변인은 진정한 애국자가 뽑히소서 -」 30일 아침부터 모여든 입법의원 서울시 대의원을 선거한 각동 대표 485명의 선거자는 선거장 시내덕수(德壽)초등학교 강당 앞에 흥분과 초초한 가슴을 앓고 두 줄로 늘어서 11시 반경 투표를 마치고 정오경 갑 을과 전체의 순으로 개표되었다. 개표자가 투표자 씨명을 읽을 때마다 예비선거 때와도 똑같은 감정과 표정이 입회자들의 얼굴에 나타난다.

전체에서는 김성수, 갑구에서는 장덕수, 을구에서는 김도연이 각각 당선되어 백만 서울시민의 대변인으로서 새조선건설에 이바지하기로 되었다. 그런데 투표성적은 아래와 같다.

▼ 전체

유권자 564

총투표자 485

기권자 78

무효 27

김성수 323표, 차점 박정근 270표, 김관식 35표, 이범승 30표

▼ 갑구

유권자 342

총투표자 292

기권자 50

무효 17표, 장덕수 152표, 차점 ?봉하 76표, 전호엽 46표

▼ 을구

유권자 222

총투표자 191

기권자 31

무효 4

김도연 99표, 차점 남송학 55표, 오성환 33표

2) 한중협회 조직으로 외교역량을 강화하다

자주적인 독립국가 대한민국 수립은 미국과 소련에 의한 '냉전'으로 혼전을 거듭하고 있었다. 선린우호에 입각한 외교적인 활동은 어

느 때보다 요구되는 상황이었다. 한중협회 조직은 이러한 목적을 수행하기 위한 일환에서 비롯되었다. 한중협회는 "대전 중에는 중경정부(국민당정부 - 필자주)가 조선의 독립을 위하여 충칭 대한민국임시정부를 극력 지지하고 쟝제스(蔣介石) 주석이 조선해방을 위하여 전력한 후의(厚意)는 영원히 잊지 못할 인연을 맺었다"라는 선언을 발표하였다.

이에 부응하여 다음과 같은 취지도 천명했다. 첫째는 한 · 중 양 국민의 친선을 영구히 도모하며, 둘째는 정치적 · 경제적 · 문화적 제휴로 양 민족의 영원한 번영을 기하기 위함이었다. 김도연은 여운형 · 안재홍 · 최근우 · 이극로 · 함상훈 · 유석현 · 장도빈 등 40여 명과 함께 발기인으로 참여했다. 이들은 창립총회에서 한국과 중국 양 민족의 친선을 위하여 전력할 것임을 다짐하였다.[52]

제1차 중앙집행위원회는 1945년 11월 18일 오후2시 경기도 상공경제회의실에서 개최되었다. 오화영(吳華英)의 취임인사가 있은 후 각 부서를 결정하고 사업방침을 수립하였다. 특히 중국 동북지구를 중심으로 한 · 중 양국 전재동포(戰災同胞)의 근본적 구조대책을 시급히 강구할 것임을 결의했다. 추대된 임원은 고문 이승만, 총재 김구, 참여 여운형 · 안재홍 외 7인, 회장 오화영 등이었다.[53]

중국 국민당정부와 국제적인 교류와 연대가 모색되는 와중에 모스크바3상회의 소식이 국내에 전해졌다. 미 · 소에 의한 신탁통치안은 자주적인 독립국가 수립을 염원하던 한민족에게 '시한폭탄'이나 다름 없었다. 반탁운동을 위한 전국적인 단체가 결성되는 등 뜨거운 감자로 부각되었다. 한중협회도 12월 30일 긴급대책을 모색하지 않을 수 없었다. 이들은 "미 · 영 · 소 3국의 배신적인 조선신탁통치를 반대하고 국내 각 기관은 일제히 궐기하여 대시위운동을 전개하고 있거니와 우리 자주독립의 진정한 동무요 원조자인 재한중국인(在韓中國人)들도 우리와 함께 자숙휴업을 하고 있다"라는 선언서를 발표했다. 한·중 양 민족의 겨레로 결합된 한중협회는 신탁통치반대운동에 관하여 전원이 출석한 가운데 긴급대회를 개최하였다. 이어 "탁치반대결의문, 장주석(蔣主席)에게 보내는 메시지, 일반민중에게 보내는 성명서"를 작성하여 신탁통치를 단호히 배격하는 동시에 완전독립에 일로 매진하기를 결의했다.[54] 결의문은 "3상회의에서 결정한 신탁통치란 것은 대한민국 3천만의 총의를 무시할 뿐 아니라 장주석을 위시한 중화민국 4억 민중의 의사에도 배치된다고 믿음. 따라서 우리는 양 민족의 이름으로 이것을 절대반대하고 조선의 즉시 자주독립을 요구한다." 등이었다.

장주석에게 보내는 메시지 주요 내용은 다음과 같다. "장주석 각하, 3천만 대한민국은 과거 십 수년간 우리 조국의 광복운동을 위하여 중대한 원조를 하여 주신 각하와 및 귀국 4억 민중에게 충심으로 경의를 표하는 동시에 '한국의 독립 없이는 동양의 평화 없다'고 한 각하의 말씀을 언제나 명심하고 있습니다. 이제 모스크바3상회의란 것이 각하와 및 귀국정붕의 발언권까지 무시하고 한국의 신탁통치를 결행한 것은 우리 국민에 대한 인식부족의 폭로일 뿐 아니라 연합국 자체가 누차 성명 약속해 온 것에도 배치되는 동시에 동양평화의 화근이 이어져 더 큰 것이 없다고 믿는 바입니다. 각하와 귀국민도 이미 저들 3대 강국의 획책을 간파하고 금후 절대거부의 태도를 취할 줄로 굳게 믿지만 불원간 구체화될 저들의 신탁통치 실행안이 각하와 및 귀국정부에 제시될 때 내용 여하를 불구하고 카이로회담 이래 각하의 주장해

온 한국의 완전 즉시독립을 위하여 단호 배격하여 주시기 바랍니다. 한국 3천만 민중과 한국내에 거주하는 귀국민의 총의로써 삼가 진언 하는 바이오니 각하 및 귀국정부의 노력을 아끼지 마소서."[55]

한중협회는 해방 이후 귀국하지 못한 재만동포에 대한 구제책을 강구하였다. 가혹한 왜적의 착취와 탄압에 견디다 못하여 드디어 고국을 떠나 멀리 북만황야에 물러가서 기구한 생활을 소개하던 2백만 동북전재동포 중 60만 명은 작년 8월 15일 해방 후 귀국하였으나 남은 140만 동포는 지금 전화(戰禍)에 쌓여 생사관계에 직면하고 있다. 최근 귀환한 피난민의 체험담을 들으면 귀국하지 못한 수많은 전재동포들은 조국해방의 기쁨도 일순간! 소련군 진주와 팔로군의 교체 중앙군의 진공 등 이중삼중의 전화로 말미암아 원통하게 생명을 희생당한 자가 적지 않으며 생명들만은 의지하고 있으나 수십년 동안 천신만고로 쌓아 놓은 생활근거를 하루 아침에 송두리째 빼앗기고 가로에서 방황하는 자 또한 적지 않다.[56] 더욱 이번 국공충돌에 의하여 중앙군(중국공산당-필자주) 점령지구의 참상은 단적으로 형언할 수 없는 참경에 빠져 그 중 수십만의 동포는 살상·약탈·축출로 인하여 거리로 우려 부르짖으며 쫓겨다니는 광경을 보였다. 이리하여 생활을 계속하자니 근거를 잃고 고국으로 돌아오자니 여비조차 없을 뿐 아니라 교통까지 두절되어 그야말로 앉아서 죽음만 기다릴 수밖에 없는 참상에 처해 있다.[57]

이러한 사태를 그대로 방임한다면 닥쳐오는 엄동에 대한 예정에 있는 한중협회에서는 동 본부 부회장 김동순(金洞淳)을 비롯하여 전 회원이 긴급구제책에 대하여 회의를 거듭하는 일방 군정당국의 시급 구출방도를 요망하고 있다. 동 협회에서는 요즈음 군정청에서 원호 중앙전형위원회를 개최하고 전재동포를 현지에 사절단을 보내어 구출에 최선을 다하기로 결정하였다. 이 문제는 백여만 동포의 사활문제로서 특히 국내동포의 참다운 동정과 군정당국의 시급한 대책을 요구했다.[58] 귀환한 전재동포 상당수는 주거조차도 제대로 마련하지 못하는 등 동사상태에 직면하고 있었다.

중국과 우호적인 외교관계는 1946년 4월 9일 수도극장에서 한중친선음악대회 개최로 이어졌다. 화교학교 · 이화여대 · 이화여고 · 배화여고 음악부원들이 총출연하는 등 성황을 이루었다.[59] 대한민국정부 수립을 위한 외교활동도 비중이 증대됨에 따라 한중협회 활동도 폭넓게 전개되었다. 초대 중국영사의 한국 부임에 즈음하여 환영회를 개최하는 한편 기구와 임원진 개편도 단행하였다. 고문 이승만 · 장개석, 총재 김구 · 쑨커(孫科) 등으로 양국 최고지도자를 추대하는 형식이었다. 국제연맹 한국위원회의 입경(入京)에 즈음하여 한중협회 임원진은 직접 이들 일행을 방문하였다. 주요 의제는 조속한 대한민국정부 수립을 위한 국제적인 협조였다.[60] 이와 동시에 지회와 분회도 조직하는 등 조직 확대 · 정비에 박차를 가하였다. 방준경을 분회장으로 하는 한중협회 인천분회 결성은 1947년 8월 31일이었다. 경남지부도 9월 24일 경남도청 회의실에서 결성되었다. 지회장은 일제강점기 신간회운동을 비롯한 문화계몽운동 · 사회주의운동 등 다양한 경력을 지닌 경남 양산 출신 김철수(金喆壽)를 선임하였다.[61]

한중협회는 국제적인 우호관계―특히 중국―를 조성하는 등 대한민국정부 수립에 일정한 역할을 담당하였다. 김도연도 바쁜 와중에 이러한 분위기 조성에 노력하는 등 자주적인 독립국가 수립에 나섰다. 중국과 외교적인 관계뿐만 아니라 학술적인 교류 증대 방안 등을 제시했다. 중국 공산화 이후 대만과 국제적인 신뢰는 대한민국의 국제적인 위상을 제고하는데 크게 이바지하였다.

4. 재무부장관으로 경제부흥을 도모하다

1) 재무부장관으로 입각하다

1948년 7월 17일 역사적인 대한민국 헌법이 공포되었다. 우리에게 잘 알려진 제헌절을 맞았다. 이를 계기로 8월 15일 대한민국정부 수립을 내외에 선포하기 위하여 제헌의회 의원들은 분주한 나날을 보냈다. 이승만 대통령 선출에 대척적인 입장에 있던 김구나 김규식 등은 남북협상을 위해 평양을 다녀온 후 5 · 10총선거를 분단을 고착화시키는 단독선거라며 불참을 선언했다. 이른바 남북협상파는 국회의원선거에 출마하지 않았다. 미국에서 귀국한 서재필도 국내 정세를 살펴본 후 대통령선거에 출마하지 않겠다는 뜻을 분명하게 밝혔다. 사실상 이승만 독무대가 전개되는 상황이었다.

당시 한국민주당은 미소공동위원회 이래 이승만과 함께 독립노선을 공유하면서 5 · 10총선거를 추진하였다. 건국 초기 대통령으로 이승만이 적격자라는 입장에서 그를 지지하는 동시에 공동 노선을 추구했다. 7월 20일 국회본회의에서 무기명비밀투표로 실시된 대통령선거 결과는 일반인들이 예측한 바와 같이 재적 의원 198명 중 180표를 얻어 압도적인 지지로 이승만이 대통령에 당선되었다.[62] 당시 김구는 12표, 민세 안재홍은 1표를 얻었다. 이승만은 이 선거에서 한민당 ·

국민회와 무소속의 대다수로부터 지지를 받았다. 제헌의회에서 초대 의장과 초대 대통령에 당선됨으로 명실상부한 제1인자로 부각되었다. 부통령에는 성재 이시영이 당선되는 영광을 누렸다.

이를 전후로 국무총리 지명과 국무위원 인선문제가 정계는 물론 초미의 관심사로 부각되었다. 한민당은 수석총무인 김성수를 국무총리 후보로 추대했다. 그는 각료 6명을 이승만 대통령에게 알렸다. 국무총리후보 물망에 오른 인물은 국회부의장 신익희와 원외인 조소앙 등이었다. 그럼에도 이승만은 예상을 뒤집고 이북출신인 이윤영(李允榮)을 지명하였다. 정치적인 기반이 미약한 이윤영은 국회 인준을 받을 수 없었다.

국무총리 인선은 난관에 거듭 직면하는 등 인물난에 직면하고 있었다.[63] 정부수립을 선포해야할 이승만 대통령은 국무총리와 국무위원 인선을 서두르게 되었다. 더욱이 이승만은 "오는 8월 15일까지 정부수립을 선포해야함으로 첫 번에는 내가 지명한 분이 부결되었으나 이번에는 정당과 단체를 초월해서 내가 지명한 분을 인준해주기를 바란다."라는 메시지를 의원들에게 보냈다.[64] 주인공은 대동청년단장 이범석이었다.

김도연은 당시까지 국무총리 후보자 이범석을 직접 만나본 적은 없었다. 다만 그는 중국에서 항일무장투쟁을 주도하면서 조국광복에 헌신한 진정한 독립군의 맹장임을 알고 있었다. 자신은 김성수가 국무총리로 지명되기를 바라는 입장이었으나 이승만의 의중이 전혀 아님을 간파하였다. 막후에서 여러 차례 이승만의 진의를 파악하였으나 가능성은 거의 없는 막다른 골목이었다.[65] 결국 차선책으로 이범석 국무총리 인준을 위한 투표 지원에 나설 수밖에 없었다. 물론 한민당은 당의 입장에서 이범석 지지를 거론하지 않았다. 김도연은 개인적인 입장에서 그를 지지하였다. 투표결과는 찬성 110표, 반대 84표, 무표 3표로 인준을 받았다. 이러한 개인적인 인연으로 재무부장관으로 입각한 이후 이범석과 특별히 친근한 인간관계로 진전되는 계기를 맞았다.

재무부장관으로 입각은 미국 유학시절 이승만과 특별한 인연과 전혀 무관하지 않았다. 상산은 뉴욕에서 몇 차례 이승만을 만났으며 이후 그의 활동 등을 지원한 인연도 어느 정도 작용했다. 물론 이범석 국무총리 인준에 협조한 때문에 입각한 것은 더더욱 아니다. 결정적인 배경은 경제학을 전공하고 실물경제에 종사한 경력과 제헌국회 재정경제위원장으로 활동이 주효했기 때문이다. 재정위원장으로 당선된 후 이화장으로 초청한 자리에서 영부인 프란체스카에게 상산을 직접 소개했다. 그때 이승만은 "이번 재정위원장으로 선출된 김도연 박사요. 미국에서 유학을 했고 또 항일투쟁도 같이 한 동지요."라고 언급할 정도로 신뢰감을 보여주었다. 이에 영부인도 "벌써부터 말씀 잘 듣고 있습니다."라면 여러 초청인 중에 특별한 후의를 표시하였다.[66] 특히 단독 면담에서 대통령은 "이번에 재무부장관 자리를 한 번 맡아줘야 겠어"라며 입각을 권유했다. 갑작스러운 제의에 "그와 같은 중책을 맡아볼 역량이 없음으로 한번 생각을 해보겠다."고 대답하였다. 그러자 "잘 알고 있어. 내가 믿고 있는 터이니 그렇게 해주기를 바란다."라며 거듭 입각을 권유했다. 며칠 후 발표된 각료 명단에 자신이 포함된 사실을 알고 약간 당황하지 않을 수 없었다.

당시 입각 각료는 국무총리 겸 국방장관 이범석, 외무부 장택상, 내무부 윤치영, 법무부 이인, 농림부 조봉암, 교통부 민희식, 사회부 전진한, 문교부 안호상, 상공부 임영신, 보건부 구영숙, 체신부 윤석구, 무임소 지청천, 재무부 김도연 등이었다.[67] 이처럼 초대 각료는 초당 파적인 인사들로 각계를 망라하였다. 내각 일원으로 정부수립 초기의 재정경제정책을 수행하는 중요한 직책을 맡게 되니 무거운 책임감을 느꼈다. 기자들의 취임 포부를 질문에 "국무위원의 어느 자리가 중요치 않은 곳이 있으리오만 그 중에서도 신생독립국가의 재정을 담당한 재무부의 일은 더한층 중요하다고 생각되는 바이다. 이 중책을 맡게 된 것은 분에 넘치는 일로 알고 있으나 이미 임명을 받은지라. 나의 정력과 생명을 기울여 조국 재건에 이바지하고자 한다"고 했다. 자신의 각오를 다지는 동시에 솔직한 고백이고 희망이나 마찬가지이다.[68] 모든 난관을 극복하고 국가의 부를 증강하고 민족의 복리를 증진시키도록 노력하겠다고 총선거 당시 공약한 내용을 실천하려는 생각이 떠올랐다.

일제강점기 36년간 착취의 대상이 되어온 우리나라 경제를 자주적 입장에서 정비하여 계획경제체제를 수립하며 해방 이후 갈피를 잡지 못한 경제질서를 올바로 수립하는데 중점을 두었다. 국가수입 증대를 도모하고 균형 있는 건전한 재정정책 도모는 산적한 적폐를 우선적으로 청산해야 하는 문제에 직면하였다. 한미협정을 체결하여 대한민국의 자주권이 손상되지 않는 범위 내에서 경제원조를 받아 자주경제 확립도 시급한 과제이다. 또한 세제를 개혁하여 세입을 증강하는 동시에 지방재정을 확립하고 전매사업 확대로 국고수입 도모, 미곡매상자금과 영농자금을 방출하는 일, 귀속재산을 불하하고 중소기업체의 육성, 중앙은행 창립, 시중은행 개편 등도 포함되었다.[69] 상산은 이를 구상하기를 "세상에는 제아무리 정력과 지략이 있는 사람일지라도 독불장군이란 속감이 있듯이 혼자서 되는 일은 없음으로 우선 착실하고 유능한 인재를 얻어야 되겠다"며 인재를 등용하는데 노력을 아끼지 않았다. 당시 등용된 진영은 재무부차관 장희창, 이재국장 김경진, 사세국장 인태식, 전매국장 윤상은, 회계국장 박희찬, 세관국장 강성태, 비서실장 김신서 등이었다.[70]

당시 재무부는 특수 분야로 과업을 제대로 수행할 인재가 정말 드물었다. 이들은 정부수립 초기 막대한 재정정책을 입안 수행하는데 많은 업적을 남긴 인재들이었다. 국민들은 정부와 국회가 하는 일에 대해 상당한 관심과 기대감으로 충만된 분위기였다.[71] 장관이나 차관은 물론 국장급 인물에 대해 호평보다 악평이 난무하였다. 자신에 대한 평가는 비교적 호의적인 편이었다. 어떤 신문은 「김도연론」이란 인물평에서 "대머리진 두상에 얌전하게 생긴 용모는 신사 타입이다. 남에게 지지 않으려는 고집 센 선이 뚜렷이 미자(眉子)에 나타나 있는 것을 지나쳐 보아서는 안 될 것이다." 이어 "초대 각료들에 대해서 물의가 자자하지만 그만한 정도이면 하는 여론이 지배적 인상 깊은데 김장관은 외국유학생이요 해방 전에는 조선흥업회사도 경영해왔고, 해방 후에는 정계에 진출하여 무역협회장으로 또는 입법의원으로 비교적 순조로운 길을 밟아 급기야 한민당 지배하에 재무부장관 자리를 차지했다."[72]라며 긍정적으로 평가하였다. 이러한 인물평에 크게 구애받지 않고 재정정책을 입안하여 국회의 협조를 구하는 일에 전력을 기울였다.

9월 5일 역사적인 시정방침 연설은 국회에서 이루어졌다. 주요 내용은 "과거 40년간에 걸친 일제의 압정(壓政)은 우리 민족을 정치·경제·문화 각 방면에서 말살하려 했으나 국제 정의와 인류의 도덕은 우리들을 해방시켜 우리는 국가를 재건하여 신정부의 탄생을 보게 되매 만고에 빛나는 역사적 대업이라 하겠다. 전도에 복잡다단한 난문제가 중첩하고 있는 차제에 국가재정을 담당하게 되니 책임이 중차대함을 느끼는 동시에 국민의 요구가 무엇인가를 살펴 이 요구에 적응하는 재정정책을 수립하여 이의 구현에 만전을 기하고자 여기에 내가 구상한 국가재정정책의 피력하는 바이다.”[73] 이를 위한 구체적인 방안은 다음과 같이 제시되었다.

첫째는 현하의 과도기적 재정은 긴급한 정책을 강구하지 않고서는 미구(未久)에 재정적 위기에 봉착하게 될 것이 명백하다. 국방군 창설, 외교사절 파견, 기타 긴급한 산업시설 등이 필요한 까닭에 세출이 막대하여 수지균형을 도모하기 지난함으로 건전재정을 우선적인 목표로 삼았다.[74] 이를 위해 수지균형을 도모하고 불요불급한 경비의 삭제, 세금의 징수, 전매사업 확장, 건국공채 발행, 국유재산과 적산의 합리적인 불하가 병행되어야 한다.[75]

둘째는 지금까지 조세제도는 일제의 식민지정책과 당시 민도를 기초로 해서 만든 것을 답습하고 있어 근본적인 세제개혁을 단행하여 국민부담의 공정을 기하는 동시에 세입 증가에 노력하고자 한다.[76] 더욱이 국가수입에 중요한 위치를 차지하는 전매사업을 확장시켜 재정수입의 증가를 기하는데 노력한다. 일제하 전매사업은 총독부에 재정 확보에 공헌하였다. 해방 후에는 과도정부 수입의 태반을 조달해온 형편임으로 엽연초 증산과 해외수출을 도모하고 국산 연초의 애용을 장려한다. 홍삼공사의 설치와 소금 생산을 증강하는 등으로 가일층 전매수입에 주력하겠다.[77] 이는 초대 무역협회장을 역임한 경험에서 나온 산물로 실물경제의 중요성을 일깨우는 대목이다.[78]

셋째는 관세정책은 밀수를 방지하기 위하여 범법자를 엄벌하고 불요불급한 자재수입을 지양하며 필요한 생산자재를 얻는데 치중한다. 대외수출품 중 보호 육성을 도모하나 현재의 관세는 전부 종가세(終價稅)로 통일하여 수입품에 대해 일률적으로 1할을 징수하여 세계에서 유례 없는 저율을 적용하고 있음으로 현실에 알맞은 새로운 세율을 책정하고 보호관세정책을 실시하고자 한다.[79]

마지막으로 적산기업의 합리적 운영을 기하고 통화가치의 안정을 도모하기 위하여 일제 때부터 실시해오던 구제도를 탈피하여 갱생국가로서 적당한 시기에 새로운 화폐제도를 확립하는 것이 요청되고 있다. 하지만 우선 팽창된 통화의 회수를 위해 공채 저축 등의 방법을 취할 것이며 금융기관의 재편성과 자금계획을 확립하고자 한다.

2) 주요한 재정정책을 추진하다

재무부장관으로 국회에서 시정방침을 연설한 후 거듭 협조를 부탁하였다. 이에 따른 재정정책을 수행하기 위한 모든 준비를 추진하고 있던 중 재무부 관리들은 미국으로부터 재정적·기술적 원조를 받아야 하는 기로에 직면하고 있었다.[80] 대내적인 재정정책은 시정방침이라는 대원칙이 결정되었다. 문제는 대외적인 미국의 대한원조문제로 난제 중 난제임에 틀림없었다. 미국정부는 1948년 6월 28일 의회의 인준을 받게 된 대외원조에 관한 법률에 의하여 대한민국정부에 원조를 제공할 수 있었다.

상산은 미국의 재정적 원조를 받는 대외적 활동으로 향후 재정적 위기를 극복하여 순차적으로 건전한 재정을 확립하는데 중점을 두었다. 그러던 중 10월 5일부터 대한경제원조문제를 통의하기 위한 한미회담이 개최되었다. 이 회담은 미국의 경제원조법에 의하여 미국대통령이 미의회에서 부여받은 권한의 범위 내에서 한국에 경제원조를 제공하고, 이 원조를 제공하기 위한 한미협정의 체결이었다. 회담은 12월 10일까지 2개월 이상이나 진행되었다. 결과는 전문 12개조 원조협정 체결로 이어졌다.[81] 주요 내용은 다음과 같다.

첫째로 미국정부가 제출하는 원조를 대한민국정부는 유효한 방법으로 이용하되 정부의 지출을 절약하고 수입을 증가하여 예산의 균형을 도모하고 통화발행의 통제와 공사신용의 통제를 실시하여 한국 경제부흥에 공헌하기 위하여 일체의 외국환 거래의 관리와 일체의 외국무역 통제를 실시하며 가급적 속히 한국 통화율을 제정한다. 둘째로 비농가를 위하여 최소한의 주식량 배급을 보장하며 외국인의 사적 투자와 사적 무역을 쉽게 하고 원조의 활용을 시찰함을 허용하는 동시에 필요한 건의와 교정 조치를 할 수 있도록 했다. 미국원조대표와 대한민국대표 사이에 합의될 수출입 계획은 경제부흥의 한 필수 부분으로 하고 그 예상고와 자료를 미국원조대표가 원하는 기간 안에 전달한다.

이어 재정적 기초를 마련하는데 주력하였다. 건전재정을 지향하기 위한 방안은 세제개혁 단행으로 귀결되었다. 상산은 학자와 경험이 풍부한 인사들을 중심으로 재무부장관 자문기관인 세제개혁위원회를 조직했다. 지세금·광세금·골패세금·물품세금 등을 제외하고 세제를 간소화하는데 중점을 두었다. 세법을 종합·분리하는 동시에 조세법 제정으로 이어졌다. 소득세는 일반소득세와 특별소득세로 분류하고, 법인세는 소득세법에서 분리하는 동시에 특별법인세에 포함시킨 후 사업세를 폐지한 반면 영업세를 신설하였다.[82] 또 음료세를 주세와 청량음료세로 구분하고 인지세와 유흥음료세·마권세·통행세·입장세·전기가스세 등을 개정하거나 제정 공포함으로 과세대상을 확장하는 등 재정수입 확충에 상당한 성과를 거두었다.[83]

관세정책도 재검토한 후 중요산업기초 설비용품과 그 기계·원자재용품에 대해 경감하거나 면세제도를 확립하는데 노력했다. 밀수를 방지하기 위한 방안은 엄벌주의로 국민경제의 소생과 아울러 재정수입 확충에 이바지하였다. 관재행정은 한민원조경제협정에 따라 한국 정부에 귀속된 적산을 관리나 처분을 위한 기구도 발족시켰다.

금융질서를 확립하기 위한 은행신용의 효율적 통제와 통화조절의 합리화를「한국은행법」제정과 시중은행 개편도 추진되었다. 이 법안은 1950년 6월 6일부터 발효되기에 이르렀다. 독립국가로서 진정한 의미의 중앙은행으로 개편이었다. 법안은 제2차 세계대전 후 중앙은행을 설립한 한국 실정과 비슷한 다른 나라 제도를 참작하여 입안되었다.

국고수입의 상당한 부분을 차지하는 전매사업에 대한 개혁도 병행되었다. 소금 증산을 위한 시설 확장과 발전에 착수하여 외국 소금 수입하던 의존하던 상황을 타개하기 위함이었다. 적극적인 소금 전매사업 시행은 자급자족하는 단계로 발전할 수 있었다. 연초 전매사업은 수요의 불균형으로 배급제를 실시할 정도였다. 이에 대한 강화는 사제 연초와 외국 담배 판매를 단속하여 많은 국고수입을 도모하였다. 외국제 담배에 대한 철저한 단속은 밀수품에 대한 국민적인 각성을 제고시키는 요인 중 하나였다. 특히 인삼은 외국으로 수출 확대하려는 의도에서 품질 향상과 판로 개척에 노력을 기울였다. 주류 전매

사업도 같은 목적에 따라 추진되는 계기를 맞았다.[84]

다양한 재정 확충을 위한 개혁에도 난관은 곳곳에 도사리고 있었다. 물가지수가 올라 통화가치를 유지할 수 없었으며, 정부수립 전후 재정적 지출이 막대하여 일시적인 인플레이션이 나타났다. 국방군 창설, 미곡매상 자금 확보, 엽연초 구매자금을 위한 계절적인 운영자금이 필요했다.[85] 통화를 흡수하고 세입 조전과 국방비 조달을 위한 방편은 건국공채 발행 계획으로 귀결되었다. 당시 국방부는 300억에 달하는 공채 발행을 주장하였으나 국민 부담 등을 고려하여 100억 발행으로 결정되었다. 조달 방안은 은행을 통한 추가 소화와 소득이 많은 부유층에 대한 새로운 소득세 신설로 이어졌다. 이는 통화팽창을 막는데 어느 정도 주효했으나 근본적인 인플레이션을 방지하는 대안은 될 수 없었다.[86]

이러한 정책에 대해 '인플레이션 장관'이라는 혹평도 들었다. 결국 인플레이션 방지책은 미국정부와 협의한 끝에 달러환율 인상이라는 단안을 내렸다. 당시 환율은 900대 1로 인상 실시하기로 결정하고 발표하였다. 미국정부는 자신들과 협의하지 않고 독자적으로 판단하여 미리 발표한 사실을 문제 삼았다.[87] 책임을 통감하고 재정정책의 안정적이고 지속적인 수행을 위해 장관직 사표를 제출하였다. 각료들과 작별인사까지 나누었다. 다음날 대통령은 직접 경무대로 호출한 후 "내가 김도연씨를 단단히 믿고 있는 터인데 앞으로 실수 없이 잘해주기를 당부한다."[88]라며 사직서를 반려하였다. 거듭 사의를 표명하였으나 받아들여지지 않아 계속 재무부장관으로 재직하면서 새로운 경제정책을 추진했다.

3) 경제안정15원칙을 추진하다

미국원조담당자와 여러 차례 경제정책 근간의 근본적인 수립이 필요함을 역설하였다.[89] 커다란 밑그림은 인플레이션 현상 극복에 중점을 두어 재정의 균형, 금융의 건전, 생산증강을 도모함에 있었다. 차관 김유택과 이재국장 송인상 등과 상산이 구상한 대원칙에 따라 경제안정15원칙이 입안되었다. 재무부에서 입안된 이 계획은 국무회의에 제출하여 승인을 받았다.[90] 이는 크게 통화 · 재정 · 금융 부분으로 나눌 수 있다.

① 재정 및 금융의 건전화, 재정자금과 산업자금과 긴밀한 상호조달을 기함으로써 통화최고발행제를 견지한다. ② 행정기구 간소화, 경비 절약, 행정보조금제, 책임지출 중지 등 모든 실질적 방법에 의하여 세출을 철저히 감축함과 아울러 회계의 운용을 규제한다. ③ 조세부담의 조정합리화, 징세사무의 능률화를 목표로 징세체계를 근본적으로 개혁한다. ④ 귀속재산 및 관리물가의 급속 불하에 의한 정부수입 및 세원의 증진을 도모한다. ⑤ 정부사업 특별회계 및 정부관리기업체의 수지균형을 기하도록 경영의 적극합리화, 요금의 적정 인상에 의하여 독립채산제를 확립한다. ⑥ 말단 행정의 조정 및 합리화에 의한 경비절약과 지방과세의 정상적 충실로서 지방행정의 자치적 건전을 촉진한다. ⑦ 금융계획을 빨리 확립하여 모든 융자는 반드시 본계획 내에서 취급하는 한편 국민저축운동을 조직적으로 추진하고 국채의 신속한 소화를 촉진한다. ⑧ 민간 부동 잠재 자력(資力)의 생산자본화를 촉진하여 기업의 자기금융력의 실질적 강화를 도모한다.

이상 8개 원칙은 재정자금 · 산업자금과 긴밀한 상호조정으로 재정자금의 방만한 방출에 따르는 산업자금의 억압이나 재정지출에 비경제성을 일거에 제거하려는 목적이었다. 통화최고발행제는 이러한 요구에서 설정하여 자의방만하게 유출되기 위한 통화에 대한 하나의 방책적(防柵的) 역할을 하자는 의도였다. 외형상 한계를 명확히 규정하는 동시에 행정기구의 간소화, 경비절약, 정부보조금제, 책임지출 중지 등 실질적 방법에 의하여 세출을 철저히 긴축하여 통화의 팽창을 막으려는 강력성 있는 재정지출의 여지를 남겨두었다.[91]

이러한 조처는 디스인플레이션정책으로 중소상공업자의 자금 군색은 상당히 심화되었다. 하지만 불건전한 기업체의 자연도태의 길을 선택할 수밖에 없는 현실이었다. 조세부담의 조정합리화·공평균등을 도모하며 희생분담에 의한 국민적인 협조도 쉽게 할 수 있었다. 귀속재산이나 관리물자의 신속한 불하에 의한 정부수입과 세원 증진도 도모되었다.

정부사업특별회계 및 정보관리기업체의 수지균형을 도모한 제5원칙은 어떠한 경우에도 허용되어서 안 된다. 정부기업체는 불합리한 요소가 일체 없도록 개인 기업체와 같이 엄격하게 관리되어야 한다. 관영요금의 적정 인상도 이러한 합리화의 전제하에 그 효과를 발휘할 수 있도록 독립채산제의 근거를 제시한 점이다.[92]

이러한 원칙은 지방자치단체에까지 침투되어야 할 것으로 말단행정의 경비절약은 물론 지방과세의 정상적 충실을 도모하기 위함이다. 동시에 지방자치행정을 민주주의적으로 건전·충실하게 육성하려는 의도였다.[93] 경제의 순환과정에서 화폐적 요인을 중요시하여 어떻게 하면 수지불균형의 팽창을 막을 수 있는가 하는데 중점을 두었다. 국민저축운동을 조직적으로 추진하여 여유자금을 강력히 흡수하여 은행 자체의 투자 여력을 배양하고 국가자금 조달의 올바른 길을 얻어 정부대출로서 비정상적인 재정자금의 조달이라는 형식을 폐기하는 데 있었다. 결국 8원칙은 경제안정을 제일 목표였다. 곧 생산보다 통화안정에 치중한 계획이었다.

다음으로 유통질서 확립은 ⑨ 기초물질 및 생활필수물자 중 물가조달의 거점이 될 품목에 국한하여 이를 통제대상으로 하고 재고량의 조사, 가격 보충, 적기방출 등 방법에 의하여 강력하고 유효한 새로운 물가안정의 기반을 확립한다. ⑩ 수송력을 정비 강화한다. ⑪ 정부물자취급 대행기관을 전면적으로 재검토하여 합리적인 정상배급기구 및 방법으로서 유통의 원활을 촉진한다.

이와 같은 원칙은 통화재정금융상의 여러 조처만을 취하여 일방적으로 추진한다면 유통계에 급격한 충격을 주게 될 우려도 있다. 다만 종합적이고 일관성을 띤 경제정책으로 널리 생산유통까지 원활을 도모할 수 있다. 새로운 물가안정기반 확립은 안정의 실질적 측면으로 유통에 안정을 기하려는 의도이다. 재화의 절대량이 부족할 때 통화의 강력한 시책을 단행한다면 적절한 대책을 세우지 않는 한 재화의 투매현상은 일반화될 수 있는 여지를 없애려는 목적이었다. 기초물자 및 생필품 중 물자조정의 거점이 될 품종에 한하여 통제대상으로 한 것은 통제만능주의로부터 유효 수요의 최저한도를 확보하는 방법이다.[94] 부족한 물자의 상호교류를 원활히 하여 재화의 편중을 공간적으로 해결하는 등 유통구조를 합리적으로 재편성하는 문제였다. 수송력 정비 강화와 난립하는 정부대행기관을 전면적으로 재검토하여 합리적인 재편성을 도모하기 위함이었다.[95]

생산 무역과 관련된 원칙은 3개조이다.[96] ⑫ 현존 생산조건(자재

기술동력 및 경영능력)으로 단시일 내에 생산효과를 기대할 수 있는 국내 중요 재원의 적극 개발 및 국내 생산품과 수출생산품의 적력 증산을 기한다. ⑬ 긴급물자 부족량의 수입은 품목을 지정하여 수출량의 범위 내에서는 당분간 이를 전적으로 허용한다. ⑭ 원조물자 활용 및 지정품목의 수출진흥을 국내 생산체제의 합리적 조화를 기한다.[97] 경제안정에만 치중하여 경제부흥을 망각할 수 없기 때문에 부흥에 준비적 원칙을 동시에 실현해야 된다는 점에 착안하였다. 부흥의 가장 현실적인 방법은 외부 원조에 의하거나 수입 강화에 의존할 수밖에 없다는 점에 주목한 산물이다.[98]

마지막으로 임금문제로 ⑮ 노무(勞務)의 생산성을 앙양하는 한편 확고하고도 강력성이 있는 최저임금제도를 조속히 확립한다. 최저생활 유지는 일정한 화폐수입을 실현함으로 가능하다. 확고하고도 강력성 있는 임금제 확립으로 생산성 앙양은 물론이오 노무관리의 향상을 기하여 경제활동의 능력효과 향상시키자는 논리이다.

경제안정15원칙은 한국경제의 재건과 부흥을 위하여 인플레이션의 조속한 극복을 지상목표로 했다. 향후 경제부흥과 영구한 번영의 기반을 조성하기 위하여 일시적으로 고통을 참고 거국일치의 절대적인 협조를 구하는 방향으로 귀결되었다. 이를 시행한 결과 1950년 1월 말 통화팽창은 거의 종지부를 찍을 만큼 성과를 거두었다.[99]

5. 전쟁이재민 구호사업에 앞장서다

대한민국정부가 수립된 지 불과 2년이 경과하여 5·30총선거가 끝나고 제2대 국회가 소집된 직후 한국전쟁이 발발하였다.[100] 6월 25일 새벽에 인민군은 소련제 탱크를 앞세우고 불법적인 침략을 감행하였다. 불의의 습격을 받은 정부는 후퇴를 거듭하여 수도를 부산으로 환도하기에 이르렀다. 행정부·입법부 요인들은 앞을 다투어 피난길을 떠나는 아수라장이었다.

김도연은 총선거에서 낙선되어 야인생활을 하고 있다. 6월 27일까지 모르고 우왕좌왕하는데, 아들 친구는 찾아와서 "정계 요인들은 다 피난을 갔는데 선생님은 왜 이러고 계시냐"고 물으면서 "북한괴뢰군이 벌써 의정부를 함락하고 적의 전차대는 서울을 향하여 진격해 오고 있어 사태가 급박하니 빨리 떠나셔야 한다"고 전하였다. 가족들과 상의한 결과 우리들은 집에 남아 있을테니 우선 혼자만이라도 떠나는 것이 좋겠다는 의견이었다. 스스로 생각해도 국회의원과 재무부장관을 역임하였으니 인민군에게 붙잡히면 그대로 가만 두지 않으리라 짐작되었다. 가족을 남겨두고 영등포에 살고 있는 형님을 찾았다. 라디오 방송은 국군이 적군을 격퇴하는 중이라는 내용이었다. 노량진에 나가 보니 자동차와 트럭 행렬이 꼬리를 물고 남으로 향하고 있었다. 우연한 기회에 지인의 차를 타고 저녁 무렵 수원에 도착하였다. 다음 날 인민군이 서울에 진주하였다는 불길한 소식이 들려왔다. 피난민 대열은 남으로 끝없는 긴 행렬을 이루었다. 다행히 차를 얻어 타고 대전에 무사히 당도할 수 있었다.

대전에서 아는 지인들을 만난 김도연은 혼란한 전시 상황을 타개하기 위한 방안을 강구하기에 이르렀다. 국가가 위기에 처했으니 우리들은 의론하여 후방에서 총력을 기울여 전쟁을 돕기로 하였다. 구국총력연맹은 이러한 의도로 조직되는 계기를 맞았다. 이 단체는 각 정당과 사회단체를 총망라하여 국민의 전의를 앙양시키며 부상 장병을 위문하며 피난민을 위한 구호사업을 전개한다는 취지였다. 임원진으로 회장은 조병옥, 부회장은 김도연과 배은희가 각각 맡았다. 구국총력연맹 위원장 조병옥은 국내정세의 긴박화에 비추어 "전국민은 총궐기하여 성전 완수"에 매진해야 한다는 격문을 발표하였다.

> 요즘 시민의 모습은 심히 불안과 당황에 싸여 있어 보기에는 드문 침착성이 없는 것과 같은 인상을 주는 것은 우리 자신으로서도 유감스러운 일이려니와 때의 관계로 보아서도 그리 좋은 태도가 아니라는 것을 말하지 않을 수 없다.
> 우리의 국토는 우리가 보존해야 될 것이고 우리의 구적은 우리가 박멸해야 될 것이어늘 이 신성한 의무를 이행하는데 주저하거나 수수방관하는 태도를 취하는 것과 같은 행동은 깊이 삼가야 될 점이라고 생각한다. UN군은 자기의 그리운 고국을 떠나 멀리 우리나라에 와서 자기의 귀중한 생명을 많이 희생하였으며 우리는 깊은 감격을 금치 못하는 바이다. 국군과 UN군은 잔인무도한 공산배의 격멸을 위하여 분투하며 인류의 자유와 정의와 평화를 위하여 굳세게 싸우고 있다.…(하략)…101)

이 글은 유엔군이 참전한 이후 발표되었다. 사회적인 불안에 따른 당황하는 모습은 김도연을 비롯한 이들에게 안타까운 현실로 보였다. 이 연맹은 국방부의 후원을 얻어 초창기부터 활발한 사업을 시작하여 대전에서 조직되었다. 회원들은 여러 반으로 나누어 각 지방에 직접 나가서 전의를 앙양하는 계몽강연을 전개하였다.102) 김도연은 이러한 활동을 전쟁에도 지속적으로 전개하는 등 사회 안정과 민심 수습에 최선을 다하는 모습을 보였다.

다시 수도가 대구로 이전하고 조병옥이 내무부장관으로 입각하자 상산은 배은희와 계속 활동에 매진하였다. 뜻을 같이 하는 지인들과 대구 육군병원에 입원한 부상 장병들 위문에 앞장섰다. 동시에 이들을 모아 민주주의와 조국 수호를 위한 피를 흘렸으니 그 이상 애국적인 행동이 없다고 공적을 찬양하는 사기를 진작시켰다. 피난민들에게도 공산주의의 침략상을 폭로하고 이번 전쟁을 통하여 민주주의의 승리를 확신한다고 강조했다. 우리가 승리하는 그날까지 일치단결하여 전쟁 수행에 힘을 모으자고 역설하였다. 제2국민병 중 병으로 신음하는 환자들은 약을 얻어다가 치료하는 등 계몽운동과 구호사업에 노력했다. 이는 지방민 민심을 수습하는데 상당한 성과를 거두었다.

인천상륙작전 성공에 이어 수도 서울이 수복되자 국회의원들이 동승한 선박을 타고 서해안을 돌아 인천에 도착했다. 전쟁의 참화는 너무 비참하여 차마 눈으로 볼 수 없을 정도였다. 인천에서 영등포역 도착하니 조카가 마중 나와 있었다. 구사일생으로 살아난 기쁨에도 전혀 말이 없었다. 집안 안부를 물으니 큰아들과 동생이 인민군에게 납북되었다는 청천벽력과도 같은 소식이었다. 집에 가니 부인은 울음으로 맞아 주었다. "이번 전쟁 참화는 우리만 당한 것이 아니니 참을 수밖에 없지 않느냐"고 애써 위로하였다.

김도연은 정부가 서울로 환도함에 따라 구국총력연맹 본부를 서울로 이전한 의견을 밝혔다. 주요 골자는 다음과 같다.

금반 정부의 환도와 더불어 본 연맹본부도 서울로 이전하게 되었습니다. 원통과 우울한 심경으로 서울을 떠나 부산까지 온 우리가 오늘날 승리의 깃발을 높이 날리면서 환도하게 되니 만감이 가슴에 벅차며 우리 국군과 UN군의 신묘하고도 용감한 투쟁에 다시금 감격과 감사를 금치 못하는 바입니다.
부산에 있는 동안 각계 당국과 유지를 위시하여 시민 여러분께서 본 연맹을 위하여 많은 협조를 하여 주심에 대하여 심심한 감사를 드리나이다. 본 연맹의 의의와 사명은 이제부터 더욱 발휘하여야 할 계제이오니 제위(諸位)의 배전(倍前) 협조와 협력을 바랍니다. 끝으로 제위의 건강을 빌며 건국보에 보조를 맞추어 국토 재건과 민주 건설에 건투하시기를 기원합니다."[103]

그는 전재민 구호사업과 부상병 등의 효율적인 활동을 위하려는 의도에서 비롯되었다. 지금까지 전쟁의 혼란스러운 와중에도 지원과 후원을 아끼지 않은 시민들에게 감사의 말을 잊지 않았다. 특히 서울은 전쟁의 참화가 심하여 본격적인 국토 재건과 민주사회를 위한 협조를 부탁하였다. 아울러 유엔군의 용맹무쌍한 투쟁정신도 높이 평가하는 등 국제적인 지원에 감사하는 마음을 전했다.

중공군 개입에 의한 1·4후퇴로 다시 피난생활이 시작되었다. 지난번 경험으로 가족들과 함께 부산으로 피난길을 떠났다. 친구 윤상은(尹相殷)의 배려로 구포에 있는 집 한 채를 얻어 피난짐을 정리할 수 있었다.[104] 산정에서 생활을 하다가 부산 시내로 나와 한국은행 금융통화위원회대리위원으로 생활하던 중 승리공사 이사장으로 취임했다. 이 공사는 군대의 구호사업을 위하여 전시 중에 설립되면서 본격적인 활동에 들어갔다. 건실한 사업체로서 군인들에게 필요한 생필품 등을 후원하는 일종의 사업기관이었다.[105] 김도연은 3개월 재직기간 중 여러 사업을 계획하였다. 하지만 자금 조달이 여의치 않아 계획을 변경하여 건빵공장 건설에 주력했다.

피난생활 중 몇몇 지인들의 협조로 다시 민심안정과 전의 앙양을 위한 활동은 재개하였다. 민주주의 국가건설에 대한 국민의 의무와 민주정치의 참된 의미를 국민들에게 계몽시키고자 월간지 『자유평론』

을 발간·보급했다. 상산은 편집 겸 발행인, 주필 김동명, 주간 정재근·오주환, 경리 장수호 등이 맡았다. 경리를 맡은 장수호는 총무부장을 역임한 후 한국비료공사 총무부장과 동양산업개발주식회사 사장 등을 역임하였다.[106] 실업계의 전택악·장기영, 학계의 이종우 등은 후원과 협력을 아끼지 않았다. 5회 발간에 종간되었으나 전시하에 민주주의 진정한 의미를 일깨웠다는 점에서 중요한 의미를 지닌다. 다만 실물이 현존하지 않아 구체적인 내용을 알 수 없는 점이 아쉽다.

와중에도 여가를 이용하여 가끔 지방으로 돌아다니며 피난민의 실태를 조사하는 한편 이들을 위로하는 일에 소홀하지 않았다. 직접 제주도를 찾아 2주간이나 군경과 피난민들을 위로한 경우도 있었다. 당시 그곳에는 약 10만 명에 달하는 피난민이 각처에 수용되어 있을 정도였다. 일반피난민은 도민들의 따뜻한 동포애로 대부분 주택에 입주하여 정부로부터 배급을 받아 생활하였으나 국민병제대자의 생활은 생존하기조차 어려운 상황에 직면하고 있었다. 약 5천 명에 달한 이들은 각 면에 집단적으로 수용되어 있었다. 대부분은 영양 실조와 전염병에 걸렸으나 제대로 치료를 받지 못해 사망자가 속출하였다.[107]

참상을 직접 목격한 후 따뜻한 동포애로 이들을 구호해야 한다고 사회에 호소하는 한편 정부당국에 산업개발을 추진하여 도민들과 피난민들의 원조를 촉구하였다. 통조림·전분·단추 공장 등의 기존 업체를 확대 진흥시키고 임업개발사업으로 임산도로 개설을 주장했다. 이러한 활동은 상산의 인간됨을 보여주는 진목이다.

서울로 상경한 후 당면한 문제는 생계 방도를 찾는 일이었다. 부산에서 올라올 때 한국냉동공업주식회사의 소유주를 매도한 자금으로 여러 사업을 계획했다. 다행히 차남이 인천에서 보세창고업을 시작하여 그럭저럭 생활할 수 있는 소득원이 생겼다. 점차 생활이 안정되면서 제3대 민의원선거에 출마하기 위하여 준비로 분주한 나날을 보냈다.

제6장

자유민주의의를 위한 선봉에 서다

1. 민주당 고문과 최고의원에 피선되다

1) 야인생활 중 부산정치파동이 일어나다

김도연은 재무부장관을 사퇴한 후 정국의 추이를 관망하며 1950년
5·30총선거에 출마했다. 당시 남북협상파인 임정계 입후보자들은
유권자들로부터 상당한 호응을 받는 분위기였다.[1] 이승만은 내각책
임제 개헌을 추진하던 민국당 인사들에 대해 적대감을 드러내었다.
전국을 순회하면서 이승만은 유세 중 "내각책임제를 주장한 인사들을
국회에 보내지 않도록 투표하라"는 발언을 서슴지 않았다.[2] 이리하여
김도연을 비롯한 민국당 입후보자는 전반적으로 고전을 면치 못하는
상황이었다. 개헌파와 반개헌파가 대결하는 가운데 김도연은 서대문
구 갑구에 출마하여 낙선의 고배를 마셨다. 제헌의회 출마 당시에 아

낌없는 지지를 보내던 유권자들은 김도연으로부터 등을 돌렸다. 더욱이 '관권선거'가 만연하는 가운데 '반이승만' 노선을 견지한 후보자는 '배신자'로 낙인을 찍는 분위기와 무관하지 않았다.

낙선으로 우울한 나날을 보내는 중에 김도연은 곧바로 한국현대사의 가장 비극적인 6·25전쟁이 발발하였다. 인민군이 빠른 속도로 남하하는 상황에서 김도연은 부득이 부산으로 일단 피신했다. 그는 궁핍한 생활 속에서도 자유수호를 위한 홍보와 선전활동에 많은 노력을 기울였다. 9월 28일 유엔군 반격으로 서울은 수복되었으나 중공군 총공세로 임시수도는 부산에 머물러 있어야 하는 운명이었다. 1951년 1·4후퇴를 겪은 후 만2년 8개월간의 피난생활 중 국회는 이승만 대통령의 재선문제로 일련의 정치파동을 겪었다. 환도 후의 정세는 많은 변화와 아울러 이승만 '장기집권'을 위한 계획이 착착 진행되고 있었다.3)

피난지 부산에서 일어난 정치파동은 이승만이 자신의 재선을 위함이었다. 이는 당시 국회에서 선출하던 정·부통령선거권을 박탈해 대통령과 부통령을 국민이 직접 선거한다는 개헌안을 국회에 제출함으로써 비롯되었다. 대통령 직선제와 상·하 양원제를 골자로 하는 정부안, 내각책임제와 국회단원제를 골자로 하는 국회안을 절충해 통과시켰다. 발췌개헌의 궁극적인 목적은 이승만의 대통령 재선을 위한 개헌이었다.4) 1950년 5월 제2대 국회의원선거에서 지지세력이 대거 낙선하자, 이승만은 국회에서 대통령 간선제로 자신의 재선 가능성이 없다고 판단하였다. 이러한 판단에 따라 이승만은 1951년 8·15기념사에서 새로운 정당의 필요성과 대통령직선제와 양원제 개헌 필요성을 역설했다. 한편으로 신당 조직을 추진하면서 같은 해 11월 30일에는 대통령직선제와 양원제를 골자로 하는 개헌안을 국회에 제출하였다. 김도연은 정국의 추이를 관망하며 새로운 길을 모색하고 있었다. 제2대 총선에 출마하여 낙선한 의원들과 연대를 통한 '강력한' 야권 정당 조직이었다.

신당창설은 서로 이해관계를 달리하는 원외 자유당과 원내 자유당이라는 두 개의 정당을 만드는 계기였다. 원내 자유당은 이승만을 지지하나 내각책임제 개헌으로 실권을 장악하려는 부류였다.[5] 결국 1952년 1월 18일에 실시된 대통령직선제 개헌안은 찬성 19, 반대 143, 기권 1표라는 압도적인 다수로 부결되었다. 이승만은 국회 내 지지세력이 극히 미약하다는 판단을 하지 않을 수 없었다.

이에 원외 자유당을 비롯한 국회 외부의 세력을 동원하여 개헌안 부결반대 민중대회 등의 관제 데모를 전개하는 등 국회에 압력을 넣었다. 이런 상황에서 국회는 원내 자유당 93명 중 48명, 민주국민당 39명, 민우회 25명, 무소속 15명 등의 연합으로 재적의원 3분의 2보다 1명 초과한 122명의 연서로 4월 17일 내각책임제 개헌안을 제출하였다.[6] 원외 자유당과 18개 단체 대표들은 '내각책임제 개헌안 반대 전국정당 투쟁위원회'를 결성했다. 이승만정부는 4월 20일 야당계의 국무총리 장면(張勉)을 해임하는 대신에 국회부의장 장택상(張澤相)을 국무총리로 지명하였다. 국회는 5월 6일 양측 개헌안의 조정을 맡고 나선 장택상을 95 대 81로 승인했다.

마침 지방선거 시찰차 떠난 무소속의 내각책임제 추진파인 서민호(徐珉濠)는 전라남도 순천에서 언쟁 끝에 현역 대위를 사살한 사건이 발생하였다. 정부는 5월 12일 국회의 석방결의에도 서민호를 구속 기소했다. 5월 14일 이승만은 1월 18일 부결된 정부 개헌안을 약간 수정하여 다시 제출하였다. 5월 19일 원내 자유당 합동파 52명은 새로운 교섭단체로 등록한 반면 40여 명의 자유당 잔류파(간부파)는 민우회와 합작하여 장택상을 중심으로 친목단체 신라회(新羅會)를 조직했다.[7]

5월 15일 이래 정부에 의해 동원된 민족자결단·백골단 등의 폭력조직을 비롯한 관제 데모대는 국회의원 소환과 국회 해산 등을 외치며 연일 부산거리를 누볐다.[8] 이승만도 "대통령직선제를 반대한 제2대 국회는 민의를 배반한 하늘 아래 처음 보는 국회로 선거인들에게 국회의원들을 소환시키도록 하겠다"는 성명서를 발표했다. 이에 부응하여 백골단은 "국회를 해산하라, 민의를 배반한 국회의원을 소환하라"는 벽보를 내걸었다.[9] 국회의장 신익희(申翼熙)의 집도 포위하였다. 이승만은 원외 자유당의 민족청년단장 이범석(李範奭)을 내무장관에 임명했다. 5월 25일에는 경상북도·전라남도·전라북도 일대에 공비토벌 명목으로 계엄령을 선포하고 국회 결의로 석방되었던 서민호를 재구속하였다.[10]

다음날에는 50여 명의 국회의원이 탄 통근버스가 헌병대에 강제연행되었다. 국제공산당에 관련되었다는 혐의로 10명의 국회의원이 붙잡혔다. 나아가 각 도의회에서는 국회해산 결의안을 통과시켜 이를 정부에 요청하였다. 이와 같은 험악한 분위기 속에서 이범석과 국회 내의 신라파가 중심이 되어 정·부통령직선제, 양원제, 국회의 국무위원 불신임제 등을 골자로 하는 발췌개헌안을 제출하였다. 이에 따라 구속 중이던 10명의 국회의원이 석방되고 피신 중이던 국회의원들도 경찰의 연행으로 동원되어 며칠씩 연금되었다. 결국 7월 4일 밤 국회는 기립표결로 찬성 163, 기권 3표로 발췌개헌안을 통과시켰다.[11]

이승만은 새로운 헌법에 의하여 같은 해 8월 5일 실시된 선거에서 대통령으로 재선되었다. 발췌개헌은 ① 일사부재의(一事不再議)의 원칙에 위배되고, ② 공고되지 않은 개헌안이 의결되었고, ③ 토론의 자유가 보장되지 않았고, ④ 의결이 강제된 점에서 명백한 위헌이었다.[12)

8월 5일 실시된 정·부통령선거는 관권개입과 부정선거로서 이승만 당선은 기정사실화되었다. 난립한 부통령후보 중 이승만을 개인적으로 지지하는 함태영이 당선되는 이변을 낳았다. 배패한 이범석은 총리와 내무장관을 고발하면서 경찰개입을 공개적으로 비판하였다. 김도연은 이를 공개적으로 지지하지 않았으나 이승만의 일방적인 독주를 견제해야 한다는데 공감하고 있었다. 초대내각에서 같이 활동한 인연은 이러한 동조로 이어졌다. 와중에 1953년 11월 자유당은 중앙위원회를 폐지하고 중앙당 부장제도를 채택했다. 이로써 자유당은 이승만의 사당(私黨)이나 마찬가지였다. 이는 이승만의 1인 독재체제를 지지하는 밑거름이 되었다.

2) 5·20총선거를 통해 의정활동을 개시하다

정치정세가 변화하는 가운데 정부는 제3대 민주의원선거를 1954년 5월 20일에 실시한다고 공포하였다. 정·부통령선거를 통하여 전국적으로 지방조직을 강화한 자유당은 선거를 통해 국회에 안정 세력을 확보하는 동시에 대통령의 3선 제한을 철폐하는 개헌안을 통과시키려는 정략이었다. 이에 모든 선거구에 입후보 공천자를 내세워 야당과 무소속의 진출을 막으려고 시도하였다. 그런 만큼 선거는 처음부터 관권선거가 예상되었다. 막대한 선거자금이 동원된 금력과 관권이 동원되는 선거로 처음부터 우려되는 상황이었다.

서울의 경우에 김도연의 인접 선거구인 서대문 을구만 하더라도 부의장을 지낸 조봉암(曺奉岩)은 입후보등록을 하지 못했다. 김도연은 5·30총선거에서 고배를 경험하여 상당히 긴장하지 않을 수 없었다. 관권의 개입은 투쟁으로 막을 수 있다는 신념이 있었으나 금력을 막아낼 방안은 뚜렷하게 떠오르지 않았다. 당시 분위기는 막대한 선거자금 확보에 의하여 사실상 당락이 결정되었다. 김도연은 선거자금을 마련하기 위하여 크게 노심초사하였다.[13] 즉 4년 동안 야인으로 정치적인 이방인 생활을 경험한 김도연에게 일당독재를 견제하는 첩경은 원내로 진출이었다. 이번 총선에서 꼭 당선되어야 한다고 스스로 굳게 결심했다. 커다란 장벽은 선거자금을 어떻게 조달하느냐 하는 가장 시급하고 현실적인 문제였다. 김도연은 이러한 사태를 예상하고 피난생활 중 선거자금을 마련하려고 무척 노력했다. 부산생활 중 많은 편의를 제공한 일본 유학시절 동지인 윤상은은 지원을 아끼지 않았으나 필요한 금액의 극히 일부에 불과하였다. 그는 선거자금이 부족한 데에 전혀 구애받지 않고 예정대로 출마하기로 결심했다. 민주주의 정착에 대한 간절함이 누구보다 강했기 때문이다.

　　김도연은 1908년 태극학교에 입학한 이래 유학시절을 제외하고 아현동에서 줄곧 살았다. 이곳은 그에게 '제2의 고향'으로 이웃에 많은 지인들이 살고 있었다. 서대문 갑구를 3번째로 선택한 배경도 이와 같은 이유에서 비롯되었다. 총선 경선자는 제2대 국회의원을 지낸 김용우(金用雨)를 비롯해 강창희(姜昌熙)·고병억(高秉億)·김규준(金圭濬) 등 모두 4명이었다.[14]

　　선거운동이 시작되자 소액에 불과한 금액이지만 여러 친지로부터 생각하지도 않은 경제적 도움이 있었다. 또한 지인들과 당에서도 약간의 보조로 김도연은 선거자금에 크게 구애받지 않고 선거운동에 임할 수 있었다. 김도연은 박종화(朴鍾華)를 선거사무장으로 선임하고 주윤호(朱允鎬)를 중심으로 선거조직을 강화했다. 참모진은 김도연의 경제학 박사로서 재무부장관 지낸 경력과 청렴성을 내세우는 전략을 펼쳤다. 또한 '이웃 주민'으로서 친숙함도 널리 알리는데 치중하였다. 이리하여 재선에 크게 영향을 준 요인은 조직보다 사실상 선거민들의 김도연에 대한 우호적 태도였다. 유권자들의 동정은 2년 동안이나 국회의원과 재무부장관을 지내면서도 가정의 참화가 크던 데 있었다. 당시 서대문갑구에서 그를 추천한 인사들이 다음과 같은 내용으로 된 추천서를 유권자들에게 돌린 것만 보더라도 그는 많은 우호적인 동정표를 얻을 수 있었다.

진정으로 나라를 걱정하는 분들의 말을 들어보면, 첫째로 청렴하고 결백한 국회라야 한다고 합니다. 이것은 얼마나 많은 추문과 오명이 국회의 권위를 망쳐놓았는가를 생각해보면 알 일입니다. 둘째로 유능한 국회라야 한다고 합니다. 이것은 너무도 호헌(護憲)에 무능했고 의정에 저능했던 것이 뼈에 사무치는 까닭입니다. 셋째로 철두철미 애국애족인 국회라야 한다고 합니다. 이것은 너무나 국가와 민족은 안중에 두지 않고 날뛰는 사람들이 많았다는 것을 의미하는 것이 아니겠습니까? 그러므로 우리가 택정한 것은 첫째 청렴결백한 인사, 둘째 유위유능(有爲有能)한 인사, 셋째 진정한 애국애족적인 인사를 국회로 보내야 하겠습니다. 이러한 사실에 비추어 우리들은 이제 김도연 박사를 추천하면서 마음 든든하게 생각하는 바입니다. 김박사는 정치인으로서 청렴결백하기로는 그 위를 덮을 사람이 없다는 정평이 있듯이 초대 재무부장관으로서 장시일에 걸친 재임 기간을 통하여 적산가옥 한 채 마련한 일이 없었고 이권 한 자리 쥔 일이 없는 것으로 미루어보아 그의 깨끗하고 갸륵한 지조에 경복(敬服)하지 않을 수 없습니다. 또한 김박사가 재무부장관 재임 중 '경제안정 15원칙'을 통하여 인플레이션 방지에 획기적 조치를 취한 것이라든지 은행법의 적정한 제정으로 민주화 금융·체계의 확립에 공헌한 사실 등으로 입증되는 것입니다. 그리고 김박사는 3·1운동의 선구적 역할을 한 동경유학생 2·8독립사건(2·8독립선언)의 주모자의 한 분으로 옥중생활을 했고, 일제 말기에는 저 유명한 한글학회사건(조선어학회사건)에 연좌되어 또 여러 해 동안 옥중생활을 했을 뿐만 아니라 일생의 거의 일제의 감시하에 괴로운 생활을 했습니다. 이만하면 요새 흔하게 유행되는 애국자와는 크게 다른 것입니다. ···15)

대략 이러한 내용의 추천장이 유권자들에게 배부되자 5·30총선 당시 김도연을 낙선시키게 된 것을 후회하는 사람들이 적지 않았다. 선거운동이 진행되는 도중에 무소속으로 입후보한 제2대 의원 김용우는 자유당에 입당했다는 소문이 떠돌았다. 뜻밖에도 그는 당선되면 자유당으로 간다는 것이 공지(公知)의 사실로 되어 그의 인기는 아주 떨어지고 말았다.16)

각지의 선거 분위기는 자유당 공천자를 지지하는 관권이 노골적으로 작용했다. 대구 을구에서 출마한 조병옥도 경찰의 탄압을 받았다. 경기도 광주에 입후보한 신익희의 선거구와 울산 갑구를 비롯한 여러 곳에서 '탄압선거'와 '관권선거'가 진행되었다. 이에 민심은 자유당을 등을 돌린 반면 야당을 동정하는 경향으로 기울어졌다. 김도연이 소속했던 민국당에서도 선거구의 사정을 참작해서 중점적으로 공천후보자를 내세워 자유당과 경쟁했으나 막대한 조직과 권력이나 금력을 당해낼 수 없었다.17) 민국당 입후자들이 공동으로 내건 정책과 김도연이 유권자에게 밝힌 정견은 다음과 같다.

2개 이상의 정당을 육성시켜 책임정치를 이룩하여 일당독재를 견제한다. 내각책임제 개헌으로 대통령책임제 횡포를 막기 위하여 바른 정치, 밝은 정치, 맑은 정치를 하자는 것이었으며 무정견하고 신념이 없는 무소속을 배격함으로써 정당인에게 투표하라고 호소했다. 당시 나는 무소속을 배격한 것은 부산정치파동 때 하등 정치적 신념도 없이 우왕좌왕하는 의원들 때문에 국가의 앞길을 망치는 일이 한 두 가지가 아니라는 것을 목격했기 때문이다. 언젠가는 무소속의 국회 진출이 지양되어야 하기 때문이다.[18]

선거 결과는 김도연이 9,680표로 당선되었다. 경쟁자인 강창희는 6,721표, 김용우는 6,677표였다. 강창희는 이에 굴복하여 소송을 제기하기도 하였으나 당선은 확정되었다.[19] 선거운동 중 상산은 경제적인 고통을 받았다. 선거 도중 집안에서는 쌀 외상값을 독촉받을 때가 한두 번이 아니었다. 민어 한 마리 값을 세 번에 나누어 갚아주는 등 부인은 평소에 장만했던 패물·은수저·가락지·비녀 등을 팔아 지원할 정도였다. 초대 선거와 달리 제2대 선거 때에는 선거자금으로 고통을 크게 받지 않을 수 없었다.

5·20총선거 결과는 자유당 114석, 민국당 15석, 국민당 3석, 국민회등 기타 4석, 무소속 67석 등 모두 203명이었다.[20] 자유당은 공천자 중당선된 숫자가 99석에 지나지 않았으나 당적을 가진 자를 합하여 재적 반수를 차지했다. 이때부터 국회에서의 다수당 횡포는 시작되었다. 선거는 탄압하에 실시되었음에도 다행히 유권자들은 점차 정당정치의 구현에 눈뜨게 되었다. 미구에 참의원선거가 실시된다는 것을 전제하여 투표했던 관계로 낙선된 인사들이 참의원선거의 입후보준비를 곧바로 시작했다.

조병옥·신익희·장택상 등은 야당 거물로 경찰에 의하여 탄압을 받았으나 모두 당선되었다. 반면 자유당 이기붕과 당내에서 경쟁해오던 배은희(裵恩希)와 이갑성(李甲成) 등은 낙선되고 말았다. 6월 9

일 임시국회를 소집하여 자유당 의도대로 이기붕은 국회의장에 선출됨으로 그의 '독무대'가 마련되는 결정적인 계기였다. 부의장에는 자유당의 최순주와 무소속 곽상훈(郭尙勳)이 각각 선출되었다.[21] 의장단 선거에서 무소속의 곽상훈의 부의장 당선은 당시 이기붕과 보성중학의 동창으로 친분이 두터웠던 임흥순(任興淳)의 중간역할로 자유당 협조에서 말미암았다. 임흥순은 민국당을 탈당하여 무소속동지회를 만들어 곽상훈을 지도자로 추대하고 있었다.[22] 의장단 선거에서 6년간을 국회의장으로 활동해오던 해공 신익희는 다수당의 위력에 눌려 겨우 52표 획득에 그쳤다.

제3대 개원으로 상산은 야인생활 4년 만에 국회로 화려하게 복귀했다. 때마침 6월 16일은 김도연의 회갑날이었다. 가족과 친지들의 권유로 간소하나마 회갑연을 열기로 했다. 그는 기왕에 잔치를 열 바에야 많은 선거구민들이 참석할 수 있게 야외에 장소를 잡게 하여 창의문(彰義門) 밖 넓은 산마루를 장소로 택했다. 예정한 인원의 갑절인 600여 명이나 참석해 장만한 음식이 부족하여 가족들은 분주한 가운데 즐거운 비명을 올렸다.[23] 선거구민들과 돈독한 유대는 이후 의정활동은 물론 선거운동에 많은 자원봉사자 참여로 귀결되는 든든한 밑거름이었다.

3) 사사오입 개헌파동과 민주당을 조직하다

제3대 국회 초기에 재적과반수를 확보하여 다수당으로 등장한 자유당은 장기집권을 위한 새로운 개헌 공작을 위하여 의원들 포섭에 혈안이었다. 주요 대상자는 무소속 의원들로서 5·20선거 당시에 말썽이 생겨 선거소송 중이거나 그렇지 않으면 국회의원에 당선되기 전에 비리가 있을 만한 의원 등이었다. 자유당은 헌법에 규정된 초대 대통령의 3선제한을 철폐하여 이승만의 종신집권을 도모했다. 국무총리제도와 국무위원불신임에 관계되는 조항을 삭제하는 등 명실상부한 대통령책임제를 구상하였다. 국가안전에 관계되는 국민투표제의 신설, 반통제경제체제로 되어있는 경제조항의 자유경제체제 확립 등은 주요 골자였다.[24]

개원된 지 불과 3개월도 못 되어 자유당의 의석수는 개헌통과에 필요한 재적 3분의 2선에서 1석을 넘는 137석으로 확대되었다. 개헌에 자신감을 얻은 정부와 자유당은 1954년 9월 6일 초대 대통령에 대한 3선 제한의 철폐를 포함하는 이른바 국민투표제의 개헌안을 국회에 제안하였다. 민국당 부위원장인 김도연은 위원장인 신익희와 고문인 조병옥과 협의하여 개헌저지에 주력했다. 개헌안 공고 기간 중 최대한으로 반대 여론을 환기로 개헌안 표결에 반영하려 노력하였다. 개헌안은 헌법 제98조에 의하여 30일간 이상의 공고를 거친 후 표결하기로 되어있었다. 개헌안이 정식으로 공고되자 찬부토론은 활발히 진행되었다. 각 신문사에서는 공청회를 열어서 참다운 민의 파악에 주력했다. 김도연은 민국당과 자유당의 연사를 초청하여 찬반 토론에서 주권자들에게 개헌의 필요성과 반대하는 근거를 명백히 내세웠다. 일반 여론은 개헌에 반대하는 의견이 지배적이었다.[25]

동아일보사는 시공관(市公館)에서 개헌안 토론회를 개최하여 초만원을 이루었다. 개헌안에 반대하는 대학생들은 민국당 연사들에게 열렬한 성원을 보내는 반면 자유당 연사들에게 '야유'를 보내 아수라장을 방불하게 했다. 연사는 조병옥과 소선규(蘇宣奎) 등으로 개헌안 자체가 자유당 총재인 이승만의 종신집권을 목표로 하는 사실을 지적하였다. 이는 민주정치에 역행하는 동기가 매우 불순할 뿐만 아니라 "진정한 책임정치를 위하여 내각책임제 개헌을 해야 된다"고 설파했다. 이에 자유당 연사는 박영출(朴永出)과 박영종(朴永鍾) 등으로 "이 북괴뢰들이 재침의 기회를 노리고 있으므로 국가안전에 관계되는 중대한 사항은 국민투표제로 할 것이며 정국이 혼란한 이때 위대한 애국자인 이박사로 하여금 3선의 길을 막는다는 것은 국가적으로 해로운 일"이라고 찬성토론에 임하였다.[26] 청중들은 찬성토론을 할 때마다 '야유'를 퍼부어 제대로 진행할 수 없는 분위기였다.

김도연은 국민적 성원을 얻어 자유당 개헌안에 맞서기 위해 내각책임제의 개헌안을 기초해놓고 막후활동을 전개하였다. 이는 자유당 의원들과 접촉하여 개헌선을 붕괴시키는 이면작전이었다. 상산은 소장파 의원들 중 민관식·김영삼·김홍식·도진희·한동석·현석호·황남팔·이태용·김두한 등과 교섭했다. 무소속구락부와 순무소속 의원들 중 자유당의 포섭작전에 넘어갈 사람들이 있을 것 같아 안심은 금물이었다. 최선의 방위태세가 갖추어진 후 개헌안은 11월 18일의 본회관에 상정되어 찬부토론이 시작되었다. 개헌안은 자유당에서 재적 3분지 2선을 확보해 놓고 행동통일을 위해 암호투표방식으로 한다는 소문을 접했다.[27] 민국당을 위시하여 개헌반대파의 반대토론은 진지하게 진행되었다. 반대토론에서 특히 신도성 의원은 각국의 예를 들어 "항구집권을 꾀한 일당독재가 종국에 가서는 국민의 심판을 받게 된다"고 역설하여 의원들에게 감명을 주었다. 그는 민주당이 조직될 무렵 진보당과 손을 잡더니 나중에는 자유당에 가담했다. 이후 경남도지사를 지내다가 3·15부정선거에 원흉으로 걸려들어 법의 심판도 받았다.

찬부토론을 거친 후 11월 27일 개헌안은 무기명 비밀투표로 표결에 들어갔다. 행동통일을 염려한 자유당은 각도별로 암호투표방식을 안출(案出)하였다. 투표 직전에 무소속의 송방용은 물적 증거를 제시하면서 이를 폭로하는 용기를 내었다. 하오 5시경 개표 결과는 발표되었다. 사회석에 있던 최순주 부의장은 한참 동안 망설이고 있다가 약간 떨리는 목소리로 "총투표수 202명 중 가 135표, 부 60표, 기권 7표로 한 표가 부족하여 부결되었습니다."고 개헌안이 부결됨을 분명히 선언했다.[28]

자유당 의석에는 무거운 침묵이 흘렀고, 야당 의석에는 함성이 터져 나왔다. 제3대 국회 초기의 가장 큰 과업이었던 개헌안은 다수당의 횡포에도 소수당의 뜻대로 부결되었다. 다음날 일요일을 거쳐 29일 국회가 개회되자 자유당 의원들은 기상천외의 이론으로 사사오입을 하면 개헌안은 가결된 것이라고 억지 주장을 펼쳤다. 한희석과 장경근 의원 등은 개헌정족수는 사사오입을 하면 개헌안은 통과되었다고 주장했다.

김도연은 사사오입론의 억지 주장하는 그들의 '엄청난' 태도에 놀라움을 금치 못했다. 아니 놀라움보다 이 기상천외의 이론을 무엇으로 대응해야 할지 그저 어안이 벙벙하였을 뿐이다. 대통령의 억설(臆說)을 뒷받침해오던 장경근이 신성해야 할 국회에서 자기양심을 속이고 억설을 부리는데 상산은 다시 한번 쓴웃음을 짓지 않을 수 없었다. 자유당 정명섭도 한참 동안 사사오입론을 늘어놓고 흥분하여 개헌안이 통과되었다고 주장했다.[29] 사회를 맡은 최순주 부의장은 자못 엄숙한 표정으로 입을 열었다. "전차(前次) 회의에서 개헌안이 부결되었다고 선포한 것은 나의 착각이므로 이것을 취소하고 개헌안이 가결된 것으로 선포합니다"라고 번복하였다. 야당의 곽상훈과 김상돈(金相敦), 소장파 이철승 등은 단상으로 뛰어 올라가 최순주 부의장을 떠밀고 항의했다. 특히 곽상훈 부의장은 사회봉을 빼앗아 "개헌안은 부결되었습니다"라고 힘차게 선포하였다.

의석이 소란해지자 정치강패 이정재(李丁載) 일파는 2층 방청석을 독점하고 있다가 야당 의석을 내려다보면서 "죽인다, 살린다"하고 욕설을 마구 퍼붓는 등 위협을 가했다.[30] 난데없이 정체불명의 괴한들도 의석으로 뛰어들어와 폭력을 행사함에 의사당은 한때 난장판이 되었다. 이는 모두 자유당에서 꾸며낸 전략이 분명했으므로 야당 의원들은 총퇴장하고 말았다. 자유당 의원들은 일방적인 결의로서 개헌 정족수는 135표임으로 전차 회의에서 부결되었다고 선포한 것은 가결의 착각이라는 내용의 번복결의를 해서 의사록을 정정하고 곧 개정헌법을 공포하기에 이르렀다.[31]

투표에 나타난 원내의 동향을 보면 자유당 안에 있던 7-8명이 반대투표하여 개헌의 가표는 이 만큼 부족할 것으로 예상했으나 뜻밖에도 1표만 부족하였다. 이유는 개헌반대를 부르짖던 무소속동지회의 임흥순과 무소속 강세형(姜世馨)·박재홍 등이 자유당에 가담했기 때문이었다. 한편 최순주 부의장은 번복 선포하여 야당의원들로부터 갖은 수모를 당했다. 이후 자유당 의원들로부터 부의장의 사의도 수리되었다. 기상천외의 이 사사오입론은 삽시간에 널리 알려져 아이들까지도 세상을 풍자하는 말로 조롱할 정도였다. 이러한 파행적인 정치도의는 궁극적으로 사회정의와 국민도의에 영향을 크게 미쳤다.

한편 자유당의 만행은 분산되었던 재야세력을 집결해 강력한 야당을 조직하는 결정적인 배경으로 작용했다. 이러한 분위기는 자연발생적으로 범야당 통합운동을 태동하여 민주당을 조직하는 모체가 되었다.[32] 사사오입 개헌파동 당시 중과부적으로 일제히 퇴장한 60여 야당의원은 국민과 더불어 헌법을 수호하기 위한 투쟁을 과감히 전개할 것을 만천하에 알렸다. 곧 호헌대책위원회를 구성하여 원내에서 호헌투쟁도 전개하기로 결정했다. 약 1주일 동안 국회 출석을 반대한 야당의원들은 12월 3일에 처음으로 국회 본회의에 출석했다. 이때 민국당과 무소속동지회, 순무소속 의원들이 합쳐서 호헌동지회가 구성되어 단일화된 원내교섭단체로 등록되었다.[33]

야당계 의원들은 원내에서 적극적인 호헌투쟁으로 12월 4일에는 이기붕 의장과 최순주 부의장의 징계동의안을 제출하였다. 12월 9일에는 개헌안에 대한 자유당의 번복결의가 무효라는 결의안을 별도로 제출했다. 이어 백한성(白漢成) 내무부장관에 대한 불신임결의안, 갈홍기(葛弘基) 공보처장에 대한 파면건의안 등으로 원내투쟁을 전개했다.[34] 집권당인 자유당은 이를 철저하게 묵살하고 말았다. 자유당의 횡포가 얼마나 심했던지 그들은 사사오입론으로 부결된 개헌안을 가결된 것이라고 번복 결의하는 정국을 긴장시켰다. 적반하장으로 곽상훈 부의장이 사회봉을 빼앗아 개헌안 불가결을 선포했다는 이유로 징계에 회부하였다.[35]

자유당은 사사오입 개헌파동으로 김영삼·민관식·김홍식·현석호·성원경·이태용·신태권 의원 등을 필두로 해서 18명 의원이 탈당했다. 재적 3분지 2에서 119석으로 줄어 들어든 반면 야당의석은 84석이 되었다. 여기에 고무된 김도연 등 민국당 새로운 활로를 모색했다. 이들은 객관적인 정치정세가 재야세력 집결으로 다수당의 횡포에 투쟁할 것을 요청하고 있다는 관점 아래 호헌동지회를 모체로 하여 강력한 야당 조직에 나섰다.[36] 무소속 곽상훈과 장택상, 민주당 신익희과 조병옥 등과 함께 김도연도 신당운동에 적극적이었다.[37] 그리하여 원내 야당계의 단일교섭단체였던 호헌동지회는 1954년 12월 중순경 신당발당촉진위원회를 구성하고 7인위원회를 선정하여 신당 조직을 위임하였다.[38] 이는 곧 민주당 조직의 모체가 되었다. 일당 정치가 일인독재를 합리화하는 현실을 타개하려는 의도였다. 이는 부산정치파동을 일으켜 정권을 유지하다가 부결된 개헌안을 가결되었다고 선포한 자유당을 타도하기 위한 범야통합운동이자 신당운동이었다.

신당운동에 가담한 인사들은 민주당의 김성수 · 신익희 · 조병옥 · 김준연 · 윤보선(尹潽善) 등과 무소속의 곽상훈 · 장택상, 원내자유당계의 장면 · 오위영(吳緯泳) · 엄상섭(嚴詳燮) · 김영선(金永善), 조민당의 한근조(韓根祖), 대한부인회의 박순천(朴順天), 진보계의 조봉암과 서상일 등 그야말로 재야세력의 지도층 인물로서 각계를 망라했다.[39] 김도연도 이를 위한 활동에 적극적으로 참여하여 신당운동의 외연 확대에 이바지하였다. 그런데 이들은 자유당의 독재정권과 투쟁한다는 당면목표에는 공통되고 있었으나 이념적으로 규합된 것이 아니어서 출발부터 쉽지 않았다. 범야세력을 결집한다는 목표 아래 추진된 신당운동은 마침내 보수세력의 '자유민주파'와 진보세력의 '민주대동파'로 갈라졌다. 김도연은 민국당의 신익희, 조병옥, 김준연 등은 원내 자유당계의 장면, 무소속의 곽상훈, 박순천 등과 유대하여 '자유민주주의' 정당 조직을 추진하게 되었다. 조봉암과 서상일 등은 '민주대동'을 부르짖고 진보적 정당을 조직했으며 장택상은 중간에서 손을 떼게 되었다.

당시 조봉암은 "지팽이를 집고서라도 신당운동에 따르겠다"는 성명서를 발표하고 우리 보수진영과 유대를 원하고 있었다[40]. 김성수도 신도성의 진언을 듣고 조봉암도 가담케 하도록 수차에 걸쳐서 종용한 바 있었다. 김도연을 비롯한 일부는 진보세력의 정치적인 지향을 알고 있었으므로 이들과 통합에 반대하는 입장이었다. 장면을 중심으로 한 원내 자유당계에서도 조봉암과 유대를 원하지 않았다. 만일 그 사람과 손을 잡게 되면 자기네들이 신당운동에서 손을 떼겠다고 함으로 결국 조봉암 등과 연대할 수 없었다. 김도연은 서상일만은 신당운동에 힘써 줄 것을 바라고 그의 참여를 바랐다. 여러 차례 회합에도 조봉암과 연대를 강조함으로 실패하고 말았다.[41]

인촌 김성수는 오랜 와병 중에 국가의 장래를 걱정한 나머지 이승만 독재정권을 무너뜨려야 되겠다는 일념으로 조봉암 같은 진보세력과 연대를 통한 강력한 야당을 조직하려고 구상하고 있었다.[42] 여기에 반대한 김도연 등의 뜻을 받아들여 당초 뜻을 포기했다. 인촌은 끝내 민주당의 출현을 보지 못하고 신당조직이 추진되고 있을 때 지병이 악화되어 운명하였다.

김성수는 김도연이 동경유학 당시 송진우·신익희 등과 더불어 재일유학생들을 영도하여 반일운동에 힘을 썼다. 귀국한 후에도 교육사업이나 문화사업으로 인재를 양성하는 한편 반일항쟁을 계속해왔다. 특히 제2대 국회 당시에 제2대 부통령으로 보선되었으나 부산정치파동 당시 이대통령의 독재성을 한탄한 나머지 사임서를 국회에 제출하고 자리를 물러선 애국애족의 지성이 두터운 인물이었다. 김도연은 김성수나 신익희에 대해 남달리 존경했다.[43]

신당운동은 자유민주파 안에서도 흥사단과 손을 잡는 것을 싫어하는 징조가 나타나 한 때는 대동단결의 추진이 난관에 봉착한 느낌이 없지 않았다. 김도연은 신익희와 상의하여 민국당을 백지로 환원해서라도 보수세력이 대동단결하여 강력한 보수야당을 조직키로 합의를 보았다. 그는 대동단결의 대원칙 아래 신당조직을 추진하게 되었다. 신당조직은 민국당 측에서 김도연을 포함한 신익희와 조병옥 등 세 사람과 비민국당에서 장면·곽상훈·윤병호(尹炳浩) 등 세 사람이 총무위원으로 선출되었다.[44] 6인위원회에서는 정강정책과 당기구문제 등 모든 준비를 진행하였다.

6인위원회는 대표최고위원을 1개월씩 윤번제로 하되 최고위원은 중앙당위에서 선출하자고 주장한 비민국계의 고집으로 좀처럼 타결을 보지 못했다. 6인위원회의 회의석상에서 이와 같은 의견을 주장한 인사는 주로 장면이었다. 그의 주장은 신익희의 정치적 관록과 민국당계의 기성 조직 때문에 정상적인 선출방법으로는 대표최고위원 자리를 차지하지 못한다는 것을 알고 있었기 때문이다. 비민국계의 이와 같은 주장에 대하여 신익희는 자신과 관계되는 일을 제대로 반박하지 못했다.[45] 조병옥도 이것을 반대할 처지에 있지 않았다. 김도연은 이러한 사정을 감안하여 결국 자신이 앞장을 서서 반대하지 않을 수 없었다. 그는 대표최고위원의 윤번제에 반대하고 대의원대회에서 최고위원을 선출하는 절차상 타당하다고 강력히 주장하였다.

결과적으로 김도연 자신은 비민국계의 미움으로 줄곧 영향이 미쳐 최고위원 진출에까지 파급되었다. 양파의 의견을 절충한 결과 대표최고위원과 최고위원을 중앙위에서 선출키로 낙착되었다. 1년이 지난 중앙위에서 최고위원을 선출하는 것이 불리하다고 깨달은 비민국

계는 결국 대의원대회에서 선출한다는 당헌수정안을 내놓았다. 민국
당계 인사들에게 압력을 가함으로써 최고위원은 대의원대회에서 선
출하기로 수정되었다.[46]

　양파의 이견으로 7개월 동안 진통을 겪은 후 1955년 9월 1일에는 정
강, 정책, 당헌안을 채택하고 9월 17일 발당선언문이 발표되었다. 이
어 9월 18일에는 민주당이란 당명 아래 발당대회를 개최했다. 김도연
은 민국당의 신익희 · 조병옥 · 윤보선 · 김준연 등과 야당인 장면 · 곽
상훈 · 한근조 등 광범위한 보수세력을 집결할 수 있었다.[47] 이때 민
국당의 조직은 백지로 돌렸으나 각 지방의 신당 조직망은 민국당의
발판이 되었다. 원내에서도 민국당 세력이 주동적 역할을 담당하게
되었다. 처음 채택된 정강은 다음과 같다.

> ① 일체의 독재주의를 배격하고 민주주의의 발전을 기한다.
> ② 공정한 자유선거에 의한 대의정치와 내각책임제의 구현을 기한다.
> ③ 자유경제체제 아래 생산을 증강하고 사회주의에 입각한 공정한 분배로서
> 　 건전한 국민경제의 발전을 기하며 특히 농민, 노동자, 근로대중의 복리향
> 　 상을 기한다.
> ④ 민족문화를 육성하여 문화교류를 촉진하고 세계문화의 진전에 공헌함을
> 　 기한다.
> ⑤ 국력의 신장과 민주 우방과의 제휴로서 국토통일과 국제정의의 확립을
> 　 기한다.[48]

등이었다. 이는 민주당이 민주주의 정당으로서 대중과 더불어 소장
(消長)을 함께 한다는 뜻을 밝혔다. 그밖에 정책은 광범위한 부문에
걸쳐 언급되었다. 이 중 특히 호헌준법정신의 구현, 언론 출판 집회의
자유 보장, 선거에 의한 관권 간섭의 배제, 정당 사회노동단체와 경제

단체의 관제화 배격 등을 내걸어 국민의 절찬(絕讚)을 받았다. 정강정책 밑에 집결된 김도연 등은 대동단결로 자유당의 횡포를 막아야 된다는 일념에 따라 행동을 개시하였다. 신당이 발족되어 원내교섭단체로 등록해 본 즉 민국당계가 15석, 비민국당계가 18석 등 모두 33석이었다. 지방조직은 민국당의 기성조직과 흥사단, 조민당, 원내자유당 등의 세력이 혼합되어 있었다.

민주당을 조직할 무렵 최초에 채택된 4개 원칙은 "① 비민주세력을 일제히 배격한다. ② 책임정치의 구현을 기한다. ③ 사회정의에 입각한 균등경제주의 실현에 힘쓴다. ④ 평화원칙에 입각한 외교정책을 추진한다." 등이었다. 나중에 제3항은 수정되어 자유경제체제를 확립한다는 원칙 밑에서 정강정책과 발당선언문이 채택되었다. 따라서 보수세력과 일정한 거리를 두었던 조봉암은 민주대동을 부르짖고 나선 서상일과 손을 잡아 "수탈 없는 경제체제를 실현한다"[49]는 원칙 밑에 진보당을 조직하여 민주당과 맞서게 되었다.

민주당은 최고위원제를 채택하여 신익희·조병옥·장면·곽상훈·박순천·백남훈(白南薰) 등을 최고위원이 추대했다. 김도연은 윤병호(尹炳浩)와 같이 고문으로 추천되었다. 자유당에서 이탈한 소장파 의원들 참여와 패기 있는 청년층과 신진들이 가담은 반독재투쟁을 활발하게 추진할 수 있는 기반이었다. 새로 발족된 민주당 안에는 처음부터 우리 민국당계와 원내 자유당계 사이에 알력(軋轢)이 조성되었다. 마침내 민국당계는 송두리째 거세하고 원내 자유당계로 조직적 기반이 변모하는 상황이었다. 이를 흔히 민주당 신·구파의 대립이라고 하였지만 얼마 후에는 구파 인사들은 당권에서 점차 배제되는 분위기였다.[50] 이는 5·15정·부통령선거를 앞두고 장면을 둘러싼 신파 인사들의 세력 팽창을 기도한 출발점이었다. 신당 발기와 동시에 파벌작용이 생기고 보니 당의 장래를 우려하지 않을 수 없게 되었다.

2. 국회의원으로 자유민주주의를 향해 질주하다

1) 5·15정부통령선거를 비판하다

국민의 빈축을 받아가면서 사사오입 개헌파동과 국회의원들을 포섭하며 지방조직을 강화한 자유당의 궁극적인 목적은 1956년의 정·부통령선거전에 대비하려는 의도에서 비롯되었다. 김도연을 비롯한 민주당 지도부의 재야세력을 결집한 신당 조직과 원내에서 호헌투쟁도 결국은 이 선거전에 대비하려는 의도였다. 이른바 사사오입 개헌파동은 신당운동을 추진하는 직접적인 배경이었다. 민주당의 강력한 보수야당으로 발족하자, 정계의 초점은 1956년의 정부통령선거전에 집중되었다.[51] 민주당은 앞으로 반년 남짓 후에 실시될 제3대 대통령과 제4대 부통령선거전에 대비하여 급속도로 지방조직을 정비 강화하였다. 대표최고위원인 신익희를 비롯하여 조병옥, 장면, 곽상훈 등은 유세에 나섰다. 지도부는 지방민들이 권력에 억압됨이 없이 정당한 주권을 행사하도록 계몽에 힘쓰는 한편 말단조직을 서두르게 되었다.[52] 김도연은 주로 강원도와 경기도 지방조직 확대와 계몽선전에 주력했다. 주민들과 접촉을 통하여 지방민의 인심은 민주당에 우호적임을 피부로 느꼈다.

민주당 지도부의 지방조직 강화를 위한 노력과 달리 당내에는 발당 직후부터 이른바 신구파의 알륵이 조성되었다. 당시 중앙당부의 조직부장은 원내 자유당계의 현석호였다. 조직부차장은 신파에 우호적인 이철승이었다.[53] 이들은 당내 조직책임을 맡아 신파 일색으로 충원하는 등 민국당계 지방인사들의 불평이 고조되었다. 대표적인 예는 전북도당부의 발당대회 당시 민국당계의 정진호와 신파 이철승 사이에 분규가 일어나 격투까지 벌어지는 소동이 있었다. 급기야 대회장은 아수라장이 되는 크고 작은 불상사가 계속되었다.

신당발당 직후에 일어난 사태가 이렇게 자파 세력의 부식에 혈안이 되어 자칫 잘못하다가는 당을 해칠 우려가 있었다. 김도연은 간부들과 의론한 결과 중앙상위 60여 명의 연서로 이철승의 해당행위를 지적했다. 그리고 당의 발전을 위해 당분간 제2선에 물러앉도록 조치하라고 최고회의에 건의하였다. 최고회의에서는 앞으로 정부통령선거가 실시되는 마당에 부서를 개편하게 되면 많은 잡음이 있다는 이유로 받아들이지 않았다. 이러한 파벌작용에도 민주당의 지방조직은 점차 확대되어 나갔다. 민심은 이승만의 장기집권에 염증을 느끼는 동시에 자유당의 독재에 반대하는 분위기였다.

1956년 3월 5일 여당인 자유당은 제7차 전당대회에서 대통령후보에 이승만, 부통령후보에 이기붕을 지명하였다. 뒤이어 민주당도 3월 28일 제2차 전당대회를 열어 대통령후보로 신익희, 부통령후보로 장면을 지명하는 등 임전태세를 갖추었다. 양당의 지명대회를 전후하여 제3대 부통령선거전은 5월 15일에 실시하기로 선거일이 공고되는 등 정계의 분위기는 선거 일색으로 무르익었다. 자유당의 지명전은 배은희와 이갑성의 세력을 제거한 이기붕은 공공연하게 이승만의 후계자로 등장했다.[54] 그런 만큼 하등 잡음 없이 일사천리로 진행되었다.

민주당의 경우에는 그렇지가 못했다. 신파의 장면은 처음 대통령후보로 나설 생각이었다. 그는 당내에서 이와 같은 방향으로 모든 준비를 추진했다. 그런데 지방유세를 통해 자신은 신익희와 경쟁에서 승산이 없었다. 결국 장면은 지명대회를 얼마 앞두고 부통령으로 출마할 의향을 밝혔다. 장면의 갑작스레 부통령출마 선언으로 조병옥은 입장이 난처해졌다. 당시 조병옥은 신익희나 장면 측에서 어느 한 사람이 대통령으로 출마하면 자기는 부통령으로 출마할 의향을 가지고 있었다. 대통령후보를 바라던 장면은 부통령출마를 자원하고 나섰기 때문이다. 당내 일부에서는 조병옥이 양보해서는 안 된다는 여론이 비등하였다. 일부는 당이 분열되는 까닭에 장면의 양보를 권유하기도 했다. 김도연은 조병옥을 직접 만나 담판하지 않을 수 없었다. "정치적 관록으로 보거나 투쟁경력을 볼 것 같으면 의당 부통령후보로 출마해야겠지마는 우리 당의 정강이 내각책임제를 표방하고 있는 만큼 집권한 후에 총리의 자리를 맡는 것이 옳지 않느냐"고 설득했다.[55] 조병옥은 그의 간청을 받아들였다. 물론 조병옥의 부통령후보를 양보는 전적으로 김도연과 담판으로 결정되지 않았다. 주위의 권유와 당시 당내 상황 등을 고려한 결단이었다. 즉 "부통령후보를 백지로 양보할 이유가 조금도 없지만 모든 것은 당을 위하여 결정한 것이니 이 다음에는 나에게 양보하라"는 뜻을 밝히고 깨끗이 양보했다.

지명전을 앞둔 분위기 변화로 김준연은 장면에 대한 적극적인 반대파의 성원을 얻어 지명대회 때 부통령후보로 경쟁하게 되었다. 전당대회의 결과는 신익희는 경쟁자 없이 대통령후보로 지명되었다. 장면도 구파 인사들의 지지로 김준연을 물리치고 부통령후보로 지명을 받게 되었다. 지명전에서 패한 김준연은 솔직하게 패배를 인정하고 당에서 지명된 정부통령후보의 당선을 위하여 분투하겠다는 뜻을 밝혔다.56) 이는 개인보다 당을 아끼고 자신의 영달보다는 당의 발전을 희망하였던 구파 인사들의 충정에서 비롯되었다.

이런 일이 있은 후 자유당 총재인 이승만은 "제3차 대통령선거에는 좀 더 연부력강(年富力强)한 사람이 나와서 숙원인 국토통일을 기해 주기 바란다"는 내용의 담화를 발표했다. 이승만의 불출마성명이 발표되자 야당계 인사들은 "이것을 두고 쓰는 문자"라는 생각으로 별다른 관심도 표명하지 않았다. 전례에 따라 관제민의가 발동하여 야단법석을 친 일도 있었다. 자유당에서 동원한 이른바 관제 민의대는 경무대에 결집하여 번의(翻意)를 바란다고 아우성을 쳤다.57) 평소에는 서울시가지의 통행이 금지된 우마차까지 총동원되어 경무대 앞에서 민의운동(民意運動)을 일으켰다. 시민들은 이를 우의(牛意)나 마의(馬意)라고 하는 등 냉담한 반응을 보였다.

자유당과 민주당 양당의 지명대회가 있은 후 장택상·이범석·배은희 등은 합작하여 공화당을 조직했다. 이들은 정부통령선거전에 대비하려 했으나 정부통령후보를 모두 내세우자는 장택상, 부통령후보만을 내세우자는 이범석, 정·부통령후보를 다 같이 포기하자고 주장한 배은희와 각각 달랐다. 결국 이범석은 족청계를 중심으로 공화당 조직을 갖게 되었다. 공화당은 대통령으로 이승만을 지지한다는 뜻을 밝히고 부통령후보로 이범석을 지명하였다. 또한 조봉암을 중심으로 조직된 진보당추진위는 서상일이 부통령출마를 원치 않아 박기출이 대신 출마하고, 대통령후보로는 조봉암 자신이 입후보를 선언하였다.58) 그밖에 윤치영(尹致暎)·이윤영(李允榮)·백성욱(白性郁)·이종태(李鍾泰) 등도 부통령후보로 출마하였다. 결국 여야 양대 보수당의 정·부통령후보와 어부지리를 노리는 진보당의 정·부통령후보가 출마하여 형식상 3파전을 이루게 되었다.

5·15정부통령선거전은 민주당의 지방조직도 꽤 강화되었으나 조직보다 선전면에 주력하여 "못살겠다, 갈아보자"라는 구호를 내걸고 여당인 자유당과 대결하였다. 선거전에 대비하여 정·부통령후보자는 물론 민주당의 지도급 인사들은 각 지방에 파견되어 선거전에 주력했다. 한편 민심을 돌려 부패 권력과 투쟁하여 평화적인 정권교체를 해야 된다고 선거민을 계몽했다.

당시 선거민은 5·26정치파동과 사사오입 개헌파동 등 자유당 독재정권의 실상을 직접 눈으로 보았다. 8년간의 치적은 국민의 생활향상보다 특수층의 권력구조와 일부층의 치부를 초래하는 등 정권을 교체해야 한다는 여론이 조성되었다. 김도연은 당의 안정을 위하여 대부분 가기를 원하지 않는 강원도지방을 맡았다. 지방유세를 다닌 곳은 강원도 춘천·원주·강릉·울진은 물론 묵호·삼척·인제·고성·양양·속초 등의 산간벽지까지 유세를 다녔다. 연설 내용은 주로 자유당정권의 8년간에 걸친 치적에 비판이었다. 경제정책 면에 일관성이 없는 데다가 무질서한 금융정책으로 인해 일부만이 부익부하는 현실을 비판했다.[59] 반면 대다수 국민들은 끼니에도 허덕이고 있으므로 썩은 정치를 바로잡기 위하여 민주당을 지지하라고 호소하였다. 이러한 호소에 모여든 군중들은 박수갈채로 적극적 성원을 아끼지 않았다. 서울사람들 중에는 강원도 사람들의 인심이 후덕한 것을 풍자하여 "강원도 감자바위"라고 하는 언급하는 당시였다. 그런데 자신이 직접 대면한 강원도 사람들은 모두 굳은 의지로서 부패 권력과 투쟁하겠다는 결심이 역력한 모습이었다.

관권의 지나친 개입으로 여러 번 위험을 당했다.[60] 상산은 지방유세에서 많은 고난을 겪었으며 때로는 테러를 당할 각오와 폭한들에게 납치당할 각오도 했다. 춘천, 강릉 등의 도심 지대에서는 인산인해를 이룬 가운데 선거유세를 치를 수가 있었다. 삼척에서는 어떻게 관권의 작용이 심했던지 강연장 입구에 사복형사들이 버티고 서서 청중들을 모조리 쫓아 보냈다. 심지어 예약한 극장이나 학교와 같은 장소도 뒤늦게 쫓아온 자유당이 앞질러 강연하는 등 방해하는 수법이 교활하고 끈질겨 울화통이 터져 나올 때도 있었다. 김도연은 이에 전혀 굴하지 않고 선거유세와 강연을 계속하였다.

묵호지방에서 강연을 할 때는 강연장소를 얻지 못했다. 동행한 몇몇 젊은 동지들은 기진맥진한 중에 마침 민주당 사람이 극장 소유주라 극장을 빌려 강연하였다. 강연을 방해하기 위한 자유당의 강연이 있었으나 몇 사람밖에 모이지 않았다. 상산이 동지들과 강연을 시작하자 극장 안팎이 꽉 차게 되어 의기충천하여 자유당정권의 폭정을 비판했다. 청중들은 열광적인 환호성을 울리며 호응하였다. 그럴 때마다 극장 밖에서는 폭한들이 돌멩이 세례를 퍼부어 유리창을 뚫고 마구 날아 들어왔다. 김도연은 전혀 당황함이 없이 강연을 끝마쳤다. 주민들은 상산의 강연을 듣고 속이 후련하다며 격려를 아끼지 않았다.[61] 특히 농어촌지역은 당시 노골적인 대정부 공격하는 강연은 거의 없었다. 10여 일 강원도지방의 선거유세는 몸은 고단했으나 민심의 동향을 직접 경험하는 소중한 기회였다.

김도연은 신당을 조직할 무렵부터 당에 대해 조그마한 사심도 없었다. 독재화한 부패 정권을 물리치고 민주당 집권은 우선적인 과제였다. 민주주의를 바로 잡고 국민생활 안정은 정치인으로서 상산의 이상향이었다. 그런 만큼 어떻게 해서라도 정·부통령선거에 이겨놓고 보자는 생각뿐이었다. 자신의 일신을 돌봄이 없이 오직 당명(黨命)은 행동원칙이나 마찬가지였다. 10여 일을 두고 하루에도 몇 번이나 유세를 하고 위협과 박해를 무릅쓰고 하루 수백 리 길을 돌아다녔음에도 피곤할 줄을 몰랐다.[62]

한편 원내 호헌동지회에서는 야당협상을 제기하여 물의를 일으킨 일이 있었다. 권중돈(權仲敦)·김홍식·송방용 의원 등이 중심이 되어 갑자기 제기한 야당협상론은 즉각적인 반응을 일으켜 진보당 측에서 협상 용의가 있음을 시사하였다.[63] 그들은 협상조건으로 ① 수탈 없는 경제체제, ② 평화적 방법에 의한 남북통일, ③ 책임정치의 구현 등을 내걸었다. 이 원칙의 범위에서는 민주당과 협상할 용의가 있다고 그들의 태도를 밝혔다.

진보당의 대통령후보인 조봉암은 야당 정부통령후보의 단일화를 실현하기 위하여 민주당 측에서 자신들 조건에 응한다면 협상을 하겠다는 의미였다. 민주당은 협상제기에 응하지 않는다면 마치 국민들에게 야당연합을 기피하는 것 같은 인상을 줄 수 있었다. 김도연과 지도부는 내각책임제와 경찰의 중립화, 유엔 감시하의 남북총선거, 경제조항의 재검토 등을 협상조건으로 내걸고 우선 협상제기에 응해 보기로 결정하였다. 협상회담은 신익희와 조봉암이 직접 담판에 임했기 때문에 구체적인 내용은 잘 알 수가 없다. 다만 조봉암은 야당연합이 형성되어 선거전에 이겼을 경우 연립정부 구성에 군정 요직을 지낸 사람 제외를 보장하라 요구였다. 조병옥은 "내가 평당원이 되고 연립정부 요직에 들어가지 않을 것을 약속할테니 야당연합을 성취시키기 바란다"고 스스로가 진보당 제안을 수락하기까지 했으나 하등의 성과를 보지 못했다.

이는 고립화된 진보당이 야당 협상의 제기로 '인기전술'을 써서 민주당과 협상을 추진하는 중에 시간을 벌고 또 여론을 환기시켜 국민의 이목이 집중토록 하려는 술책이나 마찬가지였다. 협상추진은 수포로 돌아가 진보당에 크게 유리한 방향으로 전개되었다.[64] 김도연의 예상은 빗나가지 않았다. 나중에 신익희가 서거하자 박기출 부통령후보를 기권시키는 등으로 그들은 표면상 야당연합전선의 형성을 강조했다. 그런데 선거전 종반에는 보수당인 자유·민주 양당과 혁신을 부르짖고 나선 진보당 간에 치열한 3파전이 전개되었다.

김도연의 경기도지방으로 유세차 떠나던 때는 4월 하순이었다. 바야흐로 선거전은 절정에 이르러 5월에 접어들자 가는 곳마다 민주당 '붐'을 일으켜 대세는 민주당 측으로 기울어진 느낌이었다. 이승만정부 부패와 독재 8년간에 걸친 모순을 규탄하고 "못살겠다, 갈아보자"는 구호 아래 대대적인 선전공세로 임했다.[65] 선거운동은 온전히 공세의 입장에 서게 되고 수세에 놓여 있던 자유당을 불안과 초조 속으로 몰아넣었다. 전국 주요도시는 물론 농촌 깊숙이 들어가서도 선풍적인 인기를 차지한 민주당은 필승의 태세를 취하였다. 공무원들과 유권자들도 민주당을 지지하는 경향이 나타났다. 경기도지방의 선거유세를 맡아 각지를 돌아다니던 김도연은 선거분위기가 매일 같이 달라져 가는 곳마다 지방민들의 열렬한 환영을 받았다. 경기도지방의 선거강연 때문에 5월 3일 한강 백사장에서 역사적인 선거유세는 직접 참여하는 기회를 놓치고 말았다.[66]

지방유세에서 돌아와 보니 한강 백사장에서 선거유세는 때마침 토요일이라 30만 명의 군중들이 모여 신익희 연설에 열광적인 환호로 민주당 지지의사를 표시했다. 각지 사정과 아울러 참작해볼 때 압도적으로 자유당을 누를 것이 예상되었다. 국민들 스스로가 민주주의를 수호하는데 각성하였으며 독재정권을 갈아치울 수 있다고 생각되었다.[67] 선거를 통한 평화적인 정권의 교체는 향후 민주정치의 발전을 기약할 수 있었기 때문이다.

지방유세에서 돌아온 김도연은 신익희와 만나 한강 백사장에서 역사적인 선거강연의 여파라던가, 지방민심의 추이라던가, 경찰의 동향 등에 대해 의견을 나누었다.상산은 건강을 고려하여 더 이상 선거유세에 나서지 않기를 권유하였다. 신익희는 한강백사장에서 마지막으로 선거가 끝날 때까지 한적한 곳에서 휴양하겠다는 말도 있었다. 하지만 각 지방에서 선거강연을 요망하는 전문이 답지하는 분위기였다. 신익희는 당원들과 선거인들을 격려하려는 뜻으로 5월 5일 상오 전북 이리에서 열리기로 한 선거강연회에 참석하기 위하여 4일 밤 기차로 떠났다.

5월 5일 새벽 호남선 열차 내에서 이리역을 얼마 앞두고 신익희는 서거했다. 돌연한 부음을 들은 국민들은 대경실색했으며 김도연과 당원들도 크게 당황하였다. 온 겨레의 슬픔은 이루 말할 수 없었으며 비통하게 여긴 국민들은 울분을 어떻게 폭발시켜야 옳을는지 갈피를 잡지 못했다. 민주제단에 피를 뿌린 고인의 운구는 5일 하오 서울역에 도착하자 수십만 군중들이 이를 뒷따랐다. 고인의 운구를 효자동 자택으로 안치하려 했을 때 울분에 사무친 군중들은 경무대 입구로 집결하였다. 비통과 흥분이 극한 군중들은 순수한 시위에 비상계엄을 방불케 하는 무장경찰과 헌병이 동원되었다. 신익희 서거로 국민적 슬픔은 가시지 않았다.[68] 효자동 상가에는 선거가 끝날 때까지 조문

객이 답지했다. 특히 김도연의 슬픔도 남달리 컸다. 두 사람의 특별한 인연은 동경유학 시절부터 시작되었다. 해방 이후에는 입법의원, 제헌의원 시절을 거쳐 민국당을 조직할 때까지 각별한 사이였다. 상산은 한 분의 지도자가 유명을 달리했으니 단장의 비애를 금할 수 없었다.

대통령후보의 갑작스러운 서거로 당내에서는 고인의 추모투표를 하자는 측과 진보당과 손을 잡자는 양론이 있었다. 조봉암에게 투표할 바에야 이승만을 지지하겠다는 의견 등 분분했다. 김도연과 김준연은 추모투표를 하는 대신 부통령 당선에 남은 역량 결집을 주장하였다. 그렇다고 마냥 슬픔에 잠겨만 있을 수 없었다.

김도연은 다시 경기도지방의 선거유세에 나섰다. 대통령후보인 신익희가 민주제단에 피를 뿌린 채 떠났으니 이제 부통령후보에 표를 모아 대통령임기 계승권을 받아들여 정권을 이어받고자 호소하였다. 천도가 무심치 않아 선거가 끝나고 보니 대구시에서 1시 개표 중단소동까지 있었으나 부통령후보였던 장면은 제4대 부통령으로 당선되었다. 개표 결과는 이승만은 5,046,437표, 조봉암은 2,163,808표, 무효 또는 기권은 1,856,818표로 신익희의 추모투표는 180만여 표나 되었다.[69]

이렇게 신익희 서거로 국민의 동정이 집중되어 부통령선거에서도 영향이 절대적으로 미쳐 4,012,654표로 장면은 당선된 반면 3,805,502표로 이기붕이 낙선되었다. 부통령으로 당선된 장면은 민주당 동지들이 파벌과 자아를 초월하여 활동한 결과였다.[70] 나아가 신익희의 민주주의의 제일선에서 싸우다가 희생된 고귀한 대가나 다름없었다. 김도연은 선거가 끝난 후 신파 일색으로 편중되어 가는 당을 정비 강화해야 되겠다는 뜻으로 6월 말경에 중앙위의 소집을 요구하였다. 그는 60여 명의 동의를 얻어 각 지방당부가 신파 일색으로 개편되어 구파를 제거하고 있다는 점, 중앙당부의 부서 선임에도 신파에 편중하고 있다는 점, 전북도당부와 같이 각급 당부에 분규가 있다는 점을 들어 최고위원들에 대한 불신임결의에 동의했다.[71]

김준연을 비롯한 민국당계 인사들의 협조를 얻어 강경한 입장을 밝힐 수 있었다. 각 지방에서 올라온 중앙위원들은 이에 동조하여 최고위원들의 불신임안이 가결되었다. 이날 중앙위회의에서 최고위원선거로 대표최고위원에는 조병옥, 최고위원에는 신파의 장면 · 곽상훈과 구파의 김준연 · 김도연이 최고위원으로 선출되었다.[72] 신파 최고위원들은 당무에 열성이 없었을 뿐만 아니라 김도연 자신도 근 1개월 동안 신병으로 신음했기 때문에 당을 정비 강화하려던 뜻을 이루지 못했다. 만약 신구파의 비율을 정비해가며 상산의 뜻대로 당의 조직이 정비 강화되었다면 제4대 대통령 지명전을 둘러싼 분규는 일어나지 않았다.

2) 3대 국회에서 대여투쟁을 강화하다

5 · 15정부통령선거전이 사실상 민주당의 승리로 종막을 고하자 지방에서는 선거보복행위가 자행되었다. 자유당과 경찰은 8월 8일과 8월 13일 등 2회에 걸쳐 실시된 서울특별시와 도의원 및 기타 지방의원 선거에 전면적인 탄압을 가했다. 경찰 출신의 이익흥이 내무부장관, 군인 출신인 김종원이 치안국장으로 등용되면서부터 시작되었다.[73] 지방에는 선거 결과에 대한 보복행위가 자행되더니 지방선거에서 야당계 인사들의 진출을 막기 위하여 등록방해사건이 공공연하게 이루어졌다. 야당계 의원들은 대정부질의를 통하여 이의 시정을 촉구한

바 있었다. 그러나 등록방해사건은 확대됨으로 7월 27일 모든 야당의
원들은 비장한 결심으로 시위행진을 결정하였다.

이른바 7·27의원데모사건은 야당계 국회의원들이 원내에서 투쟁
을 포기하고 시가지행진을 감행했다. 서울시민들이 응시하는 가운데
가두행진은 자유당의 횡포가 얼마나 심했던가는 불문가지의 일이다.
이날 '데모'에는 야당의원 전원이 참가했으나 처음부터 정체불명의
괴한들과 괴한을 가장한 사복형사들의 저지를 당했다. 의원들 시가
행진에 앞길을 제지하고 '테러' 행위로 여러 번이나 위험한 고비를 맞
이하였다. 국회의사당 앞을 출발하여 서울시청을 돌아 을지로를 향
하는 도중 내무장관과 치안국장이 직접 지휘하는 기마경찰대에 의하
여 반도호텔 앞에서 제지당했다.74) 김도연에게 정복을 입은 경찰관
들이 달려들어 행패를 부렸다.

5·15정부통령선거가 끝난 이후부터 자유당의 횡포는 날이 갈수록
가중되었다. 저들의 횡포는 마침내 일당정치의 전제적 수법으로 경
화되어 아무리 국회 안에서 떠들고 시비를 촉구하더라도 마이동풍으
로 군림했다. 이는 다가오는 민의원선거와 차기 정부통령선거에 배
수진을 치기 위한 횡포로 바로 테러 행위였다. 장면 부통령에 대한 저
격사건, 장충단집회방해사건, 진주시장선거 부정투표사건 등은 정치
강패와 경찰 등을 동원한 대표적인 사례이다.75)

자유당정부는 국회 동의조차 없이 관영요금을 인상과 인하, 긴급재
정처분에 대한 국회의 동의 유린, 의원의 징계에 대한 소수당의 정당
한 의견 묵살 등 일당정치를 자행했다. 집권당은 마음만 결심하면 안
되는 일이 전혀 없었다. 이리하여 제3대 국회는 자유당이 지배하는 어
용국회로서 완전히 이승만정권의 수족이 되어 움직이게 되었다. 대

의정치제도의 의의를 상실함으로 피 흘려 쌓아 올린 민주주의제도를 뿌리에서부터 흔들어 놓고 말았다.

임기 4년 동안 거의 전부를 소수당인 야당의원들은 3대 1의 비율로 자유당의원들과 힘겨운 씨름을 계속했다. 그럼에도 올바른 판정이 내리지 못하여 기진맥진한 중에 임기를 마쳤다. 김도연은 이러한 사태를 조금이라도 시정하고자 제3대 국회의 임기 동안 가능한 모든 정력을 원내투쟁에 소모했다. 노이무공(勞而無功)하여 하등의 성과를 거두지 못했으니 나라 장래가 걱정되었다. 4년간의 야인생활을 거쳐 제3대 국회에 들어선 김도연은 먼저 자유당의 다수횡포를 막아야겠다는 파사현정(破邪顯正)의 정신으로 대결하기로 결심했다. 개원 초기 의제는 국무원 신임에 관한 결의안이었다. 이승만정부는 5·20총선거에 따르는 행정부의 개편을 위하여 백두진(白斗鎭) 국무총리의 사표를 수리하고 후임으로 변영만(卞榮晩)을 국무총리로 지명하였다.[76) 국회의 인준을 획득하여 변총리를 중심으로 국무원을 개편했다.

당시 헌법은 발췌개헌에 의하여 국무원에 대한 국회의 위임투표권이 있었다. 야당계 의원들은 헌법에 따라 개편된 국무원의 신임투표를 실시하여 가부간에 귀결을 지어 법적 절차를 명백이 해두기로 작정하였다. 국무원 신임에 관한 결의안은 민주당 김준연 명의로 제안되었다. 민주당 의원들은 물론 무소속과 일부 자유당 의원들도 찬성 날인·제출했다. 그러함에도 행동의 균열을 우려한 자유당은 결의안 표결에 지연하다가 야당의 강력한 주장과 집요한 투쟁에 7월 2일 국회에서 무기명투표로 표결하였다. 투표 결과는 의외에도 가 98표, 부 74표로 불신임 결과가 나타났다. 이는 전면적인 개편을 단행하지 않고 일부의 경질만으로 호도하려는 행정부의 독선적 경향에 대한 야당

의원들 반발과 입각을 바라는 자유당 의원들 중 야당에 동조한 사람들이 있었기 때문이다.[77] 며칠이 지난 후 상공부장관만 경질하고 동일한 인물로 된 국무원이 국회의 신임을 얻게 되어 개원 초기부터 행정부는 헌법을 무시하는 과오를 범하게 되었다. 김도연은 자유당에서 표결을 지연시키고 있음을 한탄한 나머지 6월 22일의 국회에서 신임투표를 촉구하였다.

> 우리가 국무원에 대해 신임 불신임 결정은 국무위원 각 개인을 생각하는 것이 아니고 국정을 빨리 안정하는데 목적이 있다. 우리 국회는 5·20선거가 끝난 후 2주일 이상이 지난 오늘날 반드시 국무원의 신임투표가 있어야 한다. 이와 같이 미루어온 것은 기현상이 아닐 수 없으며 있을 수 없는 일이다. 하루바삐 모든 정책이 쇄신되기를 일반 국민은 기대하고 있지 않습니까? 속히 신임 여부를 결정하자는 근본 목적이 여기에 있는 것입니다. 현하 우리나라 실정을 보면 우리 인구의 75%가 농민인데 도시와 농촌의 농산물가격이 일정치 못해서 농민이 궁지에 빠져 있는 것을 아는지 모르는지 하루바삐 국무원의 정비가 이루어져야 한다. 백재무장관의 재임 중 수지균형정책은 말에 불과했고 실지에서는 작년 예산만 하더라도 226억의 적자가 나타났다.… 국내 산업은 여지없이 파탄되고 말았다. 지적한 것은 숨김없는 우리의 현실이거니와 이 모든 책임은 현 국무원에게 있음은 두 말할 것도 없다. 그러므로 나는 하루바삐 국무위원을 신임한다든지 불신임한다든지 하는 것을 결의하자는 것으로 하루 속히 행정부가 안정되어 모든 국책을 수립하여 경제위기를 극복하고 앞으로 모든 시책을 견고히 세워 농촌경제라든지 재정금융문제 산업재건문제 등 하루 속히 국책을 수립하자.[78]

김도연의 발언이 국무위원의 신임 여부에 어떻게 작용했는지는 몰라도 지지부진 끌어오던 표결을 촉진한 것은 물론이다.

국회에서 말썽이 일어난 문제는 선거비 확보를 위하여 의원들에게 융자를 해준 사건이다. 이는 개헌선을 확보하기 위한 포섭책으로 자유당 의원들과 일부 무소속 의원들에게 세비를 담보로 해서 50만 원씩의 융자를 알선해 주었다. 처음부터 사건을 감쪽 같이 모르고 있었던 야당계 의원들은 신문에 보도되어 국회 전체의 명예를 오손(汚損)하게 되었으므로 진위를 따지기로 하였다.[79] 9월 10일 김도연은 이 문제를 들고나와 의장단에게 책임을 추궁했다. 특히 그는 "우리가 국정감사니 뭐니 하면서 행정부의 잘못을 밝혀 우리 스스로가 남한테 시비를 받는 일을 할 필요가 어디 있느냐"고 의장단에게 항의하였다. 또한 12월 28일 국회에서 국무총리와 재무부장관을 출석하게 해서 한미회담과 경제원조에 대한 문제를 질문하기를 "우리 헌법 제42조에 상호원조에 관한 조약이 있을 때는 국회의 동의를 얻어야 된다고 명시되어 있음에도 불구하고 작년 12월 14일에 '백 – 우드'조약이 조인되었다. 금년 11월 17일에는 한미 쌍방의 협정이 조인되었는데 국회의 동의를 얻지 않는 이유가 어디 있느냐"고 추궁함으로써 국회의 동의권을 무시한 행정부의 무성의를 경고하였다. 행정부는 관영요금을 인상함에 국회의 동의 없이 단행한 때도 있었다. 또한 인상된 관영요금을 마음대로 인하시키는 등으로 국회의 동의권을 묵살하는 행위에 이르러 그 횡포는 시정할 길조차 없었다.

　1955년 정월에 접어들자 자유당은 사사오입개헌에 수반되는 정부기구 개편을 위한 정부조직법개정안을 뜻대로 통과강행을 시도하였다.[80] 1월 21일의 국회 본회의에서 김도연은 개정법안에 대하여 "자유당에서 계획하고 있는 행정기구는 대통령이나 대통령비서실에서 추천하는 사람들을 기용하려는 기구에 불과하다"고 공격했다. 민주당은 이에 대하여 인사행정의 공정을 위해 인사원제도를 두게 하는 새로운 개정안을 제출하였다. 김도연은 발언을 통해 다음과 같은 견해를 밝혔다.

이와 같은 발언에 자유당 의원들 일부는 개인적으로 공명하는 사람들이 적지 않았다. 정실인사를 꾀하고 있던 그들의 생각이 김도연 발언으로 바뀔 수는 없었다.

김도연은 문화재정책에 비판을 가하였다. 이승만정부는 우리 문화재를 해외에 전시하겠다는 의견을 내걸었으나 야당계 반대 공세에 봉착했다. 상산은 우리 문화재 가운데 경주박물관에 소장되어 있던 139점이 '샌프란시스코' 소재 '아메리카은행'에 보관되어 있다. 보관료만 80불이나 100불로 말하는데 문화재전시가 필요하다면 왜 그때까지 전시하지 않았는가. 4월 4일에는 샌프란시스코에 있는 문화재부터 먼저 전시하라고 요구하였다. 또한 영국의 박물관에는 이순신 장군의 거북선 '모델'이 진열되어 있다. 독일의 박물관에는 우리나라에서 제일 처음 발명된 주자(鑄字)가 진열되어 있는데 오히려 국내의 박물관에는 수집된 문화재가 빈약하다. 우선 국내의 박물관을 충실히 하는 데 전력을 다하라고 문교부장관에게 그 뜻을 전했다.

미국의 예를 들어 날카로운 비판도 마다하지 않았다. 미국 여러 박물관에 진열된 우리나라 문화재는 일본이나 중국에 비해 너무나 빈약해서 옛날 상주가 입던 옷 '패랭이' '지게' '키' '절구' 같은 것이 그대로 있다. 이것을 개량해서 혼례 때 신랑이나 신부가 입는 의상이라든지 공예품·수예품 같은 것을 전시하는 것을 시급히 추진하라고 역설하여 문화재의 해외전시안을 철회하라고 주장했다. 이후 문화재전시는 보류되었다. 상산이 문화재전시를 강력히 반대한 것은 이것을 핑계로 하여 국보적 문화재가 도실(盜失) 당할 우려가 있었기 때문이다. 더욱이 우리나라의 문물을 선전함에도 순서가 있어야 된다는 생각이었다.[82]

서울시의원선거와 지방선거를 앞두고 자유당과 정부에서 지방자치법개정안을 내놓고 자기들의 뜻대로 뜯어 고치려함으로 김형근 내무부장관에게 질문했다. "이번 서울시에서는 시조례에 의하여 동장선거를 실시하였는데, 한강 이북의 지방선거가 실시되기도 전에 동장선거를 서두르게 된 이유를 명백히 하라"고 추궁하였다. 서울시의원선거에 대비하여 자유당이 여러 가지 선거대책에 부심한 나머지 자치법을 고치려는데 일격을 가했다.

경제정책을 비롯한 예산심의를 통하여 본회의 석상에서 자유당의 횡포에 맞선 투쟁에 최선을 다하여 임기 4년 동안 그야말로 고전을 되풀이했다. 물론 소수당의 발언과 투쟁이 독재정치를 꾀하고 있던 그들에게는 별다른 영향이 없었을 것으로 생각된다. 그래도 우리들의 감시와 투쟁은 부분적이나마 그들의 횡포를 막을 수 있었다.[83] 4년 동안 본회의를 통한 원내투쟁보다 김도연은 소속하고 있던 재정경제위원회와 예산결산위원회에서 주로 재정금융정책 면에 대한 시정을 촉구하였다. 특기할 부분은 제4회 산업부흥국채 발행에 대하여 용도를 추궁하는 동시에 이것이 본래의 목적대로 산업건설자금으로 소요되도록 노력했다. 이는 정치자금으로 유용됨을 방지하려는 의도였다.

관영요금의 인상에 반대하는 한편 국영 또는 관영기업체 운영의 합리화를 주장하였다. 90억 국채 발행을 50억으로 삭감에 노력하는 한편 '달러'로 매상하려던 정부의 산금매상정책을 반대하여 생산원가를 계산하여 환화로 매상할 것을 강력히 요구했었다. 경제와 일반국민 생활에 혼란을 야기시킨 9·5긴급통화조치에 대하여 정부의 조령모개식 시책을 철저히 규탄하고 500대 1의 환율 유지에 정부가 의도한 물가안정책과 항구적 대책을 추구하는데 힘을 썼다.

그는 비록 야당의원이었으나 재무부의 재정분과위원, 조세분과위원, 재정분과위원으로서 재무부의 기본정책 입안에 참여하였다. 국민생활에 영향을 미치는 일이라든가 국가의 기본이 되는 재정정책 등은 뒷받침해 주었다. 재정금융정책에 대하여 시비를 가려오다가 그것이 최절정에 이른 것은 1958년도의 예산안종합심사에서 치열한 예산투쟁 전개였다. 예산투쟁은 1958년의 5·2총선거에 대비하기 위하여 야당의원들이 국회의원선거법개정안을 제출해 놓고 참관인의 권한확대, 관의 선거간섭 배제라, 개표의 공정성, 환표(換票) 방지 등을 목적으로 한 입법조치에 나섰다.[84]

예산결산안 종합심사에 임하고 있을 때 회계연도의 말일인 12월 31일 앞두고 자유당 의원들은 예산통과를 서두르고 있었다. 김도연은 야당의원들과 주야 1주일간 예결위에서 발언을 계속했다. 그는 12월 말일의 야간 국회에서 몇 시간 동안 발언을 계속한 일이 있었다. 자유당 예결위원장인 김종신은 예결위 야간 국회에서 졸도하여 '세브란스' 병원에 입원하는 소동이 발생하였다.[85] 인도상 견지에서 예산투쟁을 중지하자고 선언했더니 자유당에서 협상을 제기해왔다. 결과 12월 31일의 야간 국회에서 총예산안이 통과되고 1958년 1월 1일 국회에서 협상선거법안이 통과될 수 있었다. 김도연은 야간 국회에서 예산안에 대한 질의를 계속하여 몇 시간 동안 정부의 재정정책을 공격했다.

> 정부는 법정기일 내에 예산안을 제출했다는 이유로 예결위에서 종합심사가 늦어서 가예산안의 제출을 요청했음에도 도저히 가예산안을 제출할 수 없다고 완강한 태도로 나왔다. 그렇다면 과거에 정부는 국회에서 통과시켜준 예산을 제대로 집행한 일이 있느냐고 묻고자 하는 바이다. 나는 예산이 연내에 통과되던 안되던 간에 종래와 같이 자기의 편리한 대로 예산을 집행할 것 같으면 예산은 있으나 없으나 마찬가지라고 생각한다. 그런데도 반드시 연내까지 예산을 통과시켜 달라고 하는 주장은 그런 의미에서 모순이 있지 않나 생각된다. 한 가지 실례를 들면 90년도 예산에서 세입은 2,089억이고 세출은 2,180억 순적자가 98억이었다. 이 89억이라고 하는 적자가 있는 관계로 해서 정부는 소위 실행예산이라고 하는 것을 만들어서 이 적자 98억을 일반행정비 5% 절감으로 이것을 보전하겠다고 하는 그러한 방침을 세웠다. 그 외에도 재정안정계획에 따라 대충(對充)자금을 동결했으며 91년도예산을 자기네들의 마음대로 국회의 아무런 동의도 받지 아니하고 실행예산을 만들어서 집행한 일이 있다. 예산책자에서 보면 11월 말 현재 세입이 2,089억 중에서 75%인 1,575억이 세입으로 되어 있고 세출액 2,243억 중에서 79%인 1,773억이 지출로 되어있다. 그러면 오히려 세입보다도 세출이 약 3% 더 많아 세출적자가 203억이나 된다. 일반회계에서 120억 또는 국방비 중에서 100억 줄어 일시 차입해서 세출 적자 203억을 지출한 것인데 오늘날 우리가 가예산 집행 면에 있어서 본다면 적어도 정부가 수지균형예산을 항상 주장함에도 이와 같이 세입이 항상 지출보다 부족되어 임시차입을 하고 있다. 내

가 묻는 것은 이와 같이 예산집행 실적 저조는 긴축예산에 의한 것이라고 보는데 이것이 연도 내에 잔여예산 집행이 가능할 것인가 또는 이 세출적자 203억환의 한은에서 일시 차입했다고 보는데 이것이 연도 내로 상환이 가능하다고 생각하는가. 또 대충자금 특별회계의 집행한 실적을 본다면 예산액 1,396억 중 6억으로 되어있다. 거기에서 작년도 474억을 합한다고 할 것 같으면 대충자금 집행실적이 실지로 공급된 것은 불과 19%밖에 안 된다.[86]

오늘날 산업건설 방면에 한 번 눈을 돌이켜 본다면 모든 공장이 잘 돌아가지 않는다. 한번 생각할 것은 남의 나라의 원조를 받고 우리 국내의 자원을 동원하는데 국민에 대한 출혈부담을 시켜 경제를 부흥시키려 하고 자립경제 태세를 완비하고자 하는 것이 정부의 정책이라는 점이다. 산업건설의 현상은 과잉건설이라고 해서 이의 타개책이 필요한 데 방법으로 과잉생산품을 해외로 수출할 구체적 계획은 없는가? 김도연은 재무부장관과 각부 장관을 상대로 광범위한 정책에 대하여 행정부 당국이 근시안적이고 일시 호도적인 정책의 시정을 촉구하였다. 그의 주장은 부분적이나마 예산안에 반영되었다.

비록 제3대 국회는 이루 말할 수 없는 파란을 겪은 김도연에게는 참으로 숨가쁜 4년이었다. 모든 것을 청산해보니 얻은 것은 하나도 없고 잃은 것이 많은 것 같았다.[87] 다행히 민주당이 새롭게 창당되어 좋은 동지들을 많이 규합하는 등 마음 한 구석에는 든든한 생각이 없지 않았다. 중앙정경연구원에서는 국회 출입 기자들과 민의원 사정에 정통한 인사 25명을 골라 비밀투표로 우수한 의원 61명을 뽑아 제3대민의원인물고를 발행했다. 김도연은 '재야재상'으로 소개되었다.

군은 우리나라에서 보기 드문 경제학자요 그 온건성실하며 염결공정한 양심적 애국자로서 그 존재가 크다. 그가 대한민국 초대 재무부장관을 지냈으므로 그 당시는 좋은 적산가옥이 허다히 있어서 국과장급 중에서도 훌륭한 관사 도는 적산가옥 을 점유한 자 많았는데 그는 그런 것을 염두에도 두지 않았던 까닭에 응접실 하나도 없는 충정로 일우의 협소한 구식가옥에서 그때부터 금일까지 거주하고 있는 것은 그 염결성을 증명하는 것이다. 그는 3·1운동 당시와 조선어학회사건으로 전후 2차에 걸쳐 3년간 구금생활을 했음은 그 애국자임을 증명하는 것이며 그는 재정경제 지식이 탁월한 만큼 군정 당시의 입법의원 때부터 제헌의원 제3대 민의원으로서 금일에 이르기까지 일관하여 재정경제위원 또는 위원장으로서 많은 활동을 해온 정치인으로 언제나 해 분과위원회를 '리드'하였고 원외에 있어서 재무부, 금융분과위원회, 세무분과위원회, 재정분과위원회, 국민소득조사위원회의 여러 위원을 겸임하여 금융 재정 경제 전반에 걸쳐 중요 회합에 참여할뿐만 아니라 신문 잡지와 강연 등에 이르기까지 많은 활동을 하고 있다.[88]

한 편의 인물고는 김도연의 3대 국회의원 생활 전체를 평한 것은 못되나 세평이 별로 나쁘지 않았다. 아무튼 그는 임기 4년 동안에 국민의 대변자로서 충실히 의무를 수행하는데 힘써 왔다고 자부하는 바이다.

3) 제4대 국회와 연결자금사건을 폭로하다

제3대 국회에서 대의정치의 근본을 조금이라도 바로잡기 위하여 씨름해오던 야당계 의원들은 임기가 끝나고 제4대 민의원선거가 박두함에 따라 초조와 불안 속에 사로잡혔다.[89] 개인의 당선 여부와 더불어 제4대 민의원에서 어떻게 하면 호헌선을 유지할 수 있느냐 하는 문제는 초미의 관심사였다. 다가오는 민의원선거에서 어떻게 하면 관권을 배제하면서 많은 동지들이 의회로 진출하여 자유당의 횡포를 막을 수 있느냐에 고심했다.

5・15정부통령선거에서 부통령 당선에 패배한 자유당은 부통령의 대통령임기 계승권을 삭제하려는 의도였다. 대신 대통령유고에는 즉시 선거를 실시할 수 있도록 새로운 개헌안을 구상과 아울러 제4대 민의원 초기에 개헌안을 통과시키려는 전략을 세우고 있었다. 민주당은 어떻게 해서라도 호헌선을 유지하려고 부심하였다. 자유당은 개헌선 확보를 당면목표로 선거전략을 세웠다. 그러던 중 1958년 5월 2일에 제4대 민의원선거를 실시하는 선거일자가 공포되었다. 김도연은 민주당 최고위원에서 물러나 중앙상임위원으로 최고위원을 포함한 확대간부회의에 참석하여 당의 기본정책 입안에 참여했다.[90] 정책위원장으로서 주로 정책입안에 주력하고 있었다. 이번 민의원선거에서 광범위한 자유당의 조직과 이를 뒷받침하는 관권과 투쟁하기 위해 모든 선거구에 입후보 공천을 계획이었다. 거당적인 선거운동을 전개하는 일환으로 정책과 정견을 통일해 자유당과 맞서기로 했다.

민주당은 233개의 선거구 중 몇 개를 제외하고 입후보 공천자를 내세워 구호, 정견, 정책 등 통일을 도모했다. 5・2선거전은 정부통령선거전에 못지 않게 여야당이 승패를 겨루는 대전이었다. 입후보 공천에서 신구 양파 사이에 분규가 없지 않았다. 자유당과 대결을 위해 어느 정도 결속이 되어 별다른 잡음 없이 공천자를 결정할 수 있었다. "썩은 정치 바로잡자"라는 구호 아래 5・2선거전에 임했다. 당시 정견은 ① 내각책임제의 구현, ② 경찰의 정치적 중립화, ③ 특권층의 경제독점 배제, ④ 재정규모의 적정화로서 국민소득의 극대화, ⑤ 인정과세 폐지와 토지수득세의 금납제, ⑥ 국군의 정병화와 사병의 처우개선, ⑦ 유엔 노선에 의한 남북통일 촉진 등이었다.[91]

이에 근거하여 중앙에서 편성된 유세반은 각지를 순회하면서 대대적인 선전공세에 나섰다. 서대문에서 입후보한 김도연 자신의 선거운동으로 바쁜 일정이었으나 동지 한 사람이라도 더 당선시키기 위하여 지방유세차 강원도, 경기도, 충청북도 지방을 분주히 돌아다녔다. 선거전은 예상하던 바처럼 입후보 등록부터 경찰의 방해가 난무했다. 선거전이 본격화하자 관권의 강압은 표현하기 힘들 정도였다.[92] 선거가 끝난 후 협상선거법에 걸려 선거무효나 당선무효 등으로 재선거를 실시한 곳도 여러 군데 있었다.

김도연은 선거기간 중 각 지방의 후원연설에 분주한 나날이었다. 자동차사고로 부상을 입거나 자동차 고장으로 정해진 시간에 연설회장에 도착하지 못하는 경우도 여러 번 있었다. 하루에도 두서너 군데는 돌아다니며 연설을 해야만 하는 순간을 맞았다. 하루는 강원도 춘천에서 입후보한 계광순(桂珖淳)의 찬조연설을 마치고 택시로 서울로 돌아오던 때였다.[93] 밤에는 서대문 갑구에서 자신의 개인연설회가 있어 시간을 재촉하여 오던 중 중도에서 자동차가 고장이 나버렸다. 김도연은 연설을 듣기 위해 수천 군중이 모여 있을 광경을 생각하니 기가 막힐 지경이었다. 한참을 기다리다가 지나가는 다른 차를 바꿔 타고 초조한 마음으로 서울까지 달려왔다. 마침 찬조연설을 하던 조정숙은 그가 올 때까지 여러 시간을 연단에서 진땀을 빼고 있었다. 다급한 그는 어떤 연설을 했는지 몰라도 청중들로부터 박수갈채를 받은 후에야 안도의 숨을 쉬었다.

한번은 충주에서 입후보한 김기철(金基喆)을 위하여 그곳까지 찬조연설을 갔다가 차를 타고 되돌아오던 길이었다.[94] 연일 계속되던 강행군에 지쳐 그만 차에 탔던 사람들과 운전수도 졸다가 산모퉁이를 들이받아서 정신이 아찔했다. 앞에 앉았던 김도연만 이마에 약간의 상처를 입었을 뿐 모두 무사하였다. 산모퉁이가 진흙이라 다행이었지 돌산이었으면 탑승자 전원이 참변을 당할 뻔했다. 그야말로 선거운동은 마치 사선을 넘는 전투와 같았다.

입후보자는 교통부장관을 지낸 이종림(李鍾林) 외에 장순덕·장춘백·양순이 등이었다.[95] 선거분위기는 처음부터 압도적으로 상산이 앞서 무난히 3선이 예상되었다. 서울에서 입후보자들이 창충단공원에서 정견발표를 하던 날 우산을 들고 모여든 유권자는 4−5만 명이나 운집하여 대성황을 이루어 대세를 판가름했다. 서대문 을구를 제외하고 민주당 일색으로 당선되었다. 김도연은 차점인 이종림보다 1만7500여 표가 더 많은 2만6638표를 얻었다. 선거 결과는 보수 양당의 대결로 군소정당과 무소속 후보자들 몰락이 특색이었다.

도시는 민주당 '붐'으로 자유당이 패배했으나 농촌은 자유당 권력으로 민주당을 제압하였다. 선거전은 1960년 정부통령선거전 전초전이자 대통령임기계승권을 추진할 개헌선 돌파와 호헌선 확보를 위한 대결장이었다. 결과는 230명을 공천한 자유당이 126석, 199명을 공천한 민주당이 79석, 기타 2석, 무소속 26석으로 자유당은 개헌선 확보에 실패한 반면 민주당은 호헌선 저지에 성공하였다. 사실상 민주당은 국민의 전폭적인 지지를 받았다.

처음 서대문 을구에서 입후보하려던 자유당의 제2인자 이기붕은 이곳을 포기하고 입후보등록 마감날인 3월 20일 경기도 이천에서 입후보등록을 했다. 이천에서는 민주당의 연윤희는 자유당에 매수되어 입후보등록을 취소하였다.[96] 경북의 영양, 영덕, 영천 갑구, 울릉도, 홍천, 강릉 등지에서도 자유당 후보가 당선되었다. 전남 보성을 비롯한 영일 을구, 울산 을구, 창원 을구, 진주, 함안, 사천, 선산 등지는 관권선거와 부정선거 시비로 휘말렸다.

개회 벽두부터 부정선거로 선거소송이 벌어져 영일 을구에서는 재선거를 두 번이나 실시하는 선거사에 불명스러운 족적을 남겼다. 6월 7일 민의원이 개원되자 부정선거 문제로 여야 반박과 선거소송이 벌어졌다. 이와 더불어 산업연결자금사건도 대두되었다. 이는 5·2총선거 직전 자유당 공천후보자에 대한 선거자금을 마련해주면서 발생했다. 자유당 정권과 국회는 산업은행으로 하여금 자유당을 지지하는 기업체에 74억환의 산업자금을 대출했다. 산은 자체는 현찰이 없어 시중은행을 통해 몇 개 기업체에 융자를 주고 융자를 받은 기업체에서 융자액의 2할 내외를 자유당에 헌납한 사실이다. 이는 1958년 7월 22일부터 추가예산안 심의에 착수한 예결위에서 발견되었다. 1주일 이상 야간국회를 속개하면서 야당계 의원들은 금융기관 자체가 자유당의 예속기관으로 정치자금을 조달한 사실을 추궁했다.[97]

김도연은 예결위원으로 처음부터 이 회의에 참석하여 한시도 빠짐없이 민주당 동지들과 함께 예산투쟁을 계속했다. 야간국회가 열린 예결위에서 김도연은 다음과 같이 사건의 규명을 자유당 의원들에게 호소하였다.

우리는 종종 국회 내에서 정치문제로 시비를 합니다. 혹 어떤 때에는 야당이 억지를 쓰는 일도 있고 여당이 억지를 주장하는 일로 시비를 스스로 판단하게 되는 어려운 정치문제도 있을 줄 압니다. 그러나 이 예산으로 말할 것 같으면 다른 정치문제 시비와 달라 수자를 가지고 따져야 할뿐만 아니라 어디까지나 국민의 이해관계를 토대로 해야 합니다. 국민이 직접 부담하는 예산안임으로 국민은 국회의 심의를 주시하고 있습니다. 만약 자유당 여러분이 생각하고 있는 바와 같이 산업은행의 4억 증자와 연결자금문제가 그대로 국회에서 통과된다고 할 것 같으면 국민은 실망할 것입니다. 뿐만 아니라 야당은 야당대로 여당은 여당대로 국민의 지탄을 받게 될 것으로 생각됩니다. 그런 의미에서 이 예산문제는 정치문제와 같이 소홀히 넘길 수 없습니다. 자유당 여러분이 손이 많다고 해서 산은 증자와 연결자금사건에 대한 책임의 소재를 밝히지 아니하고 그대로 통과시킨다면 4대 국회는 또다시 큰 과오를 범한다는 것을 지적해 두는 것입니다. 이 문제에 대하여 재무부장관은 자기가 법을 잘 지키지 못하였으니 책임을 지겠다고까지 말하지 않았습니까? 그러므로 나는 산업은행의 총재가 반드시 책임을 져야하고 한국은행에서도 책임을 져야 할 것으로 생각합니다. 이 점을 명백히 하여 예산안을 통과시키는 것이 우리가 취할 마땅한 의무라고 생각하는 것입니다.[98]

자못 강경하게 핵심을 찔러 김도연은 문제점을 지적했다. 이에 억설을 부리기 유명한 자유당 의원들도 정면으로 반박하지 못하고 오직 예산안 통과에만 당력을 집중하였다. 그의 발언은 재무부장관에 대한 불신임결의안의 제출, 한은과 산은 양 총재에 대한 파면권고 결의안 제출로 확대되었다. 민주당에서 제출안 결의안은 부결되고 말았다. 김도연은 개인적인 친분에도 올바른 경제질서와 금융질서를 확립하려는 의지에서 강경한 태도로 나왔다.

5·2부정선거 여파로 대법원에 제소된 선거법소송은 영일 을구, 울산 을구, 월성 을구, 영덕, 영양, 양산, 보성, 인제 등지 재선거로 귀결되었다. 9월 19일 5·2총선거가 끝난 후 약 4개월이 지나 실시된 영일 을구 재선거에 민주당은 동지라도 관권에 유린되는 일이 없도록 거당적인 선거운동을 추진하였다. 민주당 김상순 후보는 대법원에 의하여 선거무효 판결이 내려졌다. 자유당의 김익로(金益魯)가 다시 출마하여 치열한 대결로 재선거 결과도 부정선거로 9개월이 지나 다시 실시되었다.[99] 재선거는 부정선거보다 바로 암흑선거였다. 김도연은

공천후보를 위하여 이곳에 여러 번 찬조연설을 갔을 뿐만 아니라 관권에 시달려가며 부정선거에 의한 희생의 제물이 되어가고 있다는 소식을 듣고 부정을 막기 위하여 급거 현지로 내려가 투표 참관의 임무를 맡았다. 물론 투표 참관인은 별도로 있었고 그는 투표구 주변에서 부정투표를 감시하기로 하였다. 현역 국회의원이 감시하는데 자유당은 그들에게 반대 투표할 만한 사람들은 점을 쳐두었다가 투표를 방해했다. 3인조, 9인조 등 '릴레이식' 투표도 감행되었다. 참관인으로부터 이와 같은 보고를 받은 김도연은 투표장으로 항의하자 경찰관이 제지하였다. 때마침 현지를 시찰 중이던 미대사관 사람들이 투표장에 들어가는 것을 보고 항의하여 투표를 못하게 하는 사태는 시정되었다.[100] 자유당의 매표 사실과 개표 부정이 들어나 또다시 선거무효 판결이 내려졌다. 자유당의 김익로는 의원선서도 못하고 9개월 동안이나 끌어오다가 또다시 재선거가 실시되었다. 명색이 민주주의 국가의 선거가 이와 같은 불법과 부정으로 얼룩져 재선거나 재재선거가 실시되었다.

3. 대여투쟁에 앞장서다

1) 보안법 파동과 지하실에 감금되다

이른바 협상선거법에 의해 실시된 5·2민의원선거는 자유당 공천자의 부정으로 선거소송이 벌어졌다.[101] 제4대 민의원 초기부터 연결자금사건을 비롯한 자유당의 비위가 폭로되자 정권교체를 바라던 여론은 더욱 악화되었다. 집권당에 대한 불평과 비난의 소리가 날이 갈수록 높아갔다. 여론은 자연발생적으로 집권당을 비난하고 노골적으로 정권교체를 부르짖게 되었다. 여론을 반영하며 여론을 조성시키는 언론기관도 정부 기관지나 자유당계를 제외하고 집권당을 공격하였다. 국회 내에서 과반수 세력을 점유한 자유당도 무신경일 수는 없었다. 여론이 집권당과 정부의 비난으로 집중하고 있다면 이유는 살펴 민심 수합은 민주정치의 정도이다. 그런데 집권당인 자유당과 정부는 그와 같은 노력 대신 국민의 귀와 입을 틀어 막아버리려는 전략을 구상하였다. 9월 11일자로 이승만정부에서 국회에 제출한 국가보안법개정안은 발호하는 간첩을 발본색원한다는 명목으로 제출되었다.[102] 사실은 정부에 비판적인 언론기관 탄압에 있었다.

제4대 민의원 초기에 부통령의 대통령임기계승권을 삭제하는 개헌을 목표로 5·2선거에서는 온갖 부정을 총동원했다. 개헌선 구축에 실패한 자유당은 전략을 바꾸어 국가보안법을 강화하여 독재정치를 자행하려는 엄청난 계략을 세우고 있었다. 국회에 제출된 개정법안은 ① 간첩방조(間諜幇助)에 대한 범죄구성의 요소를 명백히 하고, ② 혐의자에 대한 변호사의 접견을 금지하며, ③ 2심제를 원칙으로 한다는 등이었다.[103] 법안이 제출되자 민주당은 일부 무소속 의원들과 협력하여 극한투쟁을 선언했다. 간첩행위의 개념 확대은 "부통령선거를 앞두고 야당과 언론인의 활동을 봉쇄하려는 술책"이라며 반대투쟁에 나섰다. 자유당과 정부는 국가보안법 개정안을 일단 철회하고 8월 18일 신국가보안법을 제출하는 동시에 연내 통과를 발표하였다.[104]

새로 제출된 법안은 언론 관계의 조항이 삽입되고 여기에 대한 벌칙을 강화했다. 만약 법이 그대로 통과되며 야당의 존재는 아무런 의미가 없었다. 11월 27일 범야 원내외투쟁의 조직체로서 국가보안법강화반대투쟁위원회를 구성하는 동시에 극한투쟁을 선언하여 자유당과 대결을 시도하였다. 투쟁위는 민주당 81명과 무소속 10명 의원이 가담하여 원내투쟁에 대비했다. 원외에서는 민주당의 조직을 신국가보안법반대투쟁위로 대치하여 원내외를 통한 극한투쟁을 준비했다.105) 당시 치안국장 이강은은 중대정보를 입수했다면 일체의 옥외 집회 금지령으로 야당의원들을 위협하였다. 민주당은 보안법개정안 통과를 원내에서 저지키로 계획을 세웠다. 야당의 반대투쟁에도 연내 통과를 강행하려는 자유당은 12월 5일 야당의 반대를 물리치고 신국가보안법을 사법위에 상정하였다. 19일에는 야당의원들이 늦게 참석한 틈을 타서 전격적으로 통과시켰다.

민주당은 상임위원회를 열어 신국가보안법반대투쟁을 위한 방법을 토의하였다. 이때 사법위에서 날치기식으로 통과되었다는 보고가 들어왔다. 김도연은 즉시 회의를 중단하고 이날 하오 국회로 등원하여 보안법 통과저지에 필요한 방략을 토의했다. 여러 의원들로부터 농성투쟁을 하자는 의견이 대두되어 일방으로는 자유당 출신의 의장단에 대하여 보안법심의에 따르는 정상적인 절차를 취해 주기를 요구하였다. 사법위에서 결의 무효화를 주장하면서 의사당 내에서 농성투쟁에 돌입했다.106)

김도연은 침구 없이 의자에 기대어 누워 도저히 잠을 이룰 수가 없었다. 자유당 횡포에 흥분하여 의사당 내에 서성대는 동료 의원들은 어지간히 떠들썩하였다. 심야에는 취재차 온 출입기자들도 돌아가고 의사당 내는 밤의 고요한 속에 잠기어 침묵만 흘렀다. 김도연은 침묵 속에서 민주주의 앞날을 곰곰이 생각했다. 정치적 현실이 이렇게 된 원인을 따져보고 스스로 해결책이 무엇인지 고민하였다. 현실을 타개하는 길은 자유당의 진정한 반성과 반성을 촉구하기 위한 국민의 투쟁만이 필요하다고 느꼈다.[107] 농성투쟁도 불가피하다는 결론을 얻었다.

의사당을 점령하고 철야농성으로 투쟁은 자유당 의원들이 몰려 들어와서 사법위에서와 같이 '날치기'식으로 신국가보안법을 통과시키고 또 그것을 전격적으로 공포 실시하려는 것을 사전에 방어함이었다.[108] 만약 자유당 의원들이 몰려 들어온다면 2대 1의 비율로 물고 늘어질 생각으로 임전태세를 갖추었다. 한편으로 이기붕에게 서한을 전달하고 자유당 간부들과 타협도 모색했다. 그들이 사법위의 결의를 무효로 돌리고 신보안법안을 심의함에 소수당의 의견도 받아들인다면 법안심의에 임하겠다는 교섭도 해보았으나 전면적으로 거부를 당하였다.[109]

다음날 개회시간이 되자 자유당 이성주 운영위원장 지시에 따라 국회경위들은 농성장으로 몰려 들었다. 농성을 위하여 준비해둔 단상의 침구 등을 정리하려 함으로 소장의원들과 경위들 간에 충돌이 벌어졌다. 의사당은 일시 수라장이 되었으며 김재곤(金載坤) 의원이 부상을 당하여 병원에 입원하는 소동이 일어났다.[110] 이러는 동안에 자유당 의원들은 의사당 내에 몰려들어 어느 틈에 의석에 앉아 버티었으나 "사법위원장 김의준은 어디 갔느냐"고 호통치는 야당의원들의 기세에 눌렸던지 그들은 슬그머니 의사당을 빠져나갔다.

야당의원들의 농성투쟁은 4일이나 의사당을 점령하고 결사투쟁으로 자유당과 대결을 시도하고 있었다. 그동안 자유당과 정부는 극비밀리에 전국 경찰관 중 유도유단자만 300명을 골라 이들을 서울로 집결시켰다. 저들은 의사당 내에서 농성 중인 야당의원들을 축출하는 훈련을 받은 후 국회경위복으로 갈아입고 12월 24일 상오 1시를 기하여 돌격대를 방불하는 자세로 의사당을 급습하였다. 6척 장신의 거구인 불법의 침입자들은 의사당으로 뛰어들어와 야당의원들을 의사당 밖으로 끌어냈다. 습격을 당한 야당의원들은 불법 침입자들을 몰아내기 위해 사력을 다하여 대항했으나 조직적 훈련을 받은 이들을 당해낼 도리가 없었다.

김도연은 무술경위들이 침입했을 때 10여 명의 노장의원과 함께 단상을 점령하고 있었다. 기습해온 무술경위들은 닥치는 대로 야당의원들을 축출하더니 단상에 있던 노장의원을 끌어내리려 했다.[111] 그는 끌려가지 않기 위하여 저항했으나 바짝 들어 내동댕이치는 바람에 화가 치밀어 부서진 책상 조각으로 후려갈기려 했다. 순간 등 뒤에서 달려든 다른 무술경위는 내 목덜미를 잡고 의사당 밖으로 끌고나가 냅다 던졌다. 상산은 도저히 분을 참을 수 없어 다시 의사당 안으로 뛰어들어 갔다. 그때는 이미 소장의원들이 질질 끌려서 의사당 밖으로 축출되고 몇 사람만 남았다. 김도연을 비롯한 야당의원들은 눈물을 머금고 대한민국 만세삼창을 하고 복도로 나왔다.

이들은 의원휴게실과 무소속휴게실, 지하실복도 등으로 분산 감금을 당하였다. 김도연은 동지 20여 명과 비좁은 지하실복도에 감금되었다. 의원들 중에는 무술경위들에 의하여 폭력을 당해 졸도하거나 아픔과 분함을 참지 못하여 울부짖는 사람, 분통이 터져 아우성치는 사람, 하느님에게 기도를 올리는 사람 등 참상을 형용할 수 없을 정도였다.[112] 5일 동안 철야농성으로 피로할 대로 피로해져 있었다. 더구나 식사도 먹지 못하여 허기증을 느꼈으며 용변까지 볼 수 없는 상황이었다.

　무술경위에게 반항하던 야당의원들 중 김상돈(金相敦), 조일환, 허윤, 유성권, 전영석, 박창화, 구철회, 윤택중, 김재곤, 김응주, 박순천, 조일재 의원 등 12명은 부상으로 세브란스병원에 입원했다. 육체적 상처와 마음의 상처는 이루 말할 수 없었다. 무술경위를 동원하여 야당의원 축출을 명령한 것은 이기붕 의장이었으나 이날의 현장기획자는 한희석(韓熙錫) 부의장이었다. 그는 이들을 감금한 후 의기양양하게 사회석에 앉아 축출당하는 꼴을 득의만면한 표정으로 바라보았다.[113] 자유당 의원들은 300명 무술경위들이 경호하는 가운데 문제의 신국가보안법을 비롯하여 3,988억 환의 규모를 가진 59년도 총예산안과 12개 세법개정안, 시 · 읍 · 면장의 임명제를 포함한 지방자치법개정안을 불과 3시간 만에 통과시켰다.

　목적이 달성되자 감금 3시간 만에 비로소 금족령 해제로 자유로운 몸이 되었다. 김도연 등은 의사당 정문에서 대한민국만세를 삼창한 후 보안법 통과에 따른 향후 대책을 논의하기 위하여 의사당 뒤편 휴게실에서 의원총회를 열었다.[114] 이미 봉변을 당한 후라 별다른 의견이 나오지 않았다. 의사당 내에 배치되었던 사복형사들과 무술경찰은 야당의원을 감시하기 위하여 주변에서 서성대고 있었다.

　서울시를 위시한 전국 각지에서 산발적인 보안법무효화 시위가 있었다.[115] 원내에 민주구국투쟁위원회와 원외에 민권수호국민총연맹을 두어 자유당과 투쟁을 멈추지 않았다.[116] 이는 바로 2.4보안법파동에 대한 사회적 관심을 환기시키려는 의도였다. 당시 민주당은 잔인무도한 무술경위를 동원한 탄압에 대한 실상을 밝히려 하였으나 자유당의 봉쇄로 뜻을 이루지 못했다. 이를 경험한 김도연은 이를 경험한 후 대의정치제도의 장래가 참으로 우려되었다. 어느 날 의석에 앉아 '불신을 받는 국회'란 제목으로 몇 구절의 글을 적어 신문사에 보냈더니 보도되었다.

> 제4대 국회가 개원 1주년이 지난 오늘날까지 아직 한 번도 제대로 구실을 못해 왔음은 솔직한 고백이다. 국리민복을 위하여 그리고 민주정치의 신장을 위하여 존재하여야 할 국회가 스스로 그 사명을 포기하고 2.4변란과 같은 민주반역행위를 저질렀음은 본말전도도 이만저만이 아니라 하겠다. 우리 국민이 국회를 가진지 벌써 12년째로 접어든다. 국회가 연륜을 쌓아 올리수록 국민의 기대와는 반대방향으로 움직여오더니 3대로부터 4대로 접어들면서 이제 한가닥의 미련마져 붙일 곳이 없게 되었다. 의정사상에 유례가 드문 2.4변란은 더 말할 것도 없고 연결자금사건, 범칙물자부정처분사건 등 어마어마한 불법사건이 다수의 힘으로 은폐되고 혹은 합리화되어가는 이 마당이니 야당의원들이 제 아무라 발버둥을 쳐봤댔자 피안의 불구경이다. 이리하여 국회는 국민으로부터 불신을 받고 있으며 하늘 아래 둘도 없는 국회라는 조소를 받는다.[117]

이와 같은 나의 제4대 국회에 대한 저주는 적중되어 마침내 집권당인 자유당을 타도한 4·19혁명으로 자진 해산하는 운명에 이르고 보니 자기가 뿌린 죄악의 씨는 결국 자기가 거두는 것임을 정치인들은 거울삼아 자성할 일이라고 절실히 느껴진다.

2) 민주당 지명전과 조병옥이 서거하다

2·4보안법파동 후 야당지인 경향신문에 대하여 폐간조치를 단행함으로 각 언론기관에 대하여 우형무형의 압력을 가하기 시작했다.[118] 자유당정부는 제4대 대통령선거가 1년이나 남아 있던 1959년 6

월 29일 서울 대한극장에서 전국대의원 천여 명이 모인 가운데 제9차 전당대회를 열고 이승만 총재의 유임을 결의하는 동시에 중앙위원장에 이기붕을 재선출함으로써 당의 지도권을 강화하는 한편 전격적인 지명대회를 겸행하여 차기 선거계략을 세웠다. 물론 지명전에서 대통령후보는 이승만, 부통령후보는 이기붕으로 1960년의 정·부통령 선거전에 출마하도록 낙착되었다.

　지명전이 끝나자 자유당총재인 이승만은 종래와 달리 당의 결정을 즉시 수락하였다. 이들은 곧 차기 정부통령선거에 따르는 임전태세를 갖추었다. 자유당은 차기선거를 서두르고 있었으나 지명대회를 앞둔 민주당 내에는 신구 양파의 대립이 격심했다. 정·부통령후보의 지명대회는 말단인 핵심당부에서부터 연차대회를 여는 구차한 절차를 밟지 않으며 안되었다.[119] 김도연은 장면보다 조병옥이 국민적 인기가 월등하다고 생각했다. 그는 지명대회에서 대통령후보에 조병옥, 부통령후보에 장면을 내세우기를 주장하였다. 많은 절충에도 신파의 완강한 반대로 뜻을 이룰 수 없었다.

　1956년의 정부통령선거 당시 장면에게 부통령후보를 양보한 조병옥은 장면으로부터 다음 선거 때에는 깨끗이 양보하겠다는 언약을 받았다고 한다. 그럼으로 이번 선거에는 그가 조병옥에게 양보하는 것이 정치도의상 당연한 일이었다. 처음부터 선의의 경쟁 운운하면서 지명경쟁을 주장하여 어쩔 수 없이 구파도 대통령후보의 지명경쟁에 임할 수밖에 없었다.[120] 따라서 전국 각 핵심당부의 연차대회를 통하여 많은 자파 대의원을 지명대회에 보내기 위한 경쟁이 시작되었다.

　민주당의 지방조직은 원래 민국당의 조직이 기반이었다. 해공 신익희가 서거하고 김준연의 제명파동이 일어난 후 신파는 줄곧 일방적인 조직강화를 서둘러 왔기 때문에 지명경쟁에서 유리한 입장이었다. 그런데 개인적 인기와 항일투쟁경력 및 투지력으로 보아 각 지방에서는 조병옥이 이승만과 대항마로서 적격자라는 평이 떠돌았다. 지명전은 처음부터 신구 양파의 치열한 대립상을 빚어내었다. 더욱이 지명대회를 앞둔 약 6개월 전부터 치열한 지명경쟁에 편승하여 각 지방당부에서는 비밀경찰의 손이 뻗어 분열을 조장했다.

김도연은 이러한 전략을 분쇄하기 위하여 노력하였다. 그는 직접 부통령후보로 출마할 뜻을 밝혔다. 반드시 부통령후보로 나설 생각에서 취한 태도는 아니었다.[121] 장면를 비롯한 신파에서 어차피 부통령후보의 지명도 무난히 차지하려는 속셈을 간파하였기 때문이다. 즉 대통령후보 지명경쟁에 나선 신파의 전략을 분쇄하기 일환이었다.

지명경쟁 여파는 의외로 확대되어 양파의 대립이 걷잡을 수 없게 되었다. 곽상훈은 중재에 나서 조정역할을 해보았으나 신통한 결론을 얻지 못했다. 경상남도당대회는 대표최고위원 조병옥과 최고위원인 곽상훈이 참석했음에도 장내가 소란하여 유회되었다. 조병옥은 11월 중순 김도연을 비롯한 구파 동지들을 남산외교구락부로 초청하여 정계에서 은퇴하겠다고 비장한 결의를 표명하였다. 참석한 주요 인사는 윤제술(尹濟述)을 비롯하여 소선규·유진산(柳珍山)·양일동(梁一東)·이창래(李昌來)·민관식·김의택(金義澤) 등이었다.[122] 정계 은퇴성명서를 통해 조병옥은 "민주당이 총력을 기울여 자유당과 대결하더라도 권력, 금력 등의 부정선거로 이승만을 물리치는 것은 힘에 겨운 일이다. 이렇게 대통령후보 지명경쟁으로 당이 분열의 위기에 직면하였으므로 대통령후보를 포기하고 정계에서 은퇴하겠다"는 뜻을 밝혔다.[123]

비장한 결심이 표명되자 좌중에 있던 인사들은 심각한 표정으로 찬부여론을 말하였다. 김도연은 동지들의 의견을 더 참작해보기 위하여 아무 말을 하지 않았다. 우리 민주당의 범야세력 집결은 자유당의 일당독재를 분쇄하고 민주주의를 살려보자는데 뜻을 두었다. 그런데 자유당 독재와 대항해야 할 민주당이 이렇게 대통령후보 문제로 분열의 위기에 직면한 것을 생각해 볼 때 참으로 가슴이 아팠다. 이튿날 조병옥은 의원휴게실에서 정계은퇴성명 발표와 대통령후보의 지명경쟁 포기를 선언하였다.

1959년 11월 26일 서울시공관에서 개최된 지명대회는 966명의 대의원이 참석한 가운데 무기명투표에 의하여 정부통령후보의 지명투표를 실시했다. 결과는 966명 중 조병옥은 484표, 장면은 481표, 기권 1표였다. 대통령후보는 조병옥, 부통령후보는 장면으로 지명되었다.[124] 김도연은 지명대회에 임하기 이전 부통령후보 경쟁을 포기한다고 선언했다. 자신의 본심은 당내 지명경쟁이 격심하여 분열의 위기를 막기 위함임을 신문지상을 통해 밝혔다.[125] 신파에서는 대통령후보와 당수분리론을 내걸고 대통령후보 지명에 패배했으니 대표최고위원직을 차지하겠다고 계략 밑에서 각 지방에서 올라온 대의원들을 붙들고 장면이 대표최고위원이 되지 않으면 당을 깨어버리겠다는 위협적인 태도로 나왔다.

조병옥은 대통령후보 지명을 받은 후에도 '내가 대통령후보로 출마하겠는지 여부는 좀더 생각해 보겠다"고 언급함으로써 불출마 태도를 번의하지 않았다. 사태가 이렇게 되자 자유당 독재정권에 시달려오던 국민들 사이에는 앞으로 정국을 우려하는 여론이 높아져서 신파에서는 다소 누그러진 태도로 나와 조병옥에게 번의를 간곡히 요청하고 구파 인사들도 번의를 요청하여 결국 수락되었다.[126] 또한 대표최고 위원직을 차지한 신파는 당내의 자파 세력을 공고히 하기 위하여 구파에서 내세운 최고위원후보인 조병옥, 백남훈, 김도연 세 사람 중 김도연만을 강경히 반대했다.[127] 대신 윤보선으로 대치를 주장하여 관철시켰다. 김도연은 민주당 발당 초부터 신파에 편중으로 당의 조직 개편에 반기를 들었고 대통령후보 지명경쟁에서 신파를 제압하기 위한 선봉에서 부통령후보를 선언한 때문이다.

해는 바뀌어 1960년에 접어들자 민주당도 비로소 임전태세를 갖추어 차기 정부통령선거에서 자유당과 대결할 준비에 들어갔다. 그런데 대통령후보 지명을 받은 조병옥은 지병인 위병이 악화하여 점점 몸이 쇠약해졌다. 새해에 접어들어 몇 일이 지난 후 그는 김도연 등 측근을 돈암동 자택으로 초청하고 자기의 신병이 악화하여 도저히 이대로는 선거를 치를 수 없어 미국에서 치료를 받고 돌아오겠다는 뜻을 밝혔다. 모인 사람들은 신병이 대단하지 않음으로 쉽게 치료를 하고 돌아올 것으로 알았다. 도미치료가 결정되자 조병옥은 김도연, 소선규, 윤제술, 민관식 등 네 사람에게 대통령선거에 관한 모든 준비와 절차상 문제, 선거자금문제 등을 일임했다.[128] 민주당 안에서 치루는 선거운동이나 대통령후보와 부통령후보는 각각 선거비용을 분담하기로 되어 있었다. 대통령후보는 6할, 부통령후보는 4할의 경비를 분담하기로 결정되었다. 이리하여 민주당 대통령후보였던 조병옥은 국내에서 마지막 기자회견을 갖고 선거일자가 공포되기 전인 1960년 1월 29일 하오 김포공항을 출발하여 신병치료차 도미 여정에 올랐다.

조병옥은 미국정부의 후의로 '워싱톤'에 있는 '월터 리더' 육군병원에 입원하기 위하여 부인 노여사와 장녀 숙형과 민주당 선전부차장

겸 그의 비서였던 박준규와 같이 김포공항을 출발하여 1월 30일 젯트기 편으로 워싱톤에 안착하였다. 출발 몇 일 전 구파의 몇몇 사람들과 회합을 가진 자신이 민주당 대표최고위원이 된 후 당의 융화를 위하여 구파보다 신파 사람들과 가까이 지내고 또 그들을 더 아껴주었다. 결과적으로 저들은 분파 작용이 심하다는 것을 체득했다고 후회하고 앞으로 당을 재수합할 때는 신구 양파가 병립할 수 점을 고려하겠다 했다. 그는 자기의 신병을 걱정하기는커녕 꾀병이라고 악선전하는 사람이 당내에 있다고 말하면서 퍽이나 섭섭해하는 눈치였다.[129]

조병옥은 떠난 지 불과 5일 후인 2월 3일 자유당과 정부는 1960년의 정부통령선거는 농번기를 피한다는 구실로 3월 15일에 정부통령선거를 실시한다고 정식으로 선거일자를 공고하였다. 김도연은 조병옥이 떠나기 전에 대통령선거사무장이 되어 달라는 부탁을 받아 흔쾌히 수락했다.[130] 선거일자가 느닷없이 당겨졌다는 사실을 전했을 때 조병옥은 쓴 웃음을 지었다고 한다. 기호 1번을 뽑았다는 소식을 듣고는 병상의 주름진 얼굴에도 가는 웃음을 짓더라는 소식도 들었다. 민주당은 수시로 선거상황을 전화, 전보로 연락하였다. 2월 6일 새벽에 개복수술을 받은 것이 경과가 좋다는 연락이 왔다. 물론 그곳에서 연락이 없었다 해도 야당의 대통령후보자인 조병옥 거취는 시시각각으로 외신이 전해주었다.

자유당의 조기선거 계략을 규탄하기 위하여 대대적인 선거유세는 장충단공원에서 개최되었다. 10여 만 군중이나 모여드는 대성황을 이루었다. 이렇게 선거전의 막을 올려 독재정권과 정면으로 선거투쟁을 시작하였다. 2월 14일 밤 돌연 '워싱톤'으로부터 김도연 집으로 장거리전화가 걸려왔다. 김도연은 전화를 받으며 건강이 회복되어 귀국준비를 서두르게 되었다는 기쁜 소식인가 하였다. 뜻밖에도 심장마비를 일으켜 조병옥이 급서했다는 비보였다.[131] 참으로 청천벽력의 급보나 다름없었다.

조금 후 각처에서 전화가 걸려와 서거를 실감할 수 있었다. 장면은 직접 전화를 하여 나를 부통령공관으로 급히 와 달라고 청하였다. 새벽 2시쯤 되어 순화동 부통령공관으로 가 보았더니 장면를 비롯하여 신구파 당내 중진들이 모두 와 있었다. 밤중임에도 이곳에 모인 인사는 김도연을 포함한 이영준(李榮俊)·윤보선·백남훈·소선규 등과 신파인 곽상훈·박순천·오위영·엄상섭 등이었다. 우리들은 조병옥이 도미한 후에 일어난 김도연의 경과보고를 중심으로 하여 앞으로 장례문제, 부인 노여사에 대한 위로 문제 등에 대하여 의견을 교환했다.

조병옥은 5일이 지난 2월 20일 하오 1시 55분 온겨레의 애도리에 관속에 몸을 담고 김포공항에 무언으로 환국했다.[132] 민주당은 4년 전의 정부통령선거 때와 마찬가지로 대통령후보 없는 부통령후보만으로 선거를 치르게 되었다. 정권교체의 희망도 무너져서 맥도 풀렸지만 우리들의 애도는 이루 말할 수 없었다. 조병옥이 무언으로 환국을 하자 자유당의 이기붕은 전례 없이 고인을 후대하여 국민장으로 할 것을 제의했다. 2월 25일 성대한 국민장으로 고인의 장례식을 거행했다.[133] 장례식에 소요되는 재정을 맡게 되었던 나는 한편으로 고인의 묘지를 선택하였다.

국민장이 엄수되던 날 수십만 서울시민들은 운구차가 지나가는 연도에 도열하여 고인의 명복을 빌었으며 하늘도 슬퍼하듯 보슬비가 내렸다. 이 장례식은 외국대사와 외국공사를 비롯하여 국내 정계 요인들과 각계 대표 및 각 단체와 학생들이 참집하여 성황을 이루게 되어 서울운동장 안팎은 인산인해를 이루었으며 경찰당국은 기마대를 동원하여 운동장 밖 앞 경비에 임하고 또 교통정리를 하는 등으로 혼란을 이루었다.

김도연은 이 장례식에서 고인의 경력보고를 하다가 몇 번이고 흐느껴 울었다. 특히 일제 때 감옥살이를 하고 나와 낭인 인생을 하던 고인이 가족들도 돌보지 못하고 한없는 빈곤한 생활을 겪었던 일을 회상할 때에는 그가 얼마나 가엾은 생애를 마쳤는지 몰라 그의 모습이 자꾸만 눈앞에서 떠올라서 한참 동안 사라지지 않았다. 그는 확실히 가엾은 생애를 마쳤다. 그와 같은 정치인도 결코 흔하지 않았다. 고인의 애국지성을 추모한 김도연의 경력보고를 듣고 식장에 모인 사람들과 라디오를 통하여 들은 사람들도 울지 아니하고 들은 이가 없었다고 한다.

장례식이 끝난 후 김도연은 각계에서 들어온 조의금 중에서 될 수 있는 대로 장례비를 절약하여 남은 얼마간의 돈을 유가족에게 전달하였다. 상주인 조준형은 그것으로 고인의 묘지 아래에다 제실을 지어놓고 치산을 잘 하는 등 고인에 대한 효성을 다했다. 1961년 10월 4일에는 고인의 비명 제막식이 거행하였다.[134] 산수가 아름다운 묘지에는 고인의 유업을 추모하는 사람들이 지속적으로 찾았다. 유석은 가셨으나 조국과 그리고 이 나라의 민주주의를 위하여 투쟁해 온 그 정신은 영원히 사라지지 않으리라.[135] 결국 조병옥 사망은 야당 지도자로서 불철주야 투쟁의 선봉에서 자기의 신병을 돌보지 아니한 탓도 있지만 치열한 지명경쟁에서 얻은 정신적 고민과 자유당의 조기선거 공고가 간접적 원인이 되었다. 우리는 이리하여 민주전선의 제일선에서 싸우다가 두 분의 지도자는 우리들과 유명을 달리하였다. 두 번이나 대통령후보를 잃고 부통령선거만을 치른 민주당의 운명도 기구한 운명이지만 이렇게 된 것도 국운으로 돌릴 수밖에 없었다.

3) 3·15부정선거에 대한 무효화투쟁에 나서다

민주당의 대통령후보인 조병옥 서거로 자유당총재인 이승만은 단일후보로 당선에 결정적이었다. 그럼에도 자유당과 정부는 대통령 임기계승권을 갖는 부통령선거에서 기어코 이기붕 당선을 꾀하기 위하여 온갖 불법과 부정을 총동원하였다. 선거전략은 조기선거로 민주당에 앞질러 선거운동을 전개하고 이른바 3인조, 9인조 등으로 불법조직을 강화했다. 자유당은 당무위원 13명으로 정부통령선거대책위를 구성하고 막대한 선거자금을 뿌려 농촌지방과 각 투표구 내에서 부정표를 매수 혹은 조작하는데 혈안이었다. 6명씩을 단위로 하여 1인당 1만환 식으로 표를 사는가 하면 3인조, 9인조에 대하여 공개투표 훈련을 시켰다. 또한 일련 번호표를 매당 백환식에 매수하고 유효표의 4할을 사전투입하는 계략을 꾸미는 등 선거사상 유례가 부정선거를 자행했다.[136] 거기에다 국가공무원을 총동원하고 경찰이 직접 선거간섭을 하는가 하면 치안국에서 조직된 선거독려반이 전국을 돌아다니면서 선거자금을 나누어주고 부정선거의 실행상황을 독려 감독했다.

전국 각처에는 테러로 자행으로 민주당 운동원이 자살하는 불상사와 집단 테러 사건이 연발하여 공포분위기 속에서 3월 15일 투표에 임하게 되었다. 자유당의 온갖 불법 부정과 테러를 통한 선거에서 민주당이 아무리 정의의 투쟁을 전개한들 결과는 명약관화한 일이었다.[137] 부정선거를 규탄하는 국민의 원성이 나날이 높아갔다. 학생들은 2월 28일 대구에서 시작된 대대적인 데모에 이어 3월 15일의 투표일까지 줄곧 "학원의 자유를 달라"거나 부정선거를 배격한다"는 등의 구호를 내걸었다.[138]

3·15부정선거의 투표가 진행될 무렵 아이젠하워 미국 대통령과 국무부장관은 "한국의 대통령선거운동과 관련해 발생한 폭력사건에 개탄의 뜻"을 표명하고 양유 주미대사를 국무성으로 불러 장시간 요담한 자리에서 "폭력사건의 발생으로 자유당이 얻는 승리는 망쳐버렸다"고까지 경고했다.[139] 민주당에서는 확대간부회의를 소집하고 부정선거 결과를 어떻게 처리하느냐 하는 문제를 심각히 검토하였다. 김도연은 자유당이 처음부터 계획적으로 부정선거를 위하여 온갖 불법 부정을 동원한 이상 지금 당장에 그들과 싸운다고 하더라도 아무런 소득이 없다. 우선 선거를 거부하고 다음 단계로 무효화투쟁을 하는 것이 좋다는 의견을 제시했다. 자유당에 의하여 부정투표가 진행되고 또 테러단이 동원되어 공포분위기가 조성된 가운데 부통령공관에서 열린 회의 결과는 김도연을 의견을 수용했다. 3·15선거 결과는 "정치적 법적 무효화투쟁을 전개한다"고 결의하고 정·부통령선거의 무효소송을 제소키로 합의를 보았다. 회의가 끝난 즉시로 민주당 중앙당부에서는 3·15선거는 불법무효임을 선언하고 선언문을 각 도당부에 타전하여 3·15선거 자체를 거부했다.[140]

자유당이 감행한 부정선거는 마침내 전국 각지에서 유권자의 분노를 폭발시켜 투표당일에는 부정선거를 규탄하는 데모가 도처에서 발생했다. 3월 15일 하오 3시 반부터는 부정선거를 규탄하기 위하여 모여든 마산시민들이 산발적인 데모를 하다가 나중에는 수천 명이 운집하여 "부정선거 중지하라!"는 대대적인 데모를 감행하였다. 점차 확대되어 이날 하오 7시 반에 마침내 경찰과 충돌한 끝에 1개 지서를 습격 파괴하고 또 한곳의 지서를 소각해버렸다. 이때부터 경찰의 무차별사격으로 7명이 사망하고 70여 명의 부상자를 내게 되었다. 이리하여 일반시민들과 다수의 학생들이 경찰에 연행되어 악독한 고문과 취조를 받았다. 보고를 접한 다음날 확대간부회의에서 사태수습방안을 논의한 끝에 당의 중요간부들을 현지에 파견하여 경찰의 행패를 막도록 하는 동시에 국회에서 조사반 구성을 동의하여 여야 동수로 구성된 조사단을 현지로 파견했다.

마산시민들은 데모에 가담했다는 혐의로 많은 사람들이 경찰에 붙잡혀가서 고생들을 겪었다. 민주당과 국회조사단의 활동이 시작되자 한편 안도의 숨을 돌리면서 또한편으로 더욱 용기를 얻었으며 민주당에 대하여 찬사를 보내더라는 이야기를 들었다. 유감스럽게도 국회 조사단의 여야 의원들은 각기 상반된 보고를 하여 부정선거에 항거하는 자연발생적인 데모라고 하는 민주당 주장에 반해 자유당은 배후에 제5열이 개재되어 있다는 등으로 사태수습에 성의를 보이지 않았다.[141] 따라서 현지 경찰은 자유당 측의 조사보고를 뒷받침으로 제5열이 개재되었다는 허무맹랑한 구실로 선량한 군중들을 '빨갱이'로 몰아넣기에 바빴다.

병원에 입원한 사람 또는 조사받는 사람들에게 '인민공화국 만세' 운운하는 '삐라'를 만년필로 써서 '포켓' 속에 집어넣어 억지로 죄를 뒤집어씌우는 악질적인 음모를 꾸며 나갔다. 뿐만 아니라 '데모'군중에 대한 무차별 공격과 혹독한 고문 등 비인도적인 경찰 행패는 극심하여 김주열(金朱烈)은 눈에 최류탄의 파편이 박혀 고문취사 당한 체 마산 앞바다에 버려졌던 사태까지 빚어냈다.[142] 현지 경찰의 이러한 행패는 전국민들을 분노의 도가니로 몰아넣었으며 드디어 마산사건의 여파는 전국적으로 번져 부산과 각 중요 도시에서는 고교생들이 봉기하여 "구속된 마산학생을 즉시 석방하라" "공명선거 다시 하자"는 등의 구호를 외치면서 대대적인 시위를 감행했다. 마침내 정의에 불타는 학생들은 전국 도처에서 요원의 불길처럼 궐기하였다.[143]

와중에 개표가 진행되어 3월 17일 중앙선거위원회는 전국유권자 11,196,498명 중 10,509,482명이 투표에 참가하여 제4대 대통령에는 9,633,376표로 이승만이 당선되고 제5대 부통령에는 8,337,059표로 이기붕이 당선되었다고 공고하였다. 장면은 1,844,257표, 김준연은 245,526표, 임영신은 99,090표였다고 발표했다. 중앙선관위는 이승만은 전유권자의 92%, 이기붕은 78%의 득표율을 차지했다고 밝혔다. 3월 18일의 국회에서 자유당은 불법적으로 당선된 정부통령의 당선을 국민 앞에 선포하려 했다.[144] 민주당은 "3·15선거는 불법이며 무효다" "이승만정부는 물러가라" "정·부통령선거는 다시 하라"는 구호를 높이 외치면서 선거무효를 선언하고 총퇴장하였다.

민주당은 끝까지 투쟁하여 3·15부정선거의 무효화를 관철하려는 뜻으로 전국 고교생들의 데모에 호응하고 그들의 용기를 북돋아주기 위하여 야당의 원내외 인사들로서 서울에서 대대적인 데모를 계획했다. 민주당과 민권수호연맹, 공명선거추진위원 등의 야당계 인사들은 4월 6일 상오 10시부터 합작될 데모에 가담하기 위하여 전날 밤 무교동 의원휴게실에 모여 철야농성을 돌입하였다. 김도연은 여러 동지들과 함께 이곳에서 하룻밤을 지내면서 이튿날 '데모'에 가담했다. 이날 데모는 사전에 시위행렬이 있었다. 3·15선거를 통하여 순사한 희생자들에 대한 묵념과 "이번 선거는 선거가 아니라 국민주권의 강

탈행위이다"라는 내용의 선언문낭독을 하는 등 자못 엄숙하고 긴장된 분위기 속에 진행되었다.[145]

야당의원이 선두에 선 이 시위행진에 대하여 경찰은 정면으로 이를 저지하지는 못하고 좌우 연도와 뒤에 따라오면서 운집한 군중들이 '데모'행렬에 가담하지 못하도록 극력 방지하였다. 그래서 우리들의 '데모'는 뜻대로 진행되었으나 철통 같은 경찰의 경비로 서울시민들은 연도에서 다만 무언으로 이에 가담하였다. 3·15정부통령선거는 이미 종막을 고했으나 부정선거 자체를 무효화 하기 위한 투쟁은 줄기차게 진행되어 학생들과 일반시민들의 궐기를 재촉하였다.

당시 민주당 내에서는 만일 부정선거의 무효화투쟁이 뜻대로 되지 않는다면 그 이상 자유당의 독재를 방관할 수 없으므로 우리가 주동이 되어 대대적인 국민운동을 일으켜서 독재정권을 무너뜨리자는 의견이 있었다. 이렇게 된 마당에 장면 부통령을 비롯하여 이에 호응하는 야당의원들은 모두 의원직을 사퇴해버리고 '데모'하는 국민과 더불어 함께 나가 싸우는 것이 국민에 대한 마지막 도리라고 주장하는 이도 있었다. 그러자니 모두 결사적인 각오로 선거무효화 투쟁에 나섰다.[146] 김도연도 다른 노장들의 틈에 끼어 항상 선두에서 투쟁했다. 민주당 안에서 계획하고 있었던 또 하나의 선거무효화 투쟁은 마산사건에 희생이 된 시민들을 위하여 위령제를 지내고 이 위령제를 기해서 부정선거 흉한들을 성토하는 군중대회를 열자는 것이었다. 이렇게 하면 더욱 국민의 봉기를 촉진시켜 자유당의 독재정권을 국민 힘으로 뒤집어 엎도록 하자는 것이었다.[147]

유홍의 이러한 제안이 채택되어 당에서는 준비를 서둘렀다. 김도연은 소선규, 김산, 김상호 등과 대대적인 국민운동의 조직체 규합에 나섰다. 이러한 사태를 미리 짐작한 조병옥은 미국으로 떠나기 전에 이미 우리들과 상의했다. 김상호는 이에 대한 구체안을 작성하도록 했다. 우리는 먼저 재야세력을 규합하기 위하여 김창숙(金昌淑)을 모셔오기로 하고 조국현을 성주로 보내어 동반 상경토록 하였다. 한편으로는 각 종교단체의 지하조직을 추진하여 김산으로 하여금 천도교의 신숙(申肅) 등과 접촉하였다. 이러한 계획은 우리가 집권당을 무너뜨리는데는 산발적인 '데모'만 가지고는 되지 않으니 범국민적인 투쟁조직체를 하루 속히 갖추어야 하겠다는 생각에서 추진되었다.

김도연은 미국대사관과 자주 접촉하여 그들의 대한정책의 움직임을 주시했다. 당시 미국 사람들도 자유당의 공공연한 부정선거에 대해 유감의 뜻을 품고 있었으나 그렇다고 남의 나라의 내정에 간섭할 수 없는지라. 야당의 이에 대한 태도에 깊은 관심을 갖고 있었다. 김도연은 그들을 설득하여 "대한민국은 '유엔'에 의하여 탄생된 국가이며 이를 위하여 미국은 절대적인 역할을 했으며 또 우리나라를 돕기 위하여 많은 원조를 준 것은 고마운 일이나 우리나라가 부정선거를 하는 독재국가가 되어가고 있음은 미국의 체면을 위하여도 책임이 있지 않겠느냐"고 했다.[148] 그는 우리가 돕는 구체안을 제시해보라고 하였다. 김도연은 이에 대하여 "그렇다고 해서 미국이 우리나라의 내정을 간섭할 수도 없고 간섭해서도 안되니 과거 부정선거로 악명이 높았던 비율빈의 '퀴리노' 정권을 타도케 하는데 큰 힘이 되었던 미국의 보도활동을 더욱 적극화하여 불법과 부정 사실을 사실대로 여론화 하여 주는 것이 우리나라의 독재화를 막는 미국의 큰 역할이 될 것이라"고 하였다. 그들도 나의 이러한 의견에 깊은 공명의 뜻을 표하면서도 "당신들이 당신들의 국가와 민주 번영을 위하여는 보다 적극적인 투쟁이 필요할 것이다"라는 말도 잊지 않았다.

우리들은 3·15선거의 보다 적극적인 무효화투쟁을 계획하여 오던 중 학생들의 '데모'는 날이 갈수록 고조되더니 급기야는 4·19민주혁명을 맞이하게 되었다. 집권당인 자유당이 그들의 정권을 연장하기 위하여 저질러온 온갖 부정과 불법은 무모하기 짝이 없었다. 끝내는 저들이 스스로 자멸의 길을 자초하여 붕괴하고 말았다. 또한 4·19혁명으로 젊은 꽃송이들이 수없이 떨어져 갔다. 3·1정신을 뼈 마디에 이어온 이 나라의 젊은이들이 이루어놓은 4·19는 어느 나라에서도 찾아볼 수 없는 훌륭한 민주투쟁사였다.[149]

한편 정치인의 한 사람으로 생각할 때 4·19혁명은 젊은 학생들이 주체가 되어 이루었으며 정치인 내지는 정당은 사실상 방관하는 처지에 있었을 뿐이었다. 결국 야당 내지는 정치인이 혁명의 불을 지르는 역할은 했어도 막상 혁명을 성공으로 끝맺게 하는 데는 학생이 주동이었다. 여기에서 혁명 후 수립된 민주당정권은 국민 앞에 지나치게 무력한 존재가 되고 말았다. 자유와 방종을 구분하지 못하는 일부 몰지각한 국민들로 말미암은 그릇된 사회풍조와 혁신세력의 대두로 갈팡질팡하는 무기력한 정권이었다.[150]

김도연은 3·15정부통령선거의 무효화투쟁에서 장면의 부통령 사임과 야당의원 의원직 사퇴를 강력히 주장하였다. 이는 제4대 국회가 이미 비극적인 2·4파동을 일으켜서 국회의 위신을 내외에 실추시켰다. 또한 3·15선거를 통하여 국민의 주권이 여지 없이 박탈된 이 마당에 무슨 면목으로 국회의원직에 머물러 있겠느냐 하는 것과 도 민주당 의원이라도 의원직을 사퇴하고 국민과 더불어 '데모'에 앞장에서 극한투쟁을 하는 것이 옳았으며 그러한 방법이 최후의 방법이며 최선의 수단이기도 하였기 때문이다. 김도연 주장에 많은 동지들이 동조하였으나 끝내는 당책(黨策)으로 이루어지지 못하고 말았다. 투쟁방법에 따른 의견의 차이도 있었지만 장면을 중심으로 한 몇몇 인사들은 그대로 그해 8월 15일까지 부통령의 대통령승계권이 존속되므로 그 안에 무슨 변란이라도 일어나면 합법적으로 정권을 잡을 수 있다는 심산(心算)에서 이를 반대하였다. 또하나는 많은 민주당 당원들이 모처럼의 국회의원직을 사퇴하고 야인으로 물러나는 것은 비현실적인 방법이라 하여 반대하였기 때문이다. 저들은 형세가 부통령을 비롯한 전 야당의원의 사퇴는 국내외로 큰 파문을 일으킬 것이며 의사당을 박차고 거리로 뛰쳐나와 앞장서서 싸우면 국민들의 봉기는 필지의 사실이라 확신했다.[151] 뿐만 아니라 민주정치가 뿌리채 뽑아져 일당전제정치의 방향으로 굴러가는 현실에서는 이와 같은 극한의 방법 이외에는 다른 도리가 없으며 이를 위하여 국민의 선두에서 희생되는 것이 정치인의 도리요 정당의 책무라고 믿었다. 끝내는 4월혁명은 학생이 주동이 되었고 자진해산을 면치 못하고 말았으며 요행만을 바라던 장면의 부통령도 혁명 직전에 가서야 사임하는 '난센스'를 빚어내고 말았다.

5. 4월혁명과 새로운 정치문화 정책에 노력하다

1) 4·19민주혁명이 일어나다

부정선거를 규탄하고 선거무효를 절규하는 중고등학생들의 '데모'가 계속되고 있는 중에 4월 1일 마산에서는 김주열 소년의 처참한 시체가 마산 앞바다에서 발견되자 이에 흥분한 시민들의 '데모'는 가열되었고, 연쇄반응을 일으킨 '데모'는 처처에서 재연되어 4월 18일에는 부산과 대구에서 고교생들의 결렬한 시위가 감행되었는 바 이들은 "이승만정부 물러가라!" "협잡선거 물리치고 공명선거 다시 하라"는 등의 구호를 외치기에 이른 것이다.152)

이 무렵인 4월 17일 밤 서울에서는 시내 각 대학운영위원장들의 모임이 모처에서 이루어졌는바 서울의 각 대학생들은 3·15부정선거를 규탄하는 대대적인 '데모'를 강행하기로 합의를 본 것이며 여기에 따라 다음 날인 4월 18일 처음으로 대학생들의 시위가 시작된 것이다. 즉 이날 고려대학교에서는 신입생환영회가 동교 교정에서 거행되었는 바 식이 끝나자 곧 3천여 명의 학생들은 이날 정오 교문을 나와 질서정연한 행진으로 동대문 밖에 이르자 경찰은 학생들의 전진을 저지하기 위하여 최류탄, 곤봉 등의 세례로써 전진을 방해하였다.153) 학생들은 필사의 항쟁으로 수차의 방어선을 뚫고 이날 하오 2시 반경 국회의사당 앞에 집결하기에 이르렀다.

이들은 "마산학생 석방하고 살인경찰 처단하라" "민주역도 몰아내고 공명선거 다시하자"는 등의 구호를 외치면서 연좌 '데모'를 계속하였다. 이들 고대생 '데모'대는 해가 져서 날이 저물도록 의사당 앞에서 떠나려 하지 않았으므로 유진오(俞鎭午) 총장과 여러 인사들의 설유에 의하여 하오 8시경 겨우 진정이 되어 학원으로 돌아가던 중 종로4가 천일백화점 앞길에 이르자 이정재를 고수로 한 이른바 반공청년단원이라는 정치깡패의 습격을 당하여 많은 학생들이 흉기로 얻어 맞아 부상을 당하였다.

다음날 4월 19일 아침부터 학생들과 애국시민들이 합류한 가운데

시청에서 경무대에 이르는 거리에 모인 시위대는 무려 십만 명에 달했다. 동국대학교 학생을 선두로 제1진은 경무대, 또다른 1진은 서대문 이기붕 집으로 향해 돌진하였다. 대학생은 경무대 입구에까지 돌진하였다. 경비 중이던 경찰대는 최루탄과 실탄을 발사하여 학생들이 피살되거나 부상당했다. 분노한 시위대는 반공청년단본부와 서울신문사를 습격 방화하였다. 소방차를 탈취 분승하여 부상학생들의 응급치료에 나섰고 도처에서 경찰의 발포가 있어 수도 서울의 거리는 시가전을 방불케 하는 공포와 전율의 도가니로 화하였다. 이날의 의거로 '데모'대의 앞장에 섰던 11명의 학생들과 청년들이 경찰의 발포로 목숨을 잃었으며 600여 명이 총상을 입어 병원에서 신음하고 있었다. 4·19시민혁명은 우리나라의 민주발전사상 특기할 만한 거사라고 하겠거니와 당시 정권은 이날 하오 8시 송요찬(宋堯讚) 장군을 사령관으로 비상계엄령을 6시로 선포하고 사태를 수습하려는 미봉책을 내세웠다.

4·19혁명 이후 이승만정권의 전 국무위원은 의례적으로 사표를 제출하였다. 당면한 사태수습을 위해 허정과 변영태 등도 경무대로 초치하여 수습책을 논의했다. 이승만은 4월 22일 이기붕에게 자진사퇴와 모든 공직 사퇴를 명령하였다. 집권욕에 연연한 이기붕은 다음날 비서실장을 통하여 "부통령의 당선 사퇴를 고려하겠다"고 애매한 태도를 취하였다.[154] 다시 시위가 벌어지려는 사태에 4월 24일 부통령당선과 모든 공직에서 물러나겠다는 태도를 밝혔다. 이승만은 부상당한 학생들을 위문하거나 치료비를 지원하는 등 사태를 수습하려는 의도였다.

민주당은 사태수습을 위해 연일 간부회의를 소집했다. 대부분이 모르는 사이에 23일 상오 장면은 부통령직에서 사퇴하겠다는 사퇴서를 제출하였다. 장면이 부통령을 사퇴하게 된 동기는 3·15부정선거가 무효화될 것을 예상하고 또 이것을 촉진하기 위한 것이었으나 구파측 동지들과는 사전에 합의가 없었던 일로 엄상섭의 헌책에 의한 것이라고 알려졌었다. 어느 모로 본다면 장면의 부통령사임은 이기붕의 공직추방과 이승만 하야를 촉진했다고 볼 수도 있겠다. 만약 당시에 부통령직을 사퇴치 않았다면 대통령 자리를 계승하여 사태수습을 할 수 있었다고 보아 이후 정국추세는 좀더 다른 방향으로 전개될 만큼 긴박한 상황이었다.

4·19학생의거가 있은 후부터는 비상계엄이 선포된 까닭에 무장군인들이 배치되고 있었다. 그럼에도 4월 25일 하오에는 대학교수단의 '데모'가 그날 밤 또다시 학생 '데모'가 재연되어 4월 26일 아침에는 시민 대다수가 시가지로 쏟아져나와 시위에 가담했다. 경무대 주변과 국회의사당에 이르는 도로는 인파로 뒤덮였다.

이때 국회에서는 원내 각파 대표가 모여 4·19사태의 수습책을 논의한 결과 3·15부정선거의 무효선언과 이대통령의 사임권고 및 내각책임제의 개헌 등으로 일단 사태를 수습한다는 원칙을 내세웠다. 이와 때를 같이 해서 이날 상오 10시경 이대통령으로부터 하야성명이 발표되었다.155) "① 국민이 원한다면 대통령직을 사임하겠다. ② 3·15선거에 많은 부정이 있었다 하니 선거를 다시 하도록 지시하였다. ③ 국민이 원한다면 내각책임제의 개헌을 하겠다. ④ 이번 선거로 인한 모든 불만스러운 일을 없애기 위하여 이기붕 의장을 완전히 공직에서 물러나도록 하였다."고 밝혔다.

하오 국회는 비상회의를 소집하고 이대통령의 사임권고 결의안을 만장일치로 통과시켰다. 4월 27일에 이대통령은 국회의 결의를 존중하여 대통령직을 물러나겠다는 성명과 함께 그의 사임서를 국회에 전달하고 다음날 경무대를 떠나 이화장으로 옮겼다. 이로써 12년간의 집정자로서 독선이니 독재니 하는 등으로 국민의 지탄을 받아오던 그는 마침내 하야했다. 그의 하야와 동시에 자유당의 일당독재통치는 종막을 고하고 말았다. 그뿐만 아니라 이승만이 경무대에서 이화장으로 옮기던 날인 4월 28일 새벽 5시 40분쯤 경무대 별관 경비실 옆에 있는 대통령 여비서 집에 은신하고 있던 이기붕은 부인 박마리아, 차남 강욱과 함께 그의 큰아들 강석은 쏜 총탄에 의하여 일가족 4명이 자결함으로써 자유당은 완전히 붕괴되었다. 정치적 공백기에 처한 민주당은 정국을 수습해야 할 위치에 있었으므로 우선 과도정부의 수립을 모색하고 다음 단계로 총선거를 통하여 정권을 이어받을 준비를 갖추었다.

민주당에서 과도정권을 맡거나 일부만 입각하여 선거에 임하자는 주장도 있었다. 결국 허정을 중심으로 과도정부 수립이라는 결론이 내려졌다. 허정은 과도정부의 수립을 맡게 된 동기는 이승만이 하야하기 하루 전날인 4월 25일자로 외무부장관에 기용하고 내무부장관에 이호, 법무부장관에 권승렬(權承烈)를 각각 임명하여 사태수습을 기하고 있었으므로 부석구무위원 그 분이 결국 과도정부 수반을 맡게 된 것이며 또 그렇게 하는 것이 가장 무난할 것이라는 의견이 있었기 때문이다.

허정은 자기가 이대통령에 의하여 임명된 사람으로서 이박사가 하야한 이 마당에 과정을 맡는다는 것은 모순된다고 하면서 이를 사양하는 태도였다. 그런데 국가의 앞날을 위하여 중직을 맡아주기 바란다고 김도연 등은 진심으로 부탁하여 수락받았다. 그리하여 과정을 수립하는데 허정은 김도연을 자기 집으로 초청하여 입각을 권유해왔으나 나는 과도기에 처하여 국무위원이 되는 것을 원치 않고 있었으므로 뜻을 거절할 수밖에 없었다. 그 결과 허정은 정치적 색채가 없는 인사들로서 과도정부를 구성하고 그 해 5월 2일 최초의 국무회의를 열고 정국수습에 임하게 되었다.

이 무렵 우리 국회에서는 이기붕 의장의 자결과 자유당 출신의 임철호(任哲鎬) · 이재학(李在鶴) 의장의 사표가 수리됨으로써 의장과 부의장 보선문제가 대두되었다. 이 과정에서 우리 민주당은 국회부의장의 경험이 있는 곽상훈을 의장으로 추천하고 김도연을 부의장으로 추천하였다. 5월 2일 하오에 열린 국회본회의에서 의장에는 곽상훈 · 김도연은 171명 중 114표로 이재형(李載瀅)은 재석 118명 중 79표로 각각 부의장에 당선되었다. 소수당에서 의장과 부의장을 차지하고 무소속이 한 자리의 부의장을 차지한다는 것은 있을 수 없는 일이었다. 이는 모두 4월의 돌아가신 분들의 민주주의를 수호하기 위하여 피흘린 결과였다.

김도연은 의정활동 8년 동안을 항상 소수당에 있었기 부의장에 당선되어 처음으로 사회봉을 쥐게 되었다. 의장단 선거에 이어 국회는 내각책임제 개헌안을 5월 15일까지 국회에 제출할 것과 개헌안이 통과될 때까지 정 · 부통령선거를 유보하라는 대정부건의안을 통과시켰다.156) 개헌 과업을 성취하는데 총역량을 기울이게 되었다. 우리가 이렇게 내각책임제의 개헌을 촉진하여 원내에서 입법 과업을 겨우 끝냈을 무렵 미국의 '아이젠하워' 대통령이 일본을 방문하려다가 여정을 바꾸어 '오키나와'를 거쳐 6월 19일 우리 한국을 방문하게 되었다.

'아이젠하워' 대통령은 맨 처음 대통령선거에 임했을 때 한국에서의 휴전을 선거공약으로 내걸어 대통령에 당선되었다. 당선되자 곧 우리 한국을 방문한 일이 있었으나 대통령이 현직으로 한국 방문은 처음이었다. 정부는 그를 국빈으로서 환영해야하는 처지였다. 또한 진심으로 그를 맞이할 준비를 갖추었다. 그때 민의원의장인 곽상훈은 개정헌법에 따라 대통령권한을 대행하고 '아'대통령을 맞이하게 되었으므로 그렇게 되면 그가 민의원선거에 출마하지 못하게 되었기 때문에 그 분의 영접을 과도정부에 넘겨주기 위하여 곽의장의 형식상 사태문제가 대두되었다. 그래서 나는 곽상훈씨의 의장직 사퇴에 따라 제4대 민의원이 해산될 때까지 의장직을 대리했다. '아이크'가 내한했을 때에도 그 분의 영접, 전송, 만찬회에 이르기까지 의장직을 대행하여 '아이크'와 접촉하는 기회를 갖게 되었다.[157]

김도연이 의장직을 대행했을 때 상정된 안건은 별다른 것이 없었으나 처녀사회를 맡던 날 어느 신문의 '가십란'에 묘한 평을 받은 일이 있었다. 단평의 내용을 소개하면 다음과 같은 것이다. " 김도연 부의장의 두 번째 사회 날인 16일 아침의 국회본회의에서 곽상훈 의장은 의원직마저 잃어버릴 뻔했다. 이야기는 6·15개정헌법의 공포에 뒤따라 대통령직 대행을 국회의장이 해야 되지만 과도기요 곽의장이 다음 총선거에 입후보해야 하는 만큼 물러앉겠다는 입장이었다. 이날 사회자인 김부의장은 그만 "곽의장의 의원직 사직원을 상정하겠습니다"라고 발언했다. 의석에서 "의장직이요, 의원직 사퇴가 아니요"라고 떠들었으나, 김부의장은 그대로 우물쭈물, 그런데 곽의장은 사직 전에 인사차 올라와서 "하마터면 의원직까지 잃어버릴 뻔했다"고 발언하니 웃음이 터져 나왔다.……" 이렇게 기자석으로부터 평을 받는 것도 때에 따라 애교도 있고 재미도 있는 일이었다.

곽의장의 사표가 수리되자 김도연은 의장석을 대리하여 '아이크'의 출영차 김포공항으로 나갔다. 방한 제2일째의 만찬회에도 참석하여 '아이크'와 다정하게 담소할 기회도 얻을 수 있었다. 과도정부의 허정 수반 주최로 경무대에서 베풀어진 만찬회에서 '아이크'는 우리 한국의 일품 요리인 신선로의 요리를 맛있게 먹었다고 소개되었거니와 이 만찬회에는 내외귀빈 불과 20여 명이 참석했을 뿐이었다. 민의원 의장직을 대리했기 때문에 나도 여기에 참석할 기회를 갖게 되었다. 마침 '아이크'가 가운데 앉고 허정과 김도연은 좌우 양편에 앉아 담소하는 시간을 갖게 되었다. '아이크'는 대통령에 당선되기 전 컬럼비아 대학에 관계되는 이야기를 주고 받았다. 그러나 화제의 중심은 곧 한국의 요리문제 등으로 옮겨졌다. 그는 신선로의 음식을 제일 좋아하면서 맛있게 드는가 했더니 갑자기 우리나라 농촌의 가축에 대한 것을 김도연에게 물었다. 즉 소는 얼마나 있으며 닭과 돼지는 얼마나 있느냐고 묻는 내용이었다. 그래서 대략 밝혀가면서 구체적으로 설명하였더니 미국 대통령이 만족하는 눈치였다.

김도연은 '아이크'와 함께 담소하는 가운데 얼른 보기에는 미국의 전통적인 시골 사람 같은 인상을 받았다. 그런데 기질과 기상은 군인 '타입'으로 어딘지 모르게 위엄이 있는 것을 엿볼 수 있었다. 평범한 그가 제2차 세계대전의 영웅으로서 미국국민들로부터 존경과 신뢰를 받은 '아이크'였다. 김도연은 '아이크'가 떠나던 날 김포공항까지 전송을 나가 악수를 하면서 "다시 한번 한국을 방문해주기 바란다"고 석별의 정을 나누었다. 김도연은 부의장으로 당선된 후 우리 민의원은 제헌국회 말기부터 추진해오던 내각책임제의 개헌을 단시일 내에 성취했다. 개헌과업이 끝나고 '아이크'의 영접이 끝나자 제2공화국정부를 구성하기 위한 총선거를 치러야 하므로 제4대 민의원은 6월 23일 기해 사실상 해산되었다.

2) 7·29선거와 총리에 지명되다

4 · 19혁명으로 자유당의 독재정권이 무너지자 상 · 하 양원제와 내각책임제의 개헌을 성취한 제4대 민의원은 임기 4년의 절반을 남겨두고 1960년 6월 23일 사실상 해산되었다. 제2공화국의 정부수립을 위한 제5대 민의원과 초대 참의원 선거가 그해 7월 29일에 실시되었다. 1948년 8월 15일 대한민국 정부수립이 내외에 선포된 이래 4차에 걸친 민의원총선거와 3차에 걸친 정 · 부통령직접선거, 시읍면장선거를 비롯한 각급 지방선거가 있었다.[158] 거의 전부가 탄압선거로서 진정한 자유분위기 하에 실시된 선거는 경험하지 못했다.

자유당의 독재정권이 무너지고 과도정부 하에 실시된 7 · 29총선거는 절대적 자유분위기 속에서 총선거라 하여 전국민의 대망 속에 실시되었다. 김도연의 바램과 달리 자유와 방종을 혼돈한 나머지 일부 지역에서는 난동사건이 벌어져서 선거분위기를 더럽히게 한 것은 참으로 유감이 아닐 수 없었다.[159] 그러나 이 선거는 4 · 19민주혁명으로 내각책임제의 개헌이 성취되었고 처음으로 민 · 참 양원을 구성하여 대의정치제도를 확립한다는 의미에서 대통령중심제 하에 실시된 과거의 총선거와는 의의를 달리하여 온 국민의 관심은 자못 컸다. 선거에서 당선된 의원들은 대통령을 선출하고 대통령이 지명하는 국무총리가 국회의 인준을 얻어 국회가 책임을 지는 정치를 하기로 되어 있었다. 다수당이 정권을 쥐는 선거여서 어느 정당이 보다 많이 의회에 진출하느냐는 점에 전국민의 이목을 끌었다.

4·19혁명으로 독재정권이오, 다수당이었던 자유당이 붕괴되고 그 밖에 군소정당이 있었으나 민주당의 조직에는 도저히 대항할 수 없었다. 결과적으로 민주당의 독무대와 같은 인상을 받게 되었다. 이에 따라 민주당이 다수당으로 진출하여 집권하게 된다는 것은 의심할 여지조차 없었다. 7·29총선거에 임하게 된 민주당은 혁명 이후 신구 양파의 대립이 절정에 이르러 사실상 양파의 대립이 정국을 좌우하는 형편이었다.

이 선거에 입후보한 민의원후보자는 무려 1,562명에 달하였고 참의원후보자는 213명에 달하였다. 당시의 정치적 추세는 민주당이 자유당정권을 무너뜨린 혁명세력의 일익으로 지목을 받아 어느 때보다 유리한 입장에 놓여 있었고 집권당이 되리라는 것은 틀림없었다. 내막적으로 신구 양파의 대립은 격심했으나 되도록 표면화하지 않고 223개 구의 전 민의원선거구에 입후보자를 공천하였다. 공천에서도 신구 양파는 각기 많은 공천자를 내세우기 위하여 선거대책위에서 말썽을 부렸으므로 결국 이의가 있는 지역만은 소위원회에 넘겨서 심사·결정하기로 하였다.[160] 이른바 핵심 '멤버'는 신구파의 비율이 같았으나 어떻게 된 셈인지 구파 측의 공천에 불리한 결과를 가져왔었다. 이후 참의원후보 공천에서도 말썽이 없지 않았으나 결국 양파의 비율을 조정하므로 선거에 임하게 되었다. 결과적으로 신구 양파 어느 측에서 다수의 의석을 확보하여 집권세력이 되느냐 하는 문제가 최대의 관심사였다.

자유당의 독재정권보다 약 6년간에 걸친 투쟁을 통하여 동지적으로 결합하고 있었음에도 신구 양파의 대립은 격렬했다. 2회에 걸친 정·부통령 공천경쟁에서 신파는 한 번도 양보함이 없이 지명전에 임했을 뿐만아니라 구파 측을 거세하기 위하여 당내의 조직을 일방적으로 개편·강화함으로 피차 감정이 정권 교체라는 과제를 이루는데 좋지 않았다. 더욱이 혁명 이후 신파와 구파 정책에도 차이가 언젠가는 분당해야 된다는 간극이 있었다.[161)

4·19혁명 직후 내각책임제의 개헌을 추진할 당시에도 당분간 대통령중심제의 헌정을 계승하려는 신파와 이를 반대하는 구파의 의견충돌이 있었다. 군인들에 대한 부재자투표제의 선거법 개정 등에 대해서도 의견 상충 등으로 정치적인 대립을 가져왔다. 민주당의 공약이 내각책임제 하에 책임정치를 구현한다는 목표는 대통령중심제를 지속한다면 국민을 기만하는 결과로 용납될 수 없었다. 이를 반대하는 일부 신파와 타협하여 내각책임제의 개헌을 성취했다.

양파는 정부수립과 감정대립이 얼킨 가운데 군소정당이 한몫 끼어 진행된 7·29총선거는 민의원선거에서 민주당 공천후보가 205명, 자유당계 55명, 무소속 1,009명 사대당 129명, 한사당 19명, 통일당 1명, 한독당 12며, 자유법조당 8명, 헌정동지회 12명, 기타 10명이었다. 선거 사상 초유의 참의원선거에는 민주당 61명, 자유당 13명, 무소속 129명, 사대당 6명, 한사당 2명, 기타 3명이 입후보하여 자유당이 붕괴된 대신으로 새로운 세력을 자처하고 나선 군소정당이 난립하는 형편이었다. 민의원선거에서도 우리 민주당의 공천후보가 각 선거구에 걸쳐서 입후보했음에도 불구하고 구파의 공천지역에는 신파 사람들이 대결하게 되고 신파의 공천구역에는 구파 사람이 대결하는 현상이 나타나는 등 나중에는 신파 공천, 구파 공천으로 호칭되는 형국이었다.[162)

김도연은 7·29선거전에도 전례와 다름없이 서대문 갑구에서 입후보하여 민주당에서 내세운 정책과 정견을 유권자에게 제시하고 그들의 심판을 받게 되었다. 입후보 전부터 내 선거구에도 신파 측의 누군가가 대항하리라는 소문은 들었지만 막상 입후보등록을 마치고 보니 그 전에 출마한 일이 없던 새로운 사람이 도전해왔다. 서대문 갑구에서 나와 경쟁한 사람은 제4대 민의원선거에도 출마한 박종림와 장순덕를 위시하여 새로 입후보한 신상초(申相楚) 등 모두 네 사람이었다. 그 중에도 신상초는 대학에서 교편도 잡았고 언론기관에도 있었기 때문에 잘 아는 처지였으나 신파 후원으로 도전해왔다. 신파에서는 앞으로 총선거가 끝나게 되면 장면에 대결할 구파의 유일한 사람으로 김도연을 점 찍어 놓고 어떻게 하든지 민의원에 진출하지 못하도록 방해전술을 쓴다는 것이었다. 상산에게 도전할 인물을 물색하고 신상초로 낙착되었다. 그는 처음으로 서대문 갑구에 입후보했음에도 상당한 물질적 배경을 뒷받침하고 하등의 조직이 없었는데 가톨릭 교인들을 배경으로 하여 상당히 조직적인 운동을 전개하는 것으로 보아 신파와 연결되어 있었다.[163] 자유당 독재정권과 투쟁하기 위하여 동지적 결합으로 6년 동안이나 자유당과 투쟁하느라고 온갖 고초를 겪었다. 김도연은 당내에서 이렇게 대접한다는 것은 섭섭한 생각이 없지 않았으나 원래 정치하는 사람들이란 인정과 사정도 없으려니 하고 나름대로의 선거운동을 진행할 수밖에 없었다.

엄연히 당의 공천자가 입후보하였고 그것도 당의 중요간부의 한 사람이었던 김도연이 출마한 곳에 이처럼 낙선공작을 하는 것은 정치도의에 벗어난다는 세평이 떠돌기도 했다. 신파에서는 장면이 입후보한 용산구에 최흥조란 사람이 출마한 것을 구파 측에서 내세운 인물이라고도 말했다. 마포구에서 김상돈과 대항한 마포중·고등학교장을 지낸 박인출을 김도연이 내세운 사람이라고 강변한다고도 말했다. 사실을 그대로 밝히자면 몇몇 사람들은 "장면과 대결할테니 후원해 주기 바란다"고 별의별 사람들이 찾아왔다. 김도연은 이러한 요청을 일체 받아들이지 않았다. 오히려 그릇된 생각을 설득해 보낸 일이 여러 번 있었다. 엎친데 덮치는 격으로 장순덕이라고 하는 젊은이는 기성세대를 물리치고 신진인물을 내세워 쇄신된 정치를 해야 된다고 선전공세를 취한 까닭에 신상초라고 하는 신진인물의 위치가 그럴싸하게 되었다. 그러자니 선거구민들 중에는 젊은 사람으로 퍽 독독하다고 볼 수 있는 신상초를 한 번 국회에 보내자는 사람들도 적지 않았다. 그도 수없이 강연회를 열어 선거민의 인기를 얻으려고 노력하였으나 웬일인지 강연이 회수를 거듭할수록 선거구민들 간에 점차 인기가 떨어지고 열이 식어가는 것 같았다. 한동안은 김도연 자신도 고전을 겪지 않을 수 없었다. 선거구민들 간에 내가 제2공화국의 정부수립에 중요한 역할을 맡게 되리라는 여론이 떠돌게 되고 또 김도연을 도와주던 선거운동원들과 숨어서 그의 당선을 위해 힘 써준 선거구민들의 후의로 당선이 사실상 결정적이었다.

제2대 국회의원선거 때는 낙선의 고배를 들었으나 김도연은 제헌국회 이래 3대, 4대선거에서 당선된 것은 무엇보다 선거구민 전체가 그를 지지해준 결과라고 생각되었지만 이분들의 후의에 보답하지 못한 것을 송구스럽게 생각했다. 선거구민들이 이처럼 김도연을 신임해 주게 된 이면에는 주변에서 당선을 위하여 힘써준 동지들의 노고를 간과할 수 없었다. 물론 알지도 못하는 사람들로서 김도연을 위하여 힘써준 사람들도 있었다. 그러나 그의 당선을 위해 애쓰던 모습이

때때로 눈앞에 그려진다. 이들 중 기억에 남아 있는 몇 사람은 자신의 분신과 같은 존재였다.

제헌국회 때와 제3대 민의원선거 때는 박종화는 선거사무장을 맡아서 그 어려운 중에서도 당선을 위해 노력했다. 제4대 민의원선거 때는 김병관은 선거사무장을 지냈고 7·29총선거 때에는 신현성이 선거사무장을 맡아 어려움을 무릅쓰고 당선을 위해 많은 난간을 극복하는 투혼을 발휘했다. 그의 선거운동에 힘써준 사람들 중에는 오덕수, 황희초, 이성의, 조병운, 김두선, 김대봉, 박응서, 황영시, 김성만, 김희범, 이군혁, 김도전, 신종근, 강남헌, 박정의, 김진철, 신언상, 박병선, 노홍욱 등과 특히 김입분, 송복동, 윤병숙, 정양수, 김은숙, 김계숙 여사 등 부인네들도 포함되어 있다.[164]

김도연이 재무부장관에서 그만두고 줄곧 야당생활만 하였기에 선거 때마다 선거비 부족을 면치 못했다. 더욱이 관권의 탄압을 받았으므로 표면적으로 나서서 선거운동에 임하던 분들의 고통이 적지 않았다는 것은 이루 말할 수 없거니와 또 이름을 내걸지 못하고 숨어서 김도연을 밀어주던 사람들의 고심도 적지 않았다. 이 분들이 야당이었던 그의 당선을 위해 노력한 것은 개인의 당선을 전제로 하는 친분에도 좌우되었다고 볼 수 있으나 자유당 독재와 투쟁하기 위한 하나의 민주투쟁으로 선거운동에 임한 사실의 방증이다.

선거운동을 치룬 결과 뚜껑을 열어본즉 다시 한번 서대문 갑구의 투표자들은 압도적 지지표를 김도연에게 보내주어 제2공화국의 정부 수립에 이바지하는 기회를 부여하였다. 이리하여 역사적인 7·29총선거전은 종막을 고하여 전국적으로 개표 결과가 발표되었다. 민의원선거에서는 민주당 175명 중 신파가 78명, 구파가 86명, 중도파 8명이 당선된 반면 무소속 46명, 사대당 4명, 자유당 2명, 한사당 1명, 통일당 1명, 기타 1명이 당선되었다. 그리고 참의원선거에서는 민주당 31명, 무소속 20명, 자유당 4명, 사대당 1명, 한사당 1명, 기타 1명이었다. 물론 이것은 난동사건으로 개표가 중지된 선거구를 제외한 집계였다.

유감스럽게도 혁명 이후 처음으로 실시된 이 선거에서 개표 시 난동사건이 벌어져서 경남 창녕을 비롯하여 괴산, 대전 갑, 서천, 광산, 김천, 고성, 영양, 밀양 갑, 진도, 남원 갑, 삼천포, 산청 등지의 13개 선거구는 나중에 재선거를 실시하는 사태를 빚어내어 공정선거를 부르짖던 민주당의 처지로 보아 퍽 유감스럽게 되었다.

4) 군사정변과 정계에 복귀하다

1962년도 저물어가는 12월 하순에 군정하에서 살벌했던 분위기와 정국의 불안, 생활고 및 경기 저하 등으로 인해서인지 예년에 비하여 세모 기분이 대체적으로 격감되었다. 그래도 상가에는 '성탄절'과 「신년」을 맞기 위하여 화려하게 단장된 '네온싸인'이 반짝였고 무거운 선물보따리를 어깨에 멘 '싼타클로스'의 호탕한 면모가 나붙었으며 이동식 노점에는 각종 '카드'와 신년도 '카렌다'가 색채도 아름답게 진열되어 오가는 행인들의 시각을 현혹케 하고 있었다.

김도연은 몇 일 앞으로 박두해온 정치활동 재개, 뒤에 올 민정이양, 시급한 민생문제해결 등등 이와 같은 다감한 명상에 잠긴 채 묵묵히 무교동 골목으로 발걸음을 옮기고 있었다. 얼마 전부터 김병로·전진한·이인 등 지명인사들이 중심이 되어 정치활동 재개에 대처한 정당 재건의 기운이 발아되고 있었으며 여기에 대하여 협력해 줄 것을 몇

몇 동지들로부터 교섭을 받은바 있을 뿐만 아니라 이 연결처를 이곳 무교동으로 정했다고 들은 바가 생각났다.[165)

당시 김도연 등 야당 인사들은 정치정화법에 묶인 채 미해금 중에 있었으므로 정치활동이 재개되어도 적극 참여는 불가능했다. 당초부터 적격 여부 판정신청조차 제기하지 않은 나는 해금될 기약조차 보이지 않았다. 군사정권의 자비심에 기대할 수밖에 없었으나 군정 종식을 위하여는 가능한 협조해야겠다는 상산의 표정은 억제될 수가 없었다.

이보다 앞서 3월 23일 윤보선은 대통령직에서 하야한 후 종종 김도연과 정국에 대한 담론이 있었다. 이들은 하루 빨리 군정을 종식시켜야만 되겠다는 공통된 견해를 교환해오던 중 정치활동 재개가 임박해옴에 따라 서로 정보를 교환하는 등 접촉은 더욱 활발하게 이어졌다. 윤보선은 정정법에서 제외되어 있었으므로 정치활동 재개와 더불어 자유로이 정치에 참여할 수 있어 그를 중심으로 한 구신민당과 각층의 정치인들이 결집되어 가고 있었다. 무교동에는 김병로·전진한·이인 등 재야 중진들을 중심으로 하여 정당창립에 목표를 두고 집결되었다.[166) 동상이몽 아닌 동상이몽이 같은 시간에 진행되고 있었다. 이는 후일 민정당 창건의 시초였다.

김도연은 과거 신민당을 영도해온 사람이었지만 당시 박정희 군사정권의 강력한 조직기반을 분쇄하고 또 군정세력에 대항하기 위해 전 재야세력이 한데 뭉치지 않고는 불가능할 것임을 주장했다. 구신민당의 조직기반으로 재야정치세력을 총망라한 신당(민정당)을 창건을 계속하여 주장하였다. 상산은 구신민당 재건을 간청해오는 몇몇 동지들을 설득하기에 분주한 나날을 보냈다.

여하튼 안국동이나 무교동은 "우선 군정에 종지부를 찍어야 한다"는 시론과 대전제하에 격의 없는 연락이 취해졌다. 김도연은 쌍방의 합류를 위하여 주력하는 중 12월 말일 1년 반여 동안 정당·사회단체의 정치활동을 금지했던 군사혁명위원회 포고 제4호가 폐기되므로 63년 초부터 실질적으로 정치활동이 허용될 것을 전망했다.

구신민당계를 주류로 하여 신당 조직을 추진하고 있는 안국동이나 비신민당계가 주동이 되어있는 무교동은 차츰 그 면모가 부각되었다. 단일체를 형성하기 위한 횡적 접촉이 급진적으로 추진되는 분위기였다. 김도연은 지인 등을 통하여 적지 아니한 역할을 모색했다.

이렇게 하여 63년 1월 1일에는 윤보선·김병로·이인·전진한 등은 안국동에서 모임을 갖고 단일야당(가칭 민정당) 형성 원칙에 합의를 보아 급속도로 진전되었다. 1월 14일에는 구신민계 전원이 신당에 참여할 것을 성명하기에 이르렀다. 1월 26일에는 가칭 민정당 발기취지문이 발표되었다.[167] 다음날인 27일에는 발기인대회가 개최되는 등 비약적으로 신당창건작업이 진행되는 분위기였다. 그런데 후문에 의하면 윤보선이 동 발기인대회에 불참한 바 있어서 세론이 구구한 바도 없지 않았다. 그럼에도 큰 기대감을 가지고 민정당이 발족되는 역사적이고 감격적인 순간을 맞았다.

이보다 앞서 1월 18일에 있었던 여당인 민주공화당의 발기인대회에서 위원장으로 김종필이 선임되었다. 이어 전국적인 조직망 확보에 주력한다고 하였는바 가증스럽게도 그들은 사전조직에 의하여 정당 기반을 확보하고 있었다. 각본에 의하여 연출하고 있었던 것이지만 여하튼 여당의 발기인대회에 뒤이어 야당으로서는 처음으로 발기인대회를 치루었다. 일반의 기대도 적지 아니하여 일부분이긴 했어도 재야 각 정파가 이에 가담되었다. 과거 정치에 간여한 바 없는 지명 인사들까지도 적극 호응하여 밝은 전망을 엿볼 수 있었다.

　며칠 후인 2월 1일 5·16에 의하여 이양된 집권정당인 민주당이 그 세력을 총집결하여 창당준비대회를 개최하고 구조직 기반을 재정비 하기 시작했다. 외에도 장택상·조경규 등을 중심으로 하는 구자유당 탈락파의 결집하여 허정·손원일 등을 중심으로 한 세력의 결집, 변 영태·인태식 등을 중심으로 한 정치세력, 군사정부의 세력권에서 제 거된 혁명주체 탈락파가 동지를 규합하여 '정치클럽'을 추진하고 있 다는 소문이 떠도는 등등 수많은 정당들이 혹은 음으로 혹은 양으로 추진되고 있었다.[168] 몇몇 들러리 정당들까지도 야당의 탈을 쓰고 태 동되어 우후죽순격으로 난립되어 야당의 홍수 속에서 내가 당초부터 주장하고 염두해 온 범야 세력 대동단결을 위한 야당단일체 구성은 또다시 불투명하기 시작하였다.

제7장

야당 통합으로 정국 수습에 노력하다

1. 대여투쟁 강화와 한일회담을 반대하다

정계에 복귀한 김도연은 대여투쟁을 위한 야당 통합에 혼신을 기울였다. 여당인 공화당은 전체 의식 중 거의 3분의 2에 육박한 110석을 차지하고 있었다. 반면 야당인 민정당은 41석, 민주당은 13석, 자유민주당은 9석, 국민의당은 2석이었다. 자유민주당과 국민의당은 10석 미만으로 국회법에 의해 독자적인 교섭단체가 될 수 없었다. 결국 교섭단체를 구성하는 방안은 소수 의석을 가진 정당끼리 연합이었다.[1] 민주당은 13석으로 교섭단체이나 대여투쟁을 위해 자유민주당·국민의당과 통합하여 삼민회(三民會)로 등록했다.[2]

한편 박정희 대통령취임식에 참석한 일본정부 대표는 한일 관계를 '부자지간'이라는 망언을 서슴지 않았다. 삼민회의 김준연 등 22명은 이를 규명하고자 박태통령 국회출석결의안을 제출하였으나 공화당의 반대로 무산되었다. 야당은 대정부 질의를 통하여 대일 저자세 외교를 규탄했다. 이를 계기로 전체 야당이 망라된 대일굴욕외교반대투쟁위원회도 조직되었다.[3] 위원장은 민정당 대표최고위원인 윤보선을 선출하고 지도위원과 각 부서도 조직되는 등 자못 심상하지 않는 분위기였다.

지도위원을 맡은 김도연은 윤보선·장준하(張俊河) 등과 이러한 사실을 널리 알리고자 지방 유세에 나섰다. 부산·마산·통영 등지의 해안 도시를 거쳐 대구·대전 등지에서 시국강연회를 개최했다.[4] 마산에서는 1만여 명, 부산에서는 수만 명, 대구와 대전에서도 1만여 명이나 참석하는 성황을 이루었다. 그는 대일국교정상화를 반대하지 않으나 정부의 저자세 외교를 규탄하였다. 한일합방과 같은 주권 침해는 없겠지만 경제적인 식민화를 면치 못하리라고 전망했다. 일본의 시장화나 경제적 식민지화에 직면한다는 사실도 거듭 강조하였다. 이외에도 대일청구권 문제, 평화선양보 문제 등도 거론함으로 청중들로부터 박수갈채를 받았다.[5]

당시 지방 신문은 이를 크게 보도하였다. "일본의 경제 공세를 경계해야 되겠다는 김도연 의원의 논리는 경청할 만하다. 어느 정권치고 국민을 못살게 정치하지는 않을 것이다. 그러나 현재까지 한국정치는 원조 당국의 입만 온 국민이 쳐다보게 되고 '달러' 몇 푼이 온 국민생활을 희비 속에 몰아넣은 이 정국에 눈에 안 보이는 식민주의가 미국과 일본이 이중적으로 우리나라에 침공해온다면 후진과 낙오만을 선물로 하는 정치가 될 수밖에 없다."[6]라면 정부의 대일외교를 비난하였다.

이러한 분위기에 학생들은 적극적으로 참여했다. 정부는 '애국적

처사'라며 극찬을 아끼지 않았으나 구태의연한 저자세 외교를 멈추지 않았다. 그럼에도 박대통령은 연두교서를 통하여 일반 서민 대중은 소비생활에서 절약할 수 없는 최저선에서 방황하고 있건만 내핍생활만을 강조하였다. 이들은 내일에 대한 희망조차 가질 수 없는 현실이었다. '그저 참고 견디어 보라'는 막연한 내용으로 기아선상의 서민대중이나 중·소상공인에게 전혀 도움이 되지 않는 내용이었다.[7]

김도연은 대정부 질의를 통하여 대여투쟁에 나섰다. "지금 제3공화국은 그 어느 때보다도 험준한 난국에 직면하고 있다. 경제적으로나 사회적으로 또한 정치 일반에 걸쳐 불안과 불신 그리고 초조한 감에 감싸여 있는 오늘의 국내 정세는 국민들에게 내일의 희망마저 기대할 수 없는 절망적 상태에서 방황한다. 본인은 이제 삼민회를 대표하여 당면한 경제시책에 대하여 중점적으로 몇 말씀을 드리고자 한다."[8] 질문 내용은 모두 18가지였으나 주요한 부분은 다음과 같다.

첫째로 한국은행 통계에 의하면 1963년도 국민총생산고가 3천6백억 원이다. 이는 작년도의 2천8백15억 원에 비하여 38%의 증가를 보여주나 물가상승률 24%를 감하면 실제로는 5.9%의 경제성장률을 보인다. 그러나 1964년도에는 외국 원조의 감축으로 국민경제에 어두운 그림자를 던져주고 있다. 둘째로 1964년도에 책정된 경상비 2백4억 원은 작년에 비하여 57%가 증가되었는데 경상비의 증가를 막기 위해 불필요한 기구를 축소할 생각은 없는가. 셋째로 1964년도 예산에서 재정투융자가 46억 원이나 감소되었음으로 일어나는 경제상 불균형과 민간기업체의 타격은 없겠는가. 넷째로 국민 부담이 세율 증가로 40% 늘어났는바 과연 조세수입의 차질은 없겠는가. 다섯째로 대한원조가 대폭 줄었음에도 관세수입은 작년보다 오히려 42%가 증가하고 있으니 그 예산 근거는 무엇인가. 열다섯번째로 중소기업 육성을 위한 예산은 작년보다 6억 원이 감축되었는데 어떻게 중소기업의 금융 결핍을 메울 수 있겠는가.

이는 사전에 자유민주당 의원들과 상의가 있었다. 국가적으로 또는 정치적으로 중대한 문제일 뿐만 아니라 상당한 각오를 하지 않고 발언할 수 없는 문제였다. 특히정부의 실권자에 의하여 이루어진 중대한 문제 중 하나였다. 이에 여당인 공화당은 김준연 의원에 대한 구속 동의를 국회에 제출하였다.[9] 야당은 합동의원총회를 개최하여 대책을 협의했다. 김대중(金大中) 의원은 '김준연 의원의 구속은 부당하다'는 내용으로 5시간에 걸친 연설로 표결 강행을 저지하였다.

김도연도 이러한 상황에 대해 연설했다. "오늘 우리나라의 집권자인 박정희는 설사 그가 집권에 이르기까지 수단과 방법은 어떻게 되었던 그의 과거가 어떠하던 젊은 대통령이란 점에서 그리고 사생관이 분명하며 책임과 의무감이 뚜렷하다." 그런데 5·16군사쿠데타 2년 6개월을 영도해온 그의 정치적 자세와 언행 민정이양이라는 이름 밑에 그가 계속 집권하여 오늘에 이르렀다. 그동안 행적은 이제 젊었다는 점에 대한 기대도 생사를 건 책임감에 대한 믿음도 가질 수 없게 되었다.

비상사태의 도화선이 된 대일외교에 대한 굴욕적이고 일방적인 추진은 야당의 대여투쟁을 강화하는 요인이었다. 과거 사분오열로 야당은 국민들에게 커다란 실망감을 안겨주었다. 야당 통합에 관한 성명서를 발표하는 등 국민들 여망에 부응하고자 김도연은 앞장섰다. 그는 민정당 대표최고위원 윤보선을 비롯하여 중진위원들과 접촉했다. 자유당과 민정당의 전당대회에서 양당 통합을 정식으로 결의하였다. 통합 이유는 "첫째로 새로운 각오와 자세로서 나라와 겨레를 구하고 번영하게 하는 길로 매진한다. 둘째로 자유 평등, 민주주의를 위해 싸우는 사람 누구나 우리의 동지요, 이에 어긋나는 사람은 누구나 우리의 적임을 선언한다. 셋째로 범국민적이고 강력한 전열 구축을 위하여 우리 양당이 뭉치는 것이므로 파벌 계보나 개인을 떠나 이 국민전선대열에 전원 참여하기를 기도한다."[10]고 밝혔다.

주지하듯이 한일회담은 6·25전쟁 중인 1952년 2월에 시작되었다. 제1차 한일회담에서 한국 측은 "일본의 조선 영유가 불법적으로 이뤄졌기 때문에 축적된 일본 재산은 모두 비합법적인 성질을 띤다며 한국 정부에 귀속된 일본의 재산에 대해 일본은 아무런 권리가 없다"라며, 일본에 배상에 가까운 성격의 8개 항의 '한일 간 재산 및 청구권 협정 요강'을 제출했다.[11] 내용은 다음과 같다.

① 한국으로부터 반출된 고서적·미술품·골동품 등 및 조선은행을 통하여 반출된 지금(地金)과 지은(地銀)의 반환 청구.
② 1945년 8월 9일 현재의 일본 정부의 대 조선총독부 채권의 변제 청구.
③ 1945년 8월 9일 이후 한국으로부터 이체 또는 송금된 금품의 반환 청구.
④ 1945년 8월 9일 현재 한국에 본사 또는 주된 사무소가 있던 법인의 재일 재산의 반환 청구.
⑤ 한국 법인 또는 한국 자연인의 일본국 또는 일본 국민에 대한 일본 국채, 공채, 일본은행권, 피징용 한국인의 미수금, 보상금 및 기타 청구권의 변제 청구.
⑥ 한국인(자연인·법인)의 일본 정부 또는 일본에 대한 개별적인 권리행사에 관한 항목
⑦ 전기 제 재산 또는 청구권에서 발생한 제 과실의 반환 청구.
⑧ 전기의 반환 및 결제의 개시 및 종료 시기에 관한 항목.

이는 해방 직후부터 수렴된 대일배상요구안을 기초로 작성되었다.

전쟁 배상의 성격을 최소화하고 영토의 분리로 생겨난 재정적, 민사적인 채권·채무의 청산에 초점을 맞췄다.[12] 그런데도 일본 측은 '역청구권'을 들고 나섰다. 일본은 한국 측이 제출한 '청구권 협정 요강'이 일본에서 분리(독립)로 생긴 채권과 채무 관계의 청산 성격이라고 강변했다. 즉 일본도 재한 일본인 재산을 청구할 권리가 있다는 주장이었다.

일본 측 수석대표 구보타는 한국이 강화조약 발효 전에 독립한 것은 국제법상 '이례'에 속하며, 한국 내 일본인 사유재산 몰수는 국제법 위반이라고 주장하고 나섰다. 그는 한발 더 나아가 한국 측의 배상 요구에 대해 '은혜론'을 제기하였다. 일제가 한인에게 입힌 은혜, 즉 치산·치수·전기·철도·항만 시설에 대해서까지 반환을 청구할 것이라 맞섰다. 이는 '식민지배 미화론'으로 넓게 봐서 '식민지근대화론'과 맥락을 같이 한다. 결국 한일회담은 합의점을 찾지 못하고 말았다.

1960년 10월 장면정권 당시에 한일회담은 재개되었으나 5·16군사정변으로 중단되었다. 1962년 11월에는 중앙정보부장 김종필(金鍾泌)이 가세하여 이른바 '김-오히라(大平) 메모'를 성사시켰다. 이를 반대하는 국민 여론은 비등했다. 이듬해 3월 24일 학생들 항의로 중단되었다가 12월 재개되기에 이르렀다. 이리하여 1965년 3월 일본외상이 내한하여 기본조약에 가조인하였다.[13] 그는 3월 하순에 한일회담 반대를 위한 유세 강연에 나섰다.

첫째로 반민족적 매국외교라는 점이다. 박정희 군사정권은 미국을 위시한 민주 우방의 냉대에 직면하여 국제적 고립을 면할 길이 없게 되었다. 여기에 그 배출구를 돌파하고자 일본은 물론 중립국 등과도 국교를 추진하였다. 특히 박정권은 정권 유지비를 염출하는 묘안으로 10년 이상을 유지해 온 평화선을 철폐하고 말았다. 이리하여 국가

3대 부업 중 하나인 수산자원이 일본의 수중에 들어갔다.

둘째로 법적 근거에 의한 청구권이다. 한국전쟁 중 일본에 대일청구권 주장이 철회된 동시에 우리는 법적 근거에 의한 대일청구권을 주장할 수 있었다. 우리 정부 측에서는 구조선은행을 통해 나간 지금·지은, 1945년 8월 9일 현재 은행저축, 동일 이후 일본에 송금한 재산, 한국에 본점·본사가 있는 재일 재산, 일본 국채·공채·일본은행권과 피징용자에 대한 보상, 일제통치하 일본인 관리·군인에 대한 은급(恩給)·연금 등 8개조에 달하는 청구권을 요구했다.

셋째로 평화선 내의 어장은 일본이 호시탐탐 노리는 '바다의 은좌(銀座)이다. 저들은 결사적으로 평화선 침범을 자행하였으며 어장 확보에 혈안이 되어 있었다. 군사정권은 정권 유지 차원에서 자금 염출에 연연하여 야당이나 국민들 강력한 반대에도 회담 강행에만 혈안이 되었다.

마지막으로 기타 여러 문제점도 지적했다. 제2차 세계대전 중 일제는 전쟁 수행을 위한 우리 동포들을 강제로 동원하였다. 해방 이후 일본에 잔류한 재일동포에 대해 영주권을 부여함이 당연하나 향후 25년 간 거주권만을 규정했을 뿐이다. 한국 침략 초기부터 일본으로 반출된 문화재는 엄청나게 많다. 일본은 이를 사유물이라는 구실로 반환을 거부하고 극히 일부만 반환하였다.

이러한 가운데 각지에는 학생과 민주시민 등을 중심으로 연일 반대 시위가 일어났다. 4월에는 대일굴욕 반대투쟁위원회 주최로 시민궐기대회가 효창공원에서 개최되었다. 3~4만 명에 달하는 시위군중이 모였다. 야당지도자들은 차례로 등단하여 한일협정의 부당함을 고발했다. 김도연은 마지막에 등단하여 만세삼창을 선창하였다. 곧바로 시위군중은 평화적인 시위행진에 나섰다. 경찰은 시위대를 강제로 해산시켰다. 그러나 분위기는 전국적으로 확산을 거듭했다. 5월 15일에는 시민궐기대회에서 다음과 같은 결의문 채택하였다.

> 박정권은 정권 유지에만 혈안이 되어 국가와 민족의 이익을 배반하고 매국적인 외교를 계속 진행하여 5월 정조인을 서두르고 있다. 우리는 민족적 양식과 참을 수 없는 분노에서 제2의 을사늑약 치욕의 재현을 막기 위해 다음과 같이 결의한다. 첫째로 박정권은 비밀흑막외교의 소산인 '김-오히라' 메모에 의한 매국 외교를 일단 중단하고 거국적인 자세로 새롭게 출발하라. 둘째로 박정권은 한일회담을 비판하는 국민과 학생 등의 애국운동과 평화적 시위를 비인도적인 방법으로 탄압하는 만행을 즉각 중지하라. 셋째로 일본은 대한경협이란 미명하에 폐품처리장화 하고 소비시장화하려는 경제적 재침의 야욕을 우리는 단호히 배격한다. 넷째로 우리는 박정권의 매국 외교가 철폐될 때까지 조국을 사랑하는 모든 애국 동포와 함께 끝까지 투쟁할 것을 재천명한다.[14]

이를 계기로 야당에 대한 국민적 요구는 통합이었다. 여러 차례 회의로 선언문과 결의문이 발표되어 결실을 보기에 이르렀다. 한일협정 반대투쟁은 박정권 의도대로 추진되었으나 야당의 통합으로 대여투쟁의 강도를 높이는 결과로 이어졌다.

6월 3일에는 서울 18개 대학 1만5천여 명 등 총 3만 명의 학생과 시민이 '박정권 타도'를 외치며 경찰 저지선을 뚫고 광화문까지 진출, 청와대 외곽의 방위선을 돌파함으로써 절정에 달했다. 이들은 격렬한 시위를 벌이고 국회의사당을 점령하기까지 했다. 이날 광주 등지에서도 격렬한 시위가 벌어졌다. 박정희는 같은 날 밤 서울시 전역에 비상계엄령을 선포하고, 4개 사단 병력을 시내에 투입하여 3개월가량 계속되던 시위를 진압하였다. 이후 7월 29일 계엄이 해제될 때까지 모든 옥내외 집회와 시위 금지, 대학의 휴교, 언론·출판·보도의 사전 검열, 영장 없는 압수·수색·체포·구금, 통행금지 시간 연장 등으로 상당한 인권 침해가 자행되었다.

2. 혼란한 정국 수습을 위해 국회의원을 사퇴하다

해방 이후 한국정당사는 수많은 정당이 만들어지고 사라졌다. 정치적인 격변이 있을 때마다 이합집산을 거듭하는 상황이었다.[15] 한일협정에 반대하는 야당 의원들은 국회의사당에서 24시간 단식농식에 돌입했다. 1965년 8월 30일 야당 의원들이 퇴장한 가운데 한일조약은 정부 원안대로 통과시켰다.

이해 겨울에 의원직을 사퇴한 의원들을 중심으로 신당운동이 활기를 띠기 시작했다. 재야인사들도 여기에 가담하는 등 전망이 매우 밝았다.[16] 이듬해 3월에는 신한당이 조직되는 성과를 거두었다. 총재는 윤보선으로 차기 대통령후보로 지명되었다. 그는 의원직을 사퇴한 후에도 신당운동 주체로서 역할을 마다하지 않았다.

김도연은 1966년 겨울부터 동아방송 요청으로 3개월 동안 매주 5회씩 출연하여 '정계야화'를 논평했다. 이듬해 양대 선거를 앞두고 야당 단일화 여망은 어느 때보다 지대한 관심사였다.[17] 야당의 난립은 결과적으로 '선거의 조연'이기 때문이었다. 뜻을 같이 하는 동지들과 여러 차례 모임을 통해 적극적으로 추진하였다. 마침내 신민당이 창당되는 결과로 이어졌다. 백낙준·이범석·이인·백남훈·김홍일·허정 등은 주요한 인물들이었다. 그런데 명분론에 집착한 신한당의 일부 인사들 고집으로 야당 대통합이라는 결실을 보지 못했다.

정부는 3월 24일에 대통령선거 실시를 공고하였다. 7명이나 입후보했다가 서민호가 중도에 사퇴하여 6명이 접전을 벌였다. 입후보자는 박정희·윤보선·오재영·김준연·전진한·이세진 등이었다. 박정희 근소한 차이로 윤보선 후보를 누르고 당선되었다.[18] 대통령선거가 끝나자 5월 8일에 총선거가 공고되었다.

김도연은 비례대표 2번으로 추천되었다. 선거가 중반전에 접어들 무렵에는 곳곳에서 폭력 사태가 일어났다. 와중에도 1차로 지방유세에 나섰다. 전주·광주·부산·대구 등지에서는 대성황을 이루었다. 이어 강원도와 충청북도에도 출장하는 등 매일 평균 6~7백리 길을 마다하지 않았다. 강원도 진부령의 절경에 반해 지나온 과거를 회고하는 시간을 가졌다. 지방 유세에서 느낀 현실은 이르는 곳마다 만취한 부녀자의 행렬을 볼 수 있었다.[19] 이러한 망국적인 상황에 개탄하지 않을 수 없었다. 부정과 불법이 판을 치는 총선거는 마침내 끝났다. 공화당은 130석(지역구 103석, 전국구 27석), 신민당은 44석(지역구 27석, 전국구 17석), 기타 1석 등이었다. 공화당의 일방적인 승리였다. 신민당은 서울·부산·대구 등 대도시에서만 압승했으나 농촌에서 참패를 면치 못하였다.

신민당은 부정선거 사례를 고발하는 동시에 국회 등록을 거부하고 무기한 투쟁을 가다듬고 있었다. 여당은 대통령 박정희의 취임식을 성대하게 거행했다. 이에 반발한 신민당은 6월 30일부터 7월 1일까지 단식농성에 돌입하였다. 단식농성이 끝난 뒤 김도연은 조국의 장래, 민주주의 앞날이 평탄하지 못할 것 같아 불현듯이 서글픔마저 느꼈다.

이처럼 김도연은 새로운 정치문화를 정립하는데 정열을 쏟았다. 그는 야당 정치인과 지도자로서 민주화와 야권 통합에 누구보다 열성적이었다. 민주주의가 크게 위협을 받을 때에는 정치적인 역량을 발휘하여 야권 대통합에 앞장섰다. 해방 이후 33년간 정치 역정은 그리 순탄하지만 않았다. 그의 회고록이 말하듯 어린 시절부터 '적을 알아야 했던' 운명이었는지도 모른다. 그렇다고 결코 적대적이거나 투쟁보다는 관용과 여유로 사람을 대했다. 그는 정치인으로 성공하지 못한 삶이라고 해도 과언이 아니다.[20] 결국 세월의 무게를 이기지 못하고 73세를 일기로 사망했다.[21]

영결식장에서 박두진(朴斗鎭) 작사와 이흥렬(李興烈) 작곡의 '상산 김도연박사 조가'가 울려퍼졌다.[22]

1. 어두웠던 겨레의 운명과 싸워
   청춘을 그 정열을 고히 바치고
   나라의 어지러움 바로 잡으려
   한 평생 그 정성과 몸 함께 바치신
   후렴 아 가시었네 또 한분 깨끗하신 애국자
      상산 상산 상산선생이 가시었네
      뜻이 높은 애국자를 보내는 날은
      우리 모두 서러워라 가슴 아파라
2. 갈수록 더 어지러운 나라의 형편
   어찌 차마 눈을 감고 가셨습니까
   이런 때 더욱 못내 높으신 그 뜻
   당신의 그 슬기 정성 아쉬운 것을

장례식장은 엄숙한 분위기였다. 동지들은 차례로 등단하여 마지막 가는 길을 눈물로 말없이 보내주었다.

"내가 이역(異域)에서 겪은 가지가지의 고난은 이루 다 형용할 수 없지만
어쨌든 내가 걸어온 길을 회상해 볼 때에 뉘우침이 없었고 또 조국과 민족 앞
에 떳떳하였음을 자부하는 것이다."[1]

김도연의 본관은 영천, 호는 상산으로 경기도 양천군 양동면 염창
리에서 아버지 김종원과 어머니 초계 정씨 사이의 차남으로 출생하였
다. 집안은 경제적으로 부유하여 당시 집 주위에 별로 남의 땅이 없을
정도로 수천 석의 부농이었다. 부농가의 둘째 아들로 태어난 상산은 7
세 때부터 3년 동안 종조부로부터 『천자문』과 『동몽선습』 등을 배웠
다. 고향에서 한학을 공부하고 있을 무렵 일제는 우리의 국권을 침탈
하면서 마침내 러일전쟁을 일으켰다. 인천 앞바다의 포성이 김도연
이 사는 마을에까지 울리게 되었다.

일제의 침탈로 나날이 국권이 상실되어 가자 상산은 신학문을 배워
민족을 위해 무엇인가를 하기로 마음먹었다. 그래서 서울 서대문 밖

차석희·김덕문 등이 세운 태극학교 2학년에 입학하였다. 태극학교에 들어가 비로소 근대학문에 접하게 되면서 당시 우리나라가 처한 상황에 대해서도 번민을 하게 되었다. 이원재·최연택 등의 친우들과 의형제를 맺고 국권을 되찾기 위한 방도를 토의하는 등 현실 문제에 관심을 보였다.[2] 와중에 계몽단체에서 주최하는 강연회에도 자주 참석하였다.

17세 때인 1910년 8월에는 마침내 우리나라가 일제에 의해 강제병탄을 당하고 말았다. 태극학교를 우수한 성적으로 졸업한 후 보성중학교에 입학하여 교사들로부터 민족교육을 받았다. 특히 한글 학자인 주시경으로부터 많은 감화를 받게 되었다. 당시 인연으로 훗날 '조선어학회'를 적극적으로 후원하는 계기가 되었다. 보성중학교 재학 중 상산은 면학에 열중하는 한편 민족과 국가를 위한 공부를 하기 위해 일본유학을 준비하였다. 이미 민족선각자들은 유학을 통하여 다양한 서구 사조를 소개하는 등 국권회복을 위한 활동에 적극적이었다. 일본유학을 선택한 이유는 일본과 일본인을 더 많이 알아 우리나라 침략에 대한 불법성을 재빨리 알 수 있으리라는 판단에서 비롯되었다. "지피지기면 백전백승"이라는 격언이 불현듯 뇌리를 스쳐 지나갔다.

1913년 초가을 일본으로 유학을 떠났다. 부산에서 부관연락선을 타고 시모노세키에 내려 도쿄로 가서 긴조중학교 3학년에 입학하였다. 중학교 재학시절 그는 한국 유학생들이 단합을 목적으로 하는 '반도중학회'라는 조직을 만들어 활동했다. 졸업 이후 상산은 장차 정치가가 되어 일본인들과 맞서 볼 요량으로 무엇보다 경제가 중요하다고 생각하고 경제학으로 유명한 게이오대학 이재과(理財科)에 들어갔다.

유학 당시 일본에는 한국인 학생들이 약 700－800명 정도였다. 이들을 중심으로 '조선유학생학우회'가 조직되어 학생운동의 지도적인 역할을 담당하였다. '조선유학생학우회'는 재일유학생의 중심적인 기관이었다. 모든 유학생은 이에 가입할 의무가 있었고 만약 학우회 회원과 교제가 없는 자는 '국적'(國賊) 또는 '일제(日帝)의 개'로 지탄을 받았다. '유학생학우회'는 정기총회·임시총회·웅변회·졸업생축하회·학생환영회·운동회 등을 개최하여 배일사상과 민족의식을 고취하는 한편 기관지로『학지광』을 매호 600~1,000부를 발간하여 국내외에도 배포하였다.3)

당시 '조선유학생학우회'는 김성수·송진우·김병로·장덕수·안재홍·신익희·정노식·현상윤·최두선 등 쟁쟁한 인사들이 주도하였다. 학우회는 단순한 친목단체가 아니라 조국의 광복을 위해 활동하고 있었다. 학우회 회장은 백관수가 맡고 있었으며, 상산은 총무로서 학우회의 각종 활동을 주도하였다. '조선유학생학우회' 외에 재일유학생 조직으로 '기독교청년회'가 있었다. 김도연은 기독교에 입문하여 독실한 신자가 되었다. YMCA 총무 백남훈을 도와 청년회 회장직을 수행하기도 하였다.

제1차 세계대전이 끝난 후 미국 대통령 윌슨의 민족자결주의는 해외에서 독립운동을 해 오던 인사들과 도쿄 유학생들에게 조국광복을 위한 희망의 기운을 불어넣었다. 특히 유학생들은 민족자결주의를 접하자 암흑에서 광명을 본 것과 같은 기쁨에 벅찼고 이때야말로 조국광복의 기회라고 생각하였다. 유학생들은 우리가 일제의 압박으로부터 벗어날 수 있다는 확신을 갖고 있었다.4) 상산 또한 절호의 기회라고 여기고 비밀단체를 이용하여 독립운동에 이바지하기로 다짐하였다.

그러던 중 코베에서 발간된 영자신문『재팬 애드버타이져(The Japan Advertiser)』1918년 12월 15일자에 「한국인들 독립을 주장(Koreans Agitate for Independence)」과 18일자의 「약소민족들 발언권 인정을 주장(Small Nations Ask To Be Recognized)」이라는 기사가 실렸다. 두 기사는 도쿄 유학생들을 고무시켰고 독립운동을 조직화하는 계기가 되었다. 12월 15일자『재팬 애드버타이져』는 "미국에 있는 한국인들은 한국인들의 독립운동에 대한 미국의 원조를 요청하는 청원서를 미국 정부에 제출하였다"라고 보도하였다. 이어 18일자에는 국제연맹에서 민족자결주의 원칙의 완전한 인정과 한국을 비롯한 약소민족의 국제 연맹의 정회원 가입권의 인정을 요구하였다는 내용이었다. 이 같은 내용의 기사를 본 유학생들은 지금이야말로 독립운동을 일으킬 절호의 기회라고 의견으로 독립에 대한 열기로 고무되었다.

이후 도쿄 유학생들은 암암리에 일경의 감시를 피하여 모임을 가졌다. 학우회가 중심이 되어 모임을 이끌어 가기로 결정하였다. 1918년 12월 29일 도쿄 유학생들은 메이지회관(明治會館)에서 학우회 주최로 유학생망년회를 열었다. 이튿날 기독교청년회관에서 동서연합 웅변대회도 개최하였다. 웅변대회에는 400-500명의 학생들이 모여 조국광복운동에 목숨을 바치기로 결의했다. 곧바로 서춘·이종근·윤창석·김상덕 등이 연사로 나서 세계 사조의 변화와 민족자결의 대원칙에 입각하여 자주독립을 위해 싸워야 한다고 열변을 토했다. 연설이 있은 후 독립운동의 방안에 대해 갑론을박하였으나 결론 없는 토의가 계속되었다. 이에 상산은 운동을 주도할 실행위원을 선출하여 이들에게 방안을 강구하게 하자고 제의하여 만장일치로 합의를 보았다. 실행위원은 상산을 비롯하여 최팔용·서춘·백관수·이종근·송

계백 · 김상덕 · 전영택 · 윤창석 · 최근우 등 10명이 선출되었다.[5]

　일경의 감시를 피해 상산 등 실행위원들은 하숙집이나 공원을 전전하면서 모임을 가졌다. 1919년 1월 7일 회원 약 200명에게 실행위원의 독립운동 결의사항을 보고하고 만장일치의 동의를 얻었다. 이 무렵 중국에서 신한청년단의 당원인 이광수가 상하이 · 서울을 거쳐 도쿄에 도착하여 신한청년단을 중심으로 독립운동 계획이 있음을 알려 왔다. 이때 집행위원 중 전영택이 신병을 이유로 사퇴하자, 이광수와 김철수를 새로이 추가하여 11명으로 집행위원을 다시 구성하는 준비에 분주한 나날이었다.[6]

　이들은 일제 경찰의 감시와 미행을 피하며 비밀리에 조선청년독립단을 조직했다. 이 단체의 이름으로 독립선언서와 결의문과 민족대회소집청원서를 작성하기로 결의하였다. 조선청년독립단은 외부인의 참여 없이 학생들 스스로가 주체가 되어 만든 조직이다. 이들은 일제에 대한 구체적인 투쟁으로 선언문의 작성과 등사, 발송과 거사 당일의 계획도 세웠다. 이러한 계획에 따라 독립선언서와 결의문은 이광수가 작성하고 그것을 영문과 일문으로 각각 번역하여 일본의 조야와 외국공관에 발송하기로 결정하였다. 또한 각 대학에 재학 중 유학생들에게 연락하여 빠짐없이 거사에 참가시켜 도쿄 시내에서 태극기를 흔들며 만세시위를 펼치기로 계획했다. 하지만 거사를 일으키는 데에는 막대한 운동자금이 필요했기 때문에 송계백을 국내에 파송하여 자금을 마련하는 데도 신경을 썼다. 이와 같은 운동을 준비하는 과정에서 중국 상하이에서 장덕수가 김도연을 찾아와 국외에도 연락하여 추진하는 것이 좋겠다는 의견을 나누었다.[7]

　종횡무진 거사를 준비하던 실행위원들은 백관수의 집에서 1주일 동안 밤을 새워가며 독립선언서와 결의문, 일본의회와 외국공관에 발송할 문서 등을 등사하였다. 약 2개월에 걸쳐 준비한 끝에 드디어 1919년 2월 8일 김도연은 식사조차 거의 먹지 않고 준비한 유인물을 꾸려들고 조선기독교청년회관으로 향했다. 유학생들은 일제의 감시를 피하고자 모임의 명칭을 '도쿄유학생 임시총회'로 하였다. 기독교청년회관은 거사 시간인 오후 2시보다 1시간 전에 이미 초만원을 이루었다. 마침내 최팔용과 윤창석의 사회로 독립선언식이 거행되었다. 긴장된 분위기에서 백관수가 독립선언서를 낭독하고, 상산은 등단하여 결의문을 낭독하였다. 상산이 결의문을 낭독할 때 구절마다 우뢰와 같은 박수가 터져 나왔다. 학생들은 비분강개하고 충만하여 눈물을 흘렸다. 낭독이 끝나자 만장일치로 결의문이 채택되었다. 이어서 비분강개한 유학생들의 독립을 향한 열변과 끝까지 싸워서 독립을 쟁취해야만 한다는 외침이 들려왔다. 준비된 계획대로 태극기를 흔들며 도쿄 시내를 행진하기로 하였으나 일경들이 회관을 완전 포위하고 말았다. 독립선언을 한 학생들은 무장한 일경들에 맨손으로 대항하였지만, 회관은 삽시간에 아수라장이 되면서 일경들에 의해 30여 명의 학생들이 체포되고 말았다.

일경에 끌려간 학생들은 니시간다경찰서 유치장에 수감되었다. 이후 3~4일간 강도 높은 취조를 당하였다. 일부 학생들은 석방되었으나, 이른바 주모자급 10명은 도쿄경시청으로 이송되었다. 일제는 국제적 여론을 의식하여 김도연 등 주모자들을 미결수로 요츠야형무소(四谷區刑務所)로 옮겨져 약 1년 동안 구금하였다. 얼마 후 도쿄재판소에서 재판을 받게 되었다. 상산을 비롯한 2·8선언의 주동자들은 재판정에서도 독립선언의 정당성을 주장하였다. 2·8독립선언 주도자들에 대한 재판이 진행되자 하나이(花井卓藏) · 우사와(鵜澤廳明) · 후세(布施辰治) · 카나이(金井佳行) 등 양심적인 일본인 변호사들이 무료 변론을 해 주었다.[8] 재판의 결과 상산과 최팔용 · 백관수 · 윤창석에게는 '출판법위반'으로 9개월의 금고형이 언도되었다. 나머지 학생들도 7개월의 실형을 받았다. 이에 따라 상산은 이츠야형무소(市谷刑務所)에 수감되어 1920년 4월에 출옥할 수 있었다.[9]

도쿄에는 1920년 초반 유학생만 1,023명으로 다른 지역 유학생 전부인 118명보다 월등이 많았다.[10] 이리하여 이곳을 중심으로 강제병합 이후 유학생 단체가 조직 · 활동하기에 이르렀다. 1911년 초 대한제국 멸망으로 해산된 유학생 단체로서 삼남(三南)친목회 · 황평(黃平)친목회 · 청년구락부 등이 결성되었다. 유학생을 감독하던 유학생감독부에 의해 몇 달만에 강제로 해산되고 말았다. 이듬해 가가을부터 호남다화회 · 낙동동지회 · 패서친목회(평안도출신) · 삼한구락부(경기도출신) · 해서친목회 · 철북친목회(함경도출신) · 동서구락부 등 출신지역별로 7단체가 조직되었다. 이를 기반으로 1913년 가을에 연합체로서 성격을 지닌 재동경조선유학생학우회가 결성되었다.[11] 출신지역별 모임은 분회(分會)로 여전히 존재하는 형태였다.

출옥 후 일제는 상산의 일거일동을 감시하였으나 조국독립을 향한 의지는 변함이 없었다. 김도연은 감옥에서 나오자마자 도쿄유학생학우회가 주최한 국내 순회강연회의 연사로 활동하는 등 2 · 8독립선언의 당위성을 널리 알리는 일을 찾아다녔다. 도쿄 유학생들의 2 · 8독립선언은 적도(敵都)에서 조국의 독립을 선언하였기 때문에 양심적인 일본인들에게 한국의 식민지 지배를 뉘우치게 하는 결정적인 요인이었다. 이는 거족적 민족운동인 3 · 1운동의 선구적 역할이나 마찬가지였다.

　김도연은 2·8독립선언 이후 일본에서 유학생활에 회의를 느끼고 미국으로 건너가 더 깊은 공부를 하려고 결심하였다. 이에 1922년 6월 요코하마에서 태양환을 타고 두 번째 유학길에 올랐다. 미국에 도착한 상산은 오하이오주에 있는 웨슬리안대학에 입학하였다. 그곳에서 상산은 경제학을 전공으로 2년 동안 공부하다가 뉴욕에 있는 명문 콜롬비아대학으로 옮겼다. 콜롬비아대학에서도 김도연은 경제학을 택해 2년 만에 「균형가격론을 분석함」이라는 주제의 논문을 제출하여 경제학 석사학위를 취득하였다.

　3·1운동 이후 미국에서는 유학생들의 친목과 독립운동을 후원하기 위해 학생단체가 조직되었다. 1921년 4월 출범한 '북미대한인유학생회'는 1923년 6월 시카고에서 제1회 '북미대한인유학생대회'를 개최하는 등 활발한 활동을 전개하고 있었다. 유학생회들은 친목과 단합뿐만 아니라 미국정부와 미국인들에게 한국의 사정을 알리는 등 외교활동과 선전사업을 통해 독립운동을 후원하였다. 상산은 학문을 닦는데도 열성적이었지만 유학생회에 가입하여 동포들의 독립정신 고취에도 노력했다. 1926년 학생회의 사교부장으로서 상산은 유학생들의 친목을 도모하는 한편 민족정신을 고취시키는 사업을 적극적으로 추진하였다.

　상산이 유학하고 있던 뉴욕은 1920년대 중반 이후 북미대한인유학생회의 동부지구 거점이었다. 특히 뉴욕한인교회는 성경공부나 이민자를 위한 교육뿐만 아니라 학생운동의 본거지였다. 상산은 학생회를 중심으로 독립운동을 하는 한편 미주동포들의 실업계 진출을 위한 산업협회를 창립하여 교포들의 산업계 진출을 후원하였다. 당시 대

부분의 유학생들은 학생으로서의 학업을 하면서 또한 학비와 생활비를 벌기 위해 노동을 병행해야만 했다. 상산도 처음에는 부친이 부쳐 주는 학비로 학업을 할 수 있었으나 방학 때는 농장 등에서 노동으로 학비를 보충했다.

한편 미주지역은 이승만의 동지회 측과 안창호의 국민회 사이에 알력이 심하여 독립운동을 전개하는 데 많은 문제가 있었다. 이 같은 대립을 해소해 보고자 상산은 유학생들을 중심으로 파벌타파에 나서게 되었다. 우선 그는 뉴욕에 있던 유학생들을 모아 상하이 임시정부를 후원하기 위한 첫 과업으로 『삼일신보』를 발간하였다. 발간 취지는 미주 동포들의 친목을 도모하고 나아가 동포들이 합력하여 독립운동에 온 힘을 다하도록 만드는데 있었다. 상산은 당시 유학생인 장덕수·김양수·최순주·윤치영 등과 협의하고, 허정·홍득수를 만나 신문경영 문제를 협의하였다. 그 결과 1926년 6월 '대동단결, 임정지지'를 슬로건으로 발간했다.

이후 상산은 면학에 힘쓰기 위해 뉴욕에서 워싱턴으로 옮기게 되었다. 그는 워싱턴에 있는 아메리칸대학 대학원 박사학위 과정에 들어가, 3년간의 연구 결과 '한국의 농촌경제'라는 제목으로 박사학위를 받았다. 박사학위 논문에 몰두하고 있을 즈음인 1929년, 국내에서 광주학생운동이 일어나 그 열기가 미국의 신문에도 보도되었다. 이 문제를 간과할 수 없다고 판단한 상산은 안승화 등 유학생들과 미국 국무성에 찾아가 광주학생운동의 상황을 상세하게 설명했다.

1932년 8월 미국에서 박사학위를 받고 귀국한 상산은 연희전문학교에서 경제학원론과 경제학사를 맡았다. 2년간 강단에서 후학을 지도하던 중 교육계에도 일제의 강압적 식민정책이 가중되는 것은 보고 실업계에 투신하였다. 김도연은 김종익의 조선제사회사의 감사역으로 활동하였으나 경영주가 타개하는 바람에 그만둘 수밖에 없었다. 이후 직접 회사를 경영하기 위해 지인들과 협의하여 자본금 30만 원의 조선홍업주식회사를 창립하였다. 사장에 취임한 상산은 단순히 이익만을 추구하는 회사가 아니었다. 직원들의 화목과 상호부조를 도모했다.

1937년 일제는 중일전쟁을 일으켜 중국대륙에 대한 침략을 노골화하였다. 국내에도 이른바 민족말살정책으로 독립운동가들에 대한 감시와 탄압으로 긴장된 분위기였다. 1941년 12월에는 태평양전쟁을 일으킨 후 국내에서의 반일 인사에 대한 탄압을 강화하였다. 학교와 공식 회합에서 조선어의 사용을 금지하는 한편, 1942년 '조선어 큰사전' 편찬 작업을 하고 있던 조선어학회를 해체시키려고 함흥학생사건을 조작하였다. 조선어학회를 재정적으로 돕고 있던 상산도 1942년 12월 함경남도 홍원에서 일경에 피체되어 종로경찰서에 구속되고 말았다.

당초 조선어학회에는 1939년 '조선어 큰사전' 원고의 3분의 1 정도 완성되자 조선총독부로부터 많은 부분을 수정한다는 조건으로 1940년 3월 사전의 출판허가를 얻었다. 마침내 1942년 박문출판사에서 '조선어 큰사전' 원고 일부가 조판에 들어갔다. 그러나 일제는 조선어학회를 단순한 학술단체로서 인정하지 않았다. 1942년 10월 일제는 조선어학회를 독립운동 단체로 규정하고 회원들을 일제히 검거하기 시작하였다.

상산이 이 사건에 연루된 이유는 일찍이 조선어학회의 회원들을 지원했다. 또한 조선어학회에 음으로 양으로 자금을 지원하고 있었다. 일제는 한글사전이 편찬되면 민족의식을 고취시킬 수 있다는 판단에 따라 조선어학회 회원에 대한 탄압을 시작하였다. 조선어학회 사건으로 구속된 상산은 종로경찰서에서 다시 홍원경찰서로 이송되어 일제 경찰로부터 심문을 받았다. 이때 상산은 이른바 '비행기 고문'이라는 악형을 받고 의식을 잃기도 했다.[12] 상산은 예심판사의 심문을 거쳐 무려 20개월 동안 미결수로 함흥형무소에서 보냈다.

김도연이 감옥에서 출소한 지 7개월 만에 8·15광복을 맞았다. 이제야 상산은 소신대로 조국을 위하여 보람 있는 일을 할 수 있게 되었다. 상산은 도쿄 유학시절이나 미국에서 유학할 때도 조국이 광복되면 정계로 나갔겠다는 생각을 갖고 있었다. 해방을 맞아 '한국민주당' 창당에 주역으로 참여하여 정치활동을 시작하였다.

상산은 1946년 12월 과도정부 입법의원으로 서울에서 당선되었다. 해방 후 상산은 민의를 대표하는 의원으로 분주하게 활동하였다. 1948년 5월 제헌국회의 입법선거 때에는 서대문구에 한민당원으로 출마하여 당선되어 재경분과 위원장에 피선되었다가, 같은 해 8월 초대 재무부 장관에 취임하였다. 1961년 5·16군사쿠데타로 정치활동이 금지되기도 하였지만, 1963년 11월에 실시된 제6대 국회의원 선거 때는 민주당 전국구 의원으로 당선되었다. 1965년 8월 한일협정 국회 비준을 반대하여 의원직을 사퇴하고, 같은 해 신한당 정무위원으로 피선되었다. 이후 신민당에 참여하여 조국의 장래와 민주주의를 위해 분투했다. 건강이 악화되어 연세대학교 부속병원에 입원하여 대수술을 받았지만, 1967년 7월 19일 아침 73세를 일기로 영면하였다.[13]

친지와 많은 사람들의 애도 속에서 장례식은 엄숙하게 거행되었다. 장지는 수유리묘역으로 다른 동지들과 함께 잠들었다. 정부에서는 상산의 공훈을 기리기 위하여 1991년에 건국훈장 애국장을 수여하였다.

연보(年譜)

1894년(1세)

6월 16일   경기도 김포군 양동면 염창리(현 서울시 양천구 염창동) 20번지에서 7남매 중 차남으로 태어났다. 아버지는 종원(鍾遠), 어머니는 초계 정씨(草溪 鄭氏)이다. 본관은 영천(永川)이고, 아호는 상산(常山)이다. 가정환경은 양천군에서 상당한 재력을 지닌 부농 집안이었다.

1900년(7세)

전통적인 교육기관인 서당(書堂, 일명 書塾)에서『천자문(千字文)』·『명심보감(明心寶鑑)』·『소학(小學)』·『대학(大學)』등 성리학 소양을 쌓았다. 이는 후일 일본과 미국에서 오랜 유학생활을 지탱하는 에너지원이자 자신감을 배가시키는 든든한 밑거름으로 작용하였다.

1904년(11세)

2월 8일   일제의 한국 식민지화와 대륙침략을 위한 러일전쟁이 발발하다. 대한제국정부는 '엄정한' 국외중립을 선언하였으나 일제는 이를 무시했다. 러시아군 동태를 정보 수집, 군수물자 수송, 경의선 철도부설 등에 한국인을 강제로 동원하다. 곳곳에서 이를 반대하는 농민항쟁이 일어나는 등 사회적인 불안을 가중시켰다. 특히 대한 제국기 최대 친일단체인 일진회는 자발적으로 회원을 동원하여 이를 도왔다. 직접 일본군의 만행은 목격하지 못하였으나 어른들로부터 잔인무도한 불법성을 듣고 미약하나마 위기의식을 느끼다.

1905년(12세)

11월 18일   러일전쟁에서 승리한 일제는 대한제국을 '식물정부'로 만드는 을사늑약을 불법적·강압적으로 체결하다. 이듬해 통감부(統監府)와 주요 지역에 이사청(理事廳)을 설치하는 등 식민지화에 박차를 가하다. 장지연은 『황성신문』에 부당성을 폭로하는 「시일야방성대곡(是日也放聲大哭)」을 게재함으로 한국인 항일의식과 배일 감정을 증폭시키는 기폭제가 되다.

1907년(14세)

2월   나랏빚을 단연(斷煙)과 금주(禁酒)로 갚아야 한다는 국
             채보상운동(國債報償運動)이 대구에서 깃발을 올린 이
             후 전국을 강타하다. 한국인은 물론 국내에 거주하는
             외국인과 일본인들도 동참하는 등 국민운동으로 전개
             되었다. 사회적으로 가장 천대받는 거지 · 죄수 · 도
             둑 · 백정 · 장인(匠人)과 주모(酒母) · 노파(老婆) · 기
             생 등은 동참을 마다하지 않았다. 양천지역에서 의연
             금 모집을 위한 활동이 시작되다. 전국적인 확산에 당
             황한 일제는 이를 저지하기 위하여 친일세력을 동원하
             는 한편 민족지인 『대한매일신보』나 『황성신문』에 압
             력과 회유를 병행함으로 점점 쇠퇴하다.

7-8월   헤이그특사사건으로 고종황제 강제퇴위, 마지막 국가
             보류인 군대마저 해산하다. 해산된 군인들은 의병진에
             적극 가담함으로 전술적인 변화와 아울러 의병전쟁으
             로 발전할 수 있는 기반을 구축하다. 일제는 주민들과
             의병진의 '연결고리'를 차단하기 위하여 친일세력을 중
             심으로 자위단(自衛團) 조직에 힘을 쏟다.

1908년(15세)

6월   서울로 올라와 아현동에 소재한 사립 태극학교(私立太
             極學校) 2학년에 입학하다. 재학 중 민족문제를 고민하
             다. 결혼 당일에 곧바로 학교로 돌아와 수업할 정도로
             열정적인 자신감에 가득 찬 인물이다.

1911년(18세)

3월 30일   태극학교를 제1회로 졸업하다. 수업과목은 수신·국어·조선어·한문·역사·지지·외사·외지·작문·산술·물리·화학·생리·습자·도화·지도·농업·상업·창가·체조 등 20과목에 달했다. 당시 교장은 김중환, 강사는 김일선·조중근·홍순긍·이희상·김상국·이관희 등이었다. 졸업식에서 3학기 연속 우등으로 표창장을 받는 등 학교를 대표하는 학생으로 부각되다.

4월   보성중학교에 입학하면서 '어문민족주의'를 중요성을 인식하다. 주시경은 "한글이 민족의 자산"이라는 주제로 열강이었다.

1913년(20세)

10월   일본으로 유학하여 도쿄 조선유학생감독부 기숙사에 기거하면서 일본어 공부에 몰두하다. 세이쇼쿠영어학원(正則英語學院)에 등록하여 일본어·영어·수학 등을 공부하다.

1914년(21세)

4월   긴죠중학교(錦城中學校) 3학년에 편입하다.

백남훈·전영택 등과 반도중학회(半島中學會)를 조직
하고 회원들 친목 도모와 정보를 도모하다.

1915년(22세)

송계백(宋繼白)·민병세(閔丙世)·김재희(金在禧) 등
과 반도웅변회(半島雄辯會)를 조직하다. 회원으로 가
입하여 열성적인 활동으로 중심적인 인물로 인정받다.

1917년(24세)

게이오대학(慶應大學) 이재과(理財科, 경제학과)에 입학하다.

* 게이오대학은 전신은 자유주의 교육사상가인 후쿠자와 유키치가 1858년 설립한 게
이오의숙(慶應義塾)이며, 1900년에 종합대학으로서 되었다. 후쿠자와는 자유로운 탐구
분위기를 조성하기보다는 국가이익에 부응하고 미래의 정부관료를 양성하려 한, 당시의
국가주의적이고 권위주의적인 제국대학에 대한 대안으로 이 대학을 설립했다. 문부성은
1919년이 되어서야 게이오대학을 종합대학으로 공식 승인했다. 이로써 게이오대학은 국
가의 관리에서 벗어나 자유로운 학문 풍토를 배양할 수 있었으며, 도쿄대학과 같은 제국
대학에 비해 개인의 발달을 중시할 수 있게 되었다. 19세기 이래로 정부 공공기관에 근무
할 수 있는 사람은 거의 제국대학 출신으로 제한되어왔기 때문에, 이 대학은 민간분야인
경영학이나 법학에 중점을 두어 은행계와 산업계의 지도자들을 많이 배출했다. 게이오대
학에는 6개의 캠퍼스가 있다. 문학부, 경제학부, 법학부, 상학부, 의학부, 이공학부, 종합
정책학부, 환경정보학부, 간호의료학부, 약학부, 통신교육과정의 10개 학부가 있으며 문
학연구과, 경제학연구과, 법학연구과, 사회학연구과, 상학연구과, 의학연구과, 이공학연
구과, 정책·미디어연구과, 건강매니지먼트연구과, 약학연구과, 경영관리연구과, 시스템
디자인·매니지먼트연구과, 미디어디자인연구과, 법무연구과의 14개 대학원이 있다.

1918년(25세)

1월	미국 월슨 대통령이 제1차 세계대전 종전을 위한 '14개 조 평화원칙'을 발표하다.
11월	제1차 세계대전이 종결되다.
12월 29-30일	조선유학생학회는 '망년회 및 동서연합웅변회'를 개최 하다. 즉석에서 1919년 1월 6일 동경기독교청년회관에 서 독립운동을 위한 '임시실행위원'으로 선출되다. 임 시실행위원은 김도연을 비롯하여 최팔용·송계백·최 근우·서춘·전영택·윤창석·김상덕 등이었다.

1919년(26세)

1월 7일	임시실행위원회는 「민족대회소집청원서」·「독립선언 서」 등을 작성하여 일본정부·각국 공사관·귀족양원 의원·각 언론사 등에 보내기로 결의하다.
1월	체계적이고 조직적인 독립운동 추진을 위하여 조선청 년독립단을 조직하다.
2월 6일	「민족대회소집청원서」 영문과 일문으로 1,000부를 이 토(伊藤)인쇄소에서 최팔용 책임하에 인쇄하다. 「독립 선언서」와 「결의문」은 최원순 책임하에 등사판으로 약 600부를 인쇄하다
2월 8일	오전에 「민족대회소집청원서」·「독립선언문」·「결의 문」 등을 계획대로 우송하다.
	오후에 임원선거를 명목으로 학생대회를 개최하다. 백

관수는 「독립선언서」를 낭독하고, 김도연은 「결의문」을 낭독하다. 현장에 출동한 일본 경찰관 제지로 아수라장이 되다.

현장에서 체포되어 니시간다경찰서(西神田警察署) 유치장에 수감되었다가 도쿄경시청으로 이감되다. 도쿄재판소에서 최팔용·서춘·백관수·김철수·윤창석 등과 출판법위반으로 9개월 금고형을 선고받고 투옥되다.

* 「2·8독립선언서」

조선청년독립단은 아! 이천만 민족을 대표하여 정의와 자유의 승리를 득(得)한 세계만국 전(前)에 독립을 기성(期成)하기를 선언하노라.

사천삼백년의 장구한 역사를 유(有)한 오족(五族)은 실로 세계 고민족(古民族)의 일이라. 비록 유시호(有時乎) 중국의 정삭(正朔)을 봉한 사는 유하였으나 차는 양국 왕실의 형식적 외교관계에 불과하였고, 조선은 항상 오족의 조선이고, 일차도 통일한 국가를 실(失)하고 이족의 실질적 지배를 수한 사(事)가 무하도다.

일본은 조선이 일본과 순치의 관계가 유함을 자각함이라 칭(稱)하여 일천팔백구십사년 청일전쟁의 결과로 한국의 독립을 솔선 승인하였고, 미·영·법·덕 등 제국도 독립을 승인할뿐더러 차를 보전하기를 약속하였도다. 한국은 그 은의를 감(感)하여 예의(銳意)로 제반 개혁과 국력의 충실을 도하였도다. 당시의 노국의 세력이 남하하여 동양의 평화와 한국의 안녕을 위협할 제 일본은 한국과 공수동맹을 체결하여 아일전쟁(러일전쟁 — 필자 주)을 개하니 동양과 한국의 독립은 차 동맹의 주지라. 한국이 더욱 그 호의에 감하여 육해군의 작전상 원조를 무하였으나 주권의 위엄까지 희생하여 가능한 온갖 의무를 다하여서 동양의 평화와 한국독립의 양대 목적을 추구하였도다.

급기야 전쟁이 종결되고 당시 미국대통령 루즈벨트씨의 중재로 강화회의가 개설될 제 일본은 동맹국인 한국의 참가를 불허하고 러일 양국 대표자의 임의로 일본의 한국에 대한 종주권을 의정(議定)하였으며 일본은 우월한 병력을 지(持)하고 한국의 독립을 보전한다는 구약(舊約)을 위반하여 잔약한 한국 황제와 그 정부를 위협하고 기만하여 국력의 충실(充實)됨이 족히 독립을 득할만한 시기까지라는 조건으로 한국의 외교권을 탈(奪)하여 차를 일본의 보호국을 작(作)하여 한국으로 하여금 직접으로 세계 열국과 외교할 도를 단(斷)하고 인하여 상당한 시기까지라는 조건으로 군대를 해산하니 민간의 무기를 압수하고 일본 군대와 헌병 경찰을 각지에 편치(遍置)하여 심지어 황궁의 경비까지 일본의 경찰을 사용하고 여차(如此)하여 한국으로 하여금 전혀 무저항자(無抵抗者)를 작한 후에 명철(名哲)의 칭(稱)이 유한 광무황제를 방축하고 정신의 발달이 충분치 못한 황태자를 옹립하고 일본의 주구로 소위 합병내각을 조직하여 비밀과 무력의 이면에서 황병조약을 체결하니 자(玆)에 오족은 건국 이래 반만년의 자기를 지도하고 원조하노라는 우방의 군벌적(軍閥的) 희생이 되었도다.

실로 일본의 한국에 대한 사기와 폭력에서 출(出)한 것이다. 여차한 사기의 성공은 세계흥망사에 특필할 일류의 치욕이라 하노라. 보호조약을 체결할 시에 황제와 적신(賊臣) 아닌 기개(幾個) 대신은 온갖 반항수단을 다하였고 발표 후에도 전 국민은 적수로 가능한 온갖 반항을 다하였으며 사법경찰권의 피탈과 군대해산에도 역연(亦然)하였고 합병 시를 당하여는 수중에 촌철이 무함을 불구하고 가능한 온갖 반항운동을 다하다가 정예한 일본의 무기에 희생이 된 자 부지기수이며 이시(爾時) 십년간 독립을 회복하려는 운동으로 희생된 자 역시 그 수십만이며 악독한 헌병정치 하에 수족과 구설(口舌)의 제(制)를 수(受)하면서도 계속 독립운동이 절(絶)한 적이 없었다. 차로 관(觀)하여도 한일합병이 조선 민족의 의사가 아님을 가지(可知)할지라. 여차히 오족은 일본의 군국주의적 야심의 사기 폭력 하에 오족의 의사에 반하는 운명을 당하였으니 정의로 세계를 개조하는 차시(此時)에 당연히 광정을 세계에 요구할 권리가 유하며 또 세계개조의 주인되는 미(미국)와 영(영국)은 보호와 합병을 솔선 승인한 이유로 차시에 또한 구악을 속할 의무가 유하다 하노라.

또 병합 이래 일본의 조선통치정책을 보건대 합병 시의 선언에 반(反)하여 오족의 행복과 이익을 무시하고 정복자가 피정복자에 대한 고대의 비인도적 정책을 습용하여 오족에게 참정권, 집회·결사의 자유, 언론·출판의 자유 등을 불허하며 심지어 신교의 자유, 기업의 자유까지도 불소(不少)히 구속하며 행정 사법 경찰 등 제 기관이 조선민족의 사권까지도 침해하며 공사간(公私間)에 오인과 일본과의 간에 우열의 차별을 설(設)하며 오족에게는 일본인에 비하여 열등한 교육을 시(施)하여서 오족으로 하여금 영원히 일본인의 사용자로 성(成)케 하며 역사를 개조하여 오족의 신성한 역사적 전통과 위엄을 파괴하고 준모(浚侮)하여 소수의 관리를 제한 외에는 정부 여러 기관과 교통 통신 경비 등 기관에 전부 혹은 대부분 일본인을 사용하여 오족으로 하여금 영원히 국가생활에 지능과 경험을 득할 기회를 부득케 하니 오족은 결코 여차한 무단전제 부정 불평등한 정치 하에서 생존과 발전을 향유키 불능한지라. 그뿐더러 원래 인구 과잉한 조선에 무한으로 이민을 장려하고 보조하여 토착하니 오족은 해외에 유리(遊離)함을 불면하며 정부의 여러 기관은 물론이고 사설의 여러 기관에까지 일본인을 사용하여 일단 조선인의 부를 일본으로 유출케 하고 상공업에도 일본인에게만 특수한 편익을 여하여 오족으로 하여금 산업적 발흥의 기회를 실케 하도다. 여차히 하방면(何方面)으로 관하여도 오족과 일본과의 이해는 상호 배치(背馳)하여 그 해(害)를 수한 자는 오족이니 오족은 생존권리를 위하여 독립을 주장하노라.

최후 동양 평화의 전지로 보건대 위협이던 아국(俄國)은 이미 군국주의적 야심을 포기하고 정의와 자유를 기초로 한 신국가의 건설에 종사하는 중이며 중화민국도 역연하며 겸하며 차후 국제연맹이 실현되어 다시 군국주의적 침략을 감행할 강국이 무할 것이다. 그러할진대 한국을 병합한 최대 이유가 소멸되었을 뿐더러 종차(從此)로 조선민족이 무수한 혁명난(革命亂)을 기(起)한다면 일본에게 병합된 한국은 반하여 동양평화의 요란하고 화원(禍源)이 될지라. 오족은 정당한 방법으로 오족의 자유를 추구할지나 만일 차로서 성공치 못하면 오족은 생존의 권리를 위하여 온갖 자유를 위하는 행동을 취하여 최후의 일인까지 자유를 위하는 열혈을 유할지니 어찌 동양평화의 화원이 아니리오? 오족은 일병(一兵)이 무하니 오족은 병력으로써 일본을 저항할 실력이 무하도다. 일본이 만일 오족의 정당한 요구에 불응할진대 오족은 일본에 대하여 영원히 혈전을 선언하노라. 오족은 구원히 고상한 문화를 유하였고 반만년간 국가생활의 경험을 유(有)한 자라. 비록 다년간 전제정치 하의 해독과 경우(境遇)의 불행이 오족의 금일을 치(致)하였다 할지라도 정의와 자유를 기초로 한 민주주의의 선진국의 범을 수하여 신국가를 건설한 후에는 건국 이래 문화와 평화를 애호하는 오족은 세계의 평화와 인류의 문화에 공헌함이 유할 줄을 신(信)하노라. 자에 오족은 일본이나 혹은 세계 각국이 오족에게 자결의 기회를 여하기를 요구하며 만일 불연(不然)이면 오족은 생존을 위하여 자유의 행동을 취하여서 독립을 기성하기를 자(玆)에 선언하노라.

서기 1919년 2월 8일
재일본 동경 조선청년독립단 대표
최팔용, 윤창석, 김도연, 이종근, 이광수, 송계백, 김철수, 최근우, 백관수, 김상덕, 서춘

* 「결의문」

一. 본단은 일한합병이 오족(吾族)의 자유의사에 출(出)하지 아니하고 오족의 생존과 발전을 위협하고 또 동양의 평화를 요란(擾亂)하는 원인이 된다는 이유로 독립을 주장함.

二. 본단은 일본의회 급 정부에 조선민족대회를 소집하여 해회(該會)의 결의로 오족의 운명을 결할 기회를 여(與)하기를 요구함.

三. 본단은 만국강화회의에 민족자결주의를 오족에게도 적용하게 하기를 청구함. 우 목적을 달하기 위하여 일본에 주재한 각국 대공사(大公使)에게 본단의 주의를 각기 정부에 전달하기를 의뢰하고 동시에 위원 2인을 만국강화회의에 파견함. 우 위원은 기(旣)히 파견한 오족의 위원과 일치행동을 취함.

四. 전항의 요구가 실패될 시는 오족은 일본에 대하여 영원의 혈전(血戰)을 선(宣)함. 차로써 생하는 참화는 오족이 그 책에 임치 아니함.

1920년(27세)

4월   감옥에서 출감하다.
6월   조선유학생학우회에서 개최하는 하기순회강연대회에
       참가하다. 「조선산업의 장래에 대하여」라는 주제로 강
       연할 예정이었으나 일본경찰의 방해로 강연회 자체가
       금지되었다. 합법적인 활동마저 불가능하자 미국유학
       을 결심하는 결정적인 계기가 되다.

1921년(28세)

       흥사단(興士團) 단원으로 입단하다(보증인은 김항조
       와 이광수). 미국 주소는 Ohio Delaware West Central 495
       번지이다.

1922년(29세)

6월   횡빈(橫濱) 태양환(太陽丸)을 타고 미국유학길에 오르
       다. 10일 후 하와이 호놀룰루에 도착하다.
7월 21일 샌프란시스코항에 도착한 후 며칠을 머문 후 오하이오

주 델라웨어로 이동하다.

9월 　 웨슬리안대학교 경제과 3학년에 편입하다.

1923년(30세)

북미한인유학생회 뉴욕학생회 지부에 가입하여 기관지 『우라키(THE ROCKY)』 편집위원으로 활동하다. 이 잡지 창간호에 「산업의 과학적 경영에 대한 고찰」을 투고하다. 이 글은 미국 경영학자 테일러리(F. W. Taylord)의 테일러리즘을 분석·고찰한 논문이다.

12월 28일 – 1924년 1월 1일 　 인디아나주에서 개최된 제9회 국제학생자원대회에 한국대표로 참석하다.

1925년(32세)

컬럼비아대학교 석사과정에 입학하다.

1926년(33세)

6월 　 3일간 개최된 북미대한인유학생총회 동부지방대회 회장으로 이를 성공적으로 개최하다.

컬럼비아대학교에서 「마샬과 데븐포트의 가치론의 비교(A Comparison of Value Theories Marshall and Davenport)」로 석사학위를 받다.

6월 　북미대한인유학생총회 동부학생대회에서 회원 등과 함께 이승만 지지를 공식적으로 표명하다. "구미위원부는 우리 임시정부의 기관으로 구미에 대한 실질적인 외교를 담임 존재하는 것으로 인정하고 일반 애국동포는 그 기초 확립과 유지발전에 대하여 성심을 기울여 의무를 다하기를 요함"이라고 밝히는 동시에 이러한 결의사항을 서신으로 이승만에게 알리다.

허정·장덕수 등과 『삼일신보(三一申報, The Korea National Weekly)』 발간을 위하여 노력하다.

* 『삼일신보』

미국 뉴욕에서 결성된 한인교민단의 기관지로 발간된 주간신문이다. 1928년 6월 29일 창간되어, 1930년 6월까지 약 2년여 동안 분립된 한인사회를 규합하는데 노력하였다. 이승만과 구미위원부의 재정을 후원하였다. 1924년 12월 10일 뉴욕 일대에서 이승만의 동지회 계열 인물이던 이진일과 사업가 안정수·홍득수 등은 유학생 허정·송세인·이봉수·신성구 등과 함께 뉴욕한인교민단을 조직하였다. 뉴욕한인교민단은 당시 미주한인사회가 이승만 계열의 동지회와 안창호 계열의 국민회로 분립된 것을 개탄하고, 계파를 지양하는 한인단체의 결성을 표방하였다. 그런데 이승만의 노선을 지지하고 구미위원부의 재정 후원 활동을 전개함으로 다른 교포들로부터 외면당하였다. 『삼일신보』의 창간은 뉴욕교민단장 허정과 『동아일보』 특파원이기도 한 유학생 장덕수의 만남을 계기로 이루어졌다. 1927년 허정은 『동아일보』 주간 겸 부사장을 역임한 장덕수가 1924년 뉴욕 콜럼비아대학으로 유학오자, 장덕수에게 뉴욕의 한인교포들을 대상으로 한 신문 발행을 제의하였다. 이들은 3·1운동정신을 계승·발전시킨다는 의미에서, 제호를 『삼일신보』로, 노농대중을 위한 진보적 언론지를 지향하는 한편, 창간일을 1928년 3월 1일을 결정하였다.

주요 발기인은 김도연을 비롯하여 허정·장덕수·홍득수·신성구·송세인(宋世仁)·이봉수(李奉洙)·김양수·윤홍섭(尹弘燮)·최순주(崔淳周)·서민호(徐珉濠) 등 콜럼비아대학 유학생을 주축으로 구성되었다. 재정마련은 허정·윤홍섭·신성구 등이 담당, 신문 제작은 장덕수가 주관하였다. 사장에 허정, 주필 김양수, 편집 장덕수·김도연·최순주, 영업 홍득수, 재정 신성구 등으로 임원진을 구성하였다. 그러나 신문조판 과정에 문제가 생겨 1928년 6월에 이르러서야 창간되었다. 창간 당시 교포들로부터 호응을 받았으나, 점차 친 이승만 논조로 선회함에 따라 외면당하였다. 창간의 주역이었던 허정이 구미위원부 활동을 돕기 위해 워싱턴으로 가면서, 경영책임을 이기붕에게 넘겼다. 1929년 장덕수마저 런던으로 유학을 떠나면서, 운영이 흔들리기 시작하였다. 당시 뉴욕에서 화초장사를 하던 이기붕은 재정을 감당하지 못하였다. 결국 창간 2년만인 1930년 6월 폐간되었다.

10월　　　　　뉴욕에서 장덕수 등과 유미한인산업협회(留米韓人産業協會)를 조직하다.

* 유미한인산업협회

1927년 10월 김도연과 장덕수 등을 중심으로 미국 각지에 거주하는 동지들을 규합하여 뉴욕에서 조직되었다. 준비위원은 이들을 비롯하여 나기호·최순주·김종철·임파·현철·임아영·오기은·김성실·최정집·윤홍섭·안정수·곽림대·장리욱·최영욱·이용직·홍득수·이동제·이철원·허정·김양수·윤치영·이대위·김여택·우상용·최인관·박인덕·송기주·김현구 등이다. 취지는 "우리 산업진흥을 조장하고 산업 발달에 뜻이 있는 인사들이 모여 서로 친목을 도모하며, 산업 상태와 발전 방도를 조사·연구하여 기업의 발흥의 조장"을 도모하기 위함이었다. 더불어 교민들이 산업계에 진출하여 사업 활동에 도움을 주는 등 교민들 지위향상에 목적을 두었다. 주요 사업은 "①내외지 산업 사정을 조사·연구함, ②내외지 산업기관의 참고 재료를 공급하며, 이를 통하여 본회 회원의 직업을 소개, ③상당한 인재를 선택하여 전문 기술을 수학케 함, ④1년 1차 혹 2차 조사 재료를 출판함" 등이었다. 기관지로 국한문판인 『산업』을 간행·배포하였다. 기관지에는 조선의 농업 및 산업 현황과 발전방안, 그리고 세계 경제의 추세, 미국 산업계와 재미한인 실업가들에 대한 소개와 현황 등을 수록했다. 유미한인산업협회 입회원서, 산업협회에 대한 문의, 기관지 투고 등 이 단체와 관련된 수신소(연락처)는 바로 콜롬비아대학교 김도연이었다. 회원은 1928년 뉴욕에 거주하는 40여 명에서 1932년 시카고·디트로이트·워싱턴 등으로 확대되었다. 일화배척운동을 전개하는 등 활동영역도 확대시켜 산업지식의 연구 발전에 의한 조선독립의 경제적 실력양성운동을 지닌 단체로서 인식되었다.

1928년(35세)

1월	윤치영·장덕수 등과 대한인동지회 뉴욕지부를 조직하다.
6월	북미대한인유학생총회 이사부 서기와 동부학생대회 조사위원으로 선임되다.
6월 29일	『삼일신보』가 창간되다.
연말	윤치영·장덕수·윤홍섭·김양수 등과 대한인동지회에 가입하다. 나혜석 부부의 미국 방문을 안내하면 한인사회의 분열된 실상을 알리다.

* 대한민국 독립의 완성을 위한 한민족의 자각을 촉성시켜 사회운동을 고취하는 한편 노동대중을 위한 진보적 성격을 지향하는 주간지이다. 제호에 나타난 바처럼 3·1운동 정신을 계승·발전시킨다는 의미였다. 주요 간부진으로 사장은 허정, 주필은 김양수, 편집부는 그를 비롯한 장덕수·최순주, 영업부는 홍득수·윤홍섭·윤치영, 재정은 신성구(申聖求), 공장인쇄은 이철원(李哲源) 등이 맡았다. 원래 창간은 발기 당시인 1927년으로 계획을 세웠으나 인력과 재정난 등으로 연기하여 1928년 3월 1일 창간을 목표로 계획을 수정하였다.

국문활자를 구하기 힘들어 편집을 맡은 장덕수가 동아일보사 송진우에게 요청하여 1928년 6월 29일 창간호를 발행할 수 있었다. 활자는 상당한 물량으로 미국으로 운반하는데 많은 시간이 소요되었기 때문이다. 발간취지와 달리 이승만(李承晚)을 지지 후원하는 내용을 주류를 이루었다. 이는 한인사회로부터 외면당하는 결정적인 계기가 되어 결국 1년 만에 폐간되었다.

1929년(36세)

6월	이훈구·염광섭 등과 함께 북미대한인유학생총회 회장후보로 추천되다. 뉴욕학생대회 토의부장으로 대한

인동지회와 대한인국민회 통합을 위한 주제로 토론회를 열었다.

1930년(37세)

유미한인산업협회 기관지 창간호에 「농민상조(農民相助) 은행건설(銀行建設)에 대한 일고찰」을 투고하다. 주요 내용은 "소작농의 처참한 삶은 고율의 소작료와 농가부채에 그 원인이 있음"을 분석했다. 나아가 우리 농업이 나아갈 방향은 건전한 자작농 육성으로 귀결되었다. 그런 만큼 농가 부채 해결을 급선무로 인식하고 고리대금업자들을 구축하여 건전한 농업사회를 만들기 위한 저리로 대부하는 금융기관 설립을 제안하였다.

1931년(38세)

1월	워싱턴 아메리칸대학교(American Uniersity)에서 「한국의 농촌경제」라는 주제로 박사학위를 취득하다.
10월 15일	뉴욕지역에 거주하는 교민들과 유학생 등으로 재미조선문화회를 조직하다. 기성위원장은 윤홍섭, 기성위원은 그를 비롯한 오천석·허정·윤성순·황창하·정태진·유억겸 등이었다.

* 재미조선문화회
「취지서」와 「규약」에는 유구한 역사를 자랑하는 우리 민족의 문화와 역사가 세계에

중국과 일본의 아류로 취급당하고 있으며, 이러한 잘못된 역사가 학자와 정치가에 의해 다시 오전(誤傳)되고 있다는 우려를 표명하였다. 구체적인 활동은 우리 역사에 관한 저서를 수집하고, 도서부를 컬럼비아대학 도서관 내에 두어 우리 역사와 문화를 밖으로 소개하고 알려야 한다는 제시했다. 결국 컬럼비아대학 도서관에 조선도서관을 설치한 후 우리 역사와 문화를 알리기 위한 적극적인 활동을 전개하는 등 교민들에게 자긍심을 일깨우는데 적극적으로 활용하였다. 12월 재만동포구제사업을 위한 위원으로 선출되다. 목적은 만주사변(滿洲事變) 발발로 어려움에 처한 재만동포를 위한 기부금 모집에 있었다. 모집된 의연금은 서울 중앙청년회에 위탁하였는데, 이는 뉴욕한인교회를 중심으로 전개되었다.

1932년(39세)

유미한인산업협회 기관지 『산업』 제2호에 「농사개량 운동과 중앙조사연구기관 조직의 필요」를 투고하다. 주요 내용은 "농민의 생활향상과 근대적인 농업으로 발전을 위하여 기존의 잘못된 관행을 타파하는 가운데 지도임무를 가질만한 '중앙기관' 조직을 주장하였다. 이를 위한 구체적인 방안은 농업의 과학적 연구의 필요성을 강조하는 한편 이러한 업무를 실행할 '중앙조사연구기관' 설치를 강조했다.

8월   20여 년간 유학생활을 마치고 귀국하여 연희전문학교 강사로 강단에 서다.

9-10월   중앙기독교청년회와 조선물산장려회에서 미국경제공황을 강연하다.

조병옥·최순주 등과 조선경제학회 회원으로 활동하다.

1933년(40세)

10월 「공업발달과 기업가의 邁進을 囑望함」을 『신흥조선』
에 기고하다.

1934년(41세)

1월 「공업발달과 기업가의 邁進을 囑望함」을 『신흥조선』
에 기고하다.

1935년(42세)

조선제사회사에 입사하여 경제활동에 나서다.

1939년(45세)

5월 김양수·서민호 등 지인 30여 명과 조선흥업주식회사
를 설립하다(자본금 30만 원).

1942년(49세)

조선어학회사건으로 이극로·최현배·장지영·이희승·
안재홍·이인·김학준·이은상 등과 함께 투옥되다.

1944년(51세)

여름 병보석으로 출감되다. 정국 변화를 주시하면 독립국가 건설을 모색하다. 민주주의에 대한 '자기 모색'을 시간이었다.

1945년(52세)

8월 15일   일제의 무조건 항복으로 광복을 맞이하다.

1948년(55세)

5월 10일   총선거에 서대문구에서 입후보로 출마하여 제헌의원에 당선되다.
초대 재정경제분과위원장으로 취임되다.
초대 재무부 장관으로 입각하여 경제안정을 위한 경제정책을 입안하다.

1949년(56세)

대한수상경기연맹 회장에 취임하다.

1950년(57세)

6월 25일   한국전쟁이 북한의 무력남침으로 발발하다. 구국총연
맹을 조직하여 부위원장에 취임하여 전의(戰意) 앙양,
부상장병 위문, 피란민 구호사업에 앞장서다. 구국총
연맹과 금융통화위원회 대리위원으로 취임하다.
일본 유학 중 인연이 된 윤상은(尹相殷) 도움으로 6 · 25
전쟁 중 비교적 안락한 피난생활을 할 수 있었다.

1953년(60세)

부산정치파동 후 신익희 · 조병옥 · 서상일 · 이영준(李
榮俊) · 백남훈(白南薰) 등과 민주국민당을 조직하고
부위원장에 선출되다.

1954년(61세)

서대문갑구에서 제3대 민의원의원 당선되다. 정치인
으로 '자기 입지'를 세상에 알리는 계기가 되다.

1955년(62세)

민주당 고문에 선출되어 민주화를 대장정에 돌입하다.

1956년(63세)

민주당 최고의원에 선출되다. 미국 유학시절 체험을 글을 통해 민주주의의 중요성을 알리다.

1958년(65세)

서대문갑구에서 제4대 민의원에 당선되는 영광을 안았다.

1959년(66세)

민주당 중앙위원회의장에 선출되다.
『동아일보』 1959년 2월 28일과 3월 1일에 「건국의 정신 민주주의를 살리자, 三·一運動의 感激을 새로이 하며」를 2회에 투고하다.

1960년(67세)

국회민의원부의장에 선출되어 서대문갑구에서 제5대 민의원의원으로 당선되다.

1961년(68세)

2월 신민당주비위원회 부위원장과 신민당 중앙당 중앙당 부위원장 선출되다.
『동아일보』1961년 2월 7~8일 논단으로 「경제위기와 그 타개책 특히 환률인상의 繼起를 바라보면서」를 투고하다.

1963년(70세)

자유민주당 대표최고위원과 전국구 의원으로 제6대 국회의원에 당선되다.

1965년(72세)

민정당 부총재로서 한일조약 국회비준을 저지하기 위하여 국회의원직을 사퇴하다.

1967년(74세)

신민당 운영위원에 선출되는 전국구 의원으로 제7대 국회의원에 당선되다(6선 의원)

7월 19일 상오 6시 입원한 세브란스병원에서 영면하다.

주(註)

머리말

1) 김형목, 「2·8독립운동과 청년대표 김도연」, 『2·8독립운동기념세미나 발표문』, 한국YMCA, 2017 참조.

2) 오대록, 「일제강점기 상산 김도연의 현실인식과 민족운동」, 『한국독립운동사연구』 38, 독립기념관 한국독립운동사연구소, 2011.

3) 조명근, 「일제하 김도연의 경제사상과 사회활동」, 『한국인물사연구』 22, 한국인물사연구회, 2014, 383~385쪽.

4) 오대록, 「일제강점기 상산 김도연의 현실인식과 민족운동」, 『한국독립운동사연구』 38, 독립기념관 한국독립운동사연구소, 2011 : 조명근, 「일제하 김도연의 경제사상과 사회활동」, 『한국인물사연구』 22, 한국인물사연구회, 2014, 383~385쪽.

5) 김도연, 『나의 인생백서 – 상산회고록』, 강우출판사, 1967.

6) 김도연,『나의 인생백서-상산회고록』, 강우출판사, 1967, 69~70쪽 : 김호일,『한국근대학생운동사』, 도서출판 선인, 2005, 87·95~96· 100쪽 : 김삼웅,『김상덕평전』, 책으로보는세상, 2011, 29~33쪽.

7) 독립운동사편찬위원회,『학생독립운동자료집』13, 1977 : 김성식, 『일제하 한국학생운동』, 고려대 아세아문제연구소, 1971 : 김호일, 『한국근대학생운동사』, 도서출판 선인, 2005 : 독립운동사편찬위원 회,『독립운동사(3·1운동사 하)』3, 1971 : 백남훈,『나의 일생』, 신현 실사, 1968 : 유동식,『재일본한국기독교청년회사 1906-1990』, 재일 본한국YMCA, 1990 : 윤치영,『동산회고록 : 윤치영의 20세기』, 삼성출 판사, 1991 : 이경남,『설산 장덕수』, 동아일보사, 1981 : 정세현,『항일 학생민족운동사연구』, 일지사, 1975 : 최승만,「나의 회고록」, 인하대 출판부, 1985 : 허정,『내일을 위한 증언 : 허정회고록』, 샘터사, 1997

8) 오대록,「일제강점기 상산 김도연의 현실인식과 민족운동」,『한국독 립운동사연구』38, 독립기념관 한국독립운동사연구소, 2011.

9) 최선웅,「미국유학 시기 장덕수의 비밀결사 활동- 大光과 大韓人同 志會의 갈등과 통합-」,『한국인물사연구』19, 한국인물사연구회, 2013.

10) 조명근,「일제하 김도연의 경제사상과 사회활동」,『한국인물사연구』 22, 한국인물사연구회, 2014, 389쪽.

11) 이지원,「조선어학회」과「조선어학회사건」,『한국독립운동사전(운 동·단체 편(Ⅳ)』6, 독립기념관 한국독립운동사연구소, 2004, 542~ 545쪽.

12) 김도연,『나의 인생백서-상산회고록』, 강우출판사, 1967. 광복 이후 정치활동은 회고록을 참조하라.

제1장

1) 신국주, 『근대조선외교사』, 탐구당, 1965 : 이태진, 「운양호사건의 진상」, 『조선의 정치와 사회』, 최승희교수정년기념논문집간행위원회, 2002.

2) 김경태, 「병자개항과 불평등관계의 구조」, 『이대사원』 11, 이대사학회, 1973.

3) 인천부, 『인천부사』 상, 1933, 697~699쪽 : 김형목, 「대한제국기 인천지역 근대교육운동 주체와 성격」, 『인천학연구』 3, 인천대 인천학연구원, 2004, 71~72쪽.

4) 강동진, 「친일세력의 교육·보호·이용」, 『일제의 한국침략정책사 – 오늘의 사상신서 14』, 한길사, 1980.

5) 하원호, 「개항후 방곡령실시의 원인에 관한 연구」, 『한국사연구』 49, 50·51, 한국사학회, 1985.

6) 신용하, 「갑오농민전쟁 시기의 농민집강소의 활동」, 『한국문화』 6, 서울대, 1985 : 노용필, 「동학농민군의 집강소에 대한 일고찰」, 『역사학보』 133, 역사학회, 1992 : 김양식, 「1·2차 전주화약과 집강소 운영」, 『역사연구』 2, 역사학연구소, 1993 : 성주현, 「제2차 동학혁명과 삼례기포」, 『한국민족운동사연구』 50, 한국민족운동사학회, 2007.

7) 김도연, 『나의 인생백서 – 상산회고록』, 강우출판사, 1967, 13쪽.

8) 서울역사편찬원, 「염창동」, 『서울지명사전』.

9) 김도연, 『나의 인생백서 – 상산회고록』, 강우출판사, 1967, 13~14쪽.

10) 김도연, 『나의 인생백서 – 상산회고록』, 강우출판사, 1967, 14쪽.

11) 오대록, 「일제강점기 상산 김도연의 현실인식과 민족운동」, 『한국독립운동사연구』 38, 독립기념관 한국독립운동사연구소, 2011, 161쪽.

12) 박만규,「한말 일제의 철도부설 지배와 한국인 동향」,『한국사론』8, 서울대 국사학과, 1982 : 김형목,「한말 시흥농민운동 연구」,『중앙사론』6, 중앙사학연구회, 1989.

13) 김종준,「찬반 여론의 형성」,『일진회의 문명화론과 친일활동』, 신구문화사, 2010.

14) 국사편찬위원회,「언론·상소」,『한국독립운동사』1, 1965, 82~84쪽 : 대한언론인회,「장지연」,『한국언론인물사화, 8·15전편(상)』, 1992, 120~127쪽.

15) 국사편찬위원회,「밀사 파견」,『한국독립운동사』1, 172~177쪽 : 김권정,「제2차 헤이그 만국평화회의 특사로 임명되다」,『한국인보다 한국을 더 사랑한 미국인 헐버트』, 독립기념관 한국독립운동사연구소, 2015, 111~118쪽.

16) 한명근,「통감부 시기 이완용 연구」,『한국민족운동사연구』24, 한국민족운동사연구회, 2000.

17) 유영렬,「대한자강회의 애국계몽운동」,『한국근대민족주의운동사연구』, 일조각, 1987; 조항래 저,『1900년대의 애국계몽운동연구』, 아세아문화사, 1993에 재수록.

18) 최기영,「대한자강회」,『한국독립운동사사전(운동·단체 편(Ⅱ)』, 독립기념관 한국독립운동사연구소, 2004, 181쪽.

19) 전재관,「한말 애국계몽단체 지회의 분포와 구성 - 대한자강회·대한협회·오학회를 중심으로 -」,『숭실사학』10, 숭실사학회, 1997.

20) 김형목,「대한자강회 회원으로 소통 확대를 도모하다」,『김광제, 나랏빚 청산이 독립국가 건설이다』, 도서출판 선인, 2012.

21) 김도연,『나의 인생백서 - 상산회고록』, 강우출판사, 1967, 23쪽.

22)『황성신문』1906년 3월 24 - 27일 광고, 6월 16일 사고「新進部」, 8월

6−7일 광고, 1908년 7월 29일 잡보 「移校監督部」.

23) 『황성신문』1908년 6월 5일 잡보 「阿峴設校」.

24) 『대한매일신보』1908년 7월 25일 잡보 「阿峴太極校」: 『황성신문』 1908년 6월 5일 잡보 「阿峴設校」, 8월 18일 잡보 「基金成立」, 10월 4일 잡보 「太極盛況」: 김도연, 『나의 인생백서−상산회고록』, 강우출판사, 1967, 22~23쪽.

25) 『대한매일신보』1908년 12월 3일 광고 「아현사립태극학교 의연금액과 씨명」: 『황성신문』1908년 12월 8일 광고 「阿峴私立太極學校義捐金額及氏名」.

26) 『대한매일신보』1908년 7월 25일 잡보 「태극교임원」: 『大韓每日申報』1908년 7월 25일 잡보 「太校任員」: 『황성신문』1907년 1월 16일 잡보 「監督報告」.

27) 『황성신문』1908년 6월 7일 잡보 「太極校況」.

28) 『황성신문』1908년 10월 4일 잡보 「太極盛況」.

29) 『대한매일신보』1908년 7월 25일 잡보 「태극교 임원」: 『김도연, 『나의 인생백서−상산회고록』, 강우출판사, 1967, 24~25쪽 : 최희정, 「1920년대 이후 성공주의 기원과 확산」, 『한국근현대사연구』76, 한국근현대사학회, 2016, 192쪽.

30) 『독립신문』1897년 5월 6일 관보, 8월 3일 관보, 8월 12일 관보.

31) 『독립신문』1897년 5월 6일 논설 「내부 지방국장 김중환씨의 정치 연설(전호 연속)」.

32) 『대한매일신보』1908년 12월 21일 잡보 「선유사 복명」.

33) 『大韓每日申報』1907년 1월 11일 잡보 「華校試賞」, 5월 28일 잡보 「賛校卒業」, 1908년 2월 29일 잡보 「私立華東夜学校趣旨書」: 『대한매일신보』1908년 4월 5일 잡보 「교장선정」, 4월 8일 잡보 「임원조직」, 4월

14일 잡보 「봉명교 개학」, 6월 20일 잡보 「도로 퇴학」, 7월 26일 잡보 「상품기부」, 7월 31일 잡보 「화동학교시험」, 11월 3일 잡보 「연합환영」, 12월 25일 「김씨환영」, 1909년 6월 16일 잡보 「상학논박」, 1910년 2월 3일 논설 「봉명학교교주 이봉래씨에게 고하노라」.

34) 『대한매일신보』 1907년 8월 29일 잡보 「사씨로 선유사」, 10월 12일 잡보 「경북선유사」, 11월 16일 잡보 「선유사의 신병」, 11월 21일 잡보 「선유사 소환」, 11월 23일 잡보 「경북선유사 회환」, 12월 21일 잡보 「선유사 복명」, 1908년 2월 25일 잡보 「불참을 논책」 : 『大韓每日申報』 1908년 2월 29일 잡보 「金氏熱心」.

35) 『大韓每日申報』 1908년 2월 25일 잡보 「畿湖景況」.

36) 반병률, 『임시정부의 초대 국무총리 성재 이동휘 일대기』, 범우사, 1998, 66~74쪽 : 김형목, 「대한제국기 강화지역의 사립학교설립운동」, 『한국독립운동사연구』 24, 독립기념관 한국독립운동사연구소, 2005, 10~13쪽.

37) 『황성신문』 1908년 3월 8일 잡보 「江華義務教育」.

38) 『大韓每日申報』 1908년 3월 18일 잡보 「江郡학풍」 : 『황성신문』 1908년 3월 8일 잡보 「江華義務教育」.

39) 신용하, 『한국민족독립운동사연구』, 을유문화사, 1985, 164쪽.
6개 학구에 필요한 의무학교는 56개교였다. 그런데 보창학교지교 21개교와 進明·啓明·昌華·共化 등 25개교가 이미 설립되었다. 신설해야 할 학교는 31개교였다. 개신교 확산으로 사립학교는 70여 개교에 달하는 상황을 맞았다. 1908년 이전 강화도 내에는 사립학교에 의한 근대교육이 널리 시행되고 있었다. 한글을 위주로 한 노동야학도 성행하여 근로청소년들에게 근대학문 수혜를 제공하는 든든한 버팀목이나 마찬가지였다. 이와 더불어 향학열도 고조되는 등 강화도는 대한제국기 근대교육운동사에서 '상징적인' 중심지나 다름없었다.

이리하여 보창학교는 평양 대성학교, 정주 오산학교 등과 어깨를 견
주는 민족교육기관으로 거듭나고 있었다.(김형목, 『대한제국기 경기
도의 근대교육운동』, 경인문화사, 2016, 168쪽)

40) 김형목, 「기호흥학회 경기도 지회 현황과 성격」, 『중앙사론』 12・13
합집, 중앙사학연구회, 1999, 69쪽 : 정숭교, 「대한제국기 지방학교의
설립주체와 재정」, 『한국문화』 22, 서울대, 1998, 298~300쪽.
교사 양성문제는 근대교육운동의 진전과 더불어 주요한 당면문제였
다. 우후죽순처럼 설립된 사립학교와 달리, 이에 필요한 교사 확보는
제대로 이루어지지 않았다. 사립학교설립운동의 가장 큰 난제는 바
로 원활한 운영비와 교사 확보였다. 「사립학교령」 시행에 의한 근대
교육 침체는 이러한 상황에서 비롯되었다. 반면 지역단위로 시행된
의무교육은 사립학교 부설이나 독립된 사범강습소・사범과・고등
과 등을 통한 교사 양성에 노력을 기울였다. 기호흥학회의 교사소개
소 운영도 이와 같은 목적에서 비롯되었다. 이는 근대교육운동을 진
전시키는 디딤돌로서 작용하였다.

41) 김형목, 「한말 경기지역 야학운동의 배경과 실태」, 『중앙사론』 10・11
합집, 중앙사학연구회, 1998, 187쪽.

42) 반병률, 「이동휘의 한말 민족운동」, 『한국사연구』 87, 한국사연구회,
1994, 46~53쪽.

43) 『大韓每日申報』, 1908년 12월 20일 잡보 「敎育大家」.

44) 국사편찬위원회, 『한국독립운동사』 2, 1983, 623쪽.

45) 조동걸, 「한말 계몽주의의 구조와 독립운동상의 위치」, 『한국학논총』
11, 국민대 한국학연구소, 1989, 109~111쪽.

46) 『황성신문』 1909년 12월 23일 잡보 「寸陰是競」.

47) 김도연, 『나의 인생백서 – 상산회고록』, 강우출판사, 1967, 24~25쪽.

48) 『황성신문』 1908년 10월 16일 잡보 「太極運動」.

49) 「김도연 태극학교 포증서」, 독립기념관 소장(1 – 001679 – 001).

50) 김도연, 『나의 인생백서 – 상산회고록』, 강우출판사, 1967, 23~24쪽.

51) 「김도연 태극학교 졸업증」, 독립기념관 소장(1 – 001679 – 001).

52) 김명섭, 『자유를 위해 투쟁한 아나키스트 이회영』, 독립기념관 한국 독립운동사연구소, 40~47쪽.

53) 김도연, 『나의 인생백서 – 상산회고록』, 강우출판사, 1967, 26쪽.

54) 보성중고등학교, 『보성80년사』, 1986, 64~65쪽 : 김도연, 『나의 인생 백서 – 상산회고록』, 강우출판사, 1967, 26~27쪽.

55) 김도연, 『나의 인생백서 – 상산회고록』, 강우출판사, 1967, 57~58쪽.

56) 최승만, 『나의 회고록』, 인하대출판부, 1985, 74~82쪽 · 85쪽.

57) 이원창 · 조익순, 「이용익의 성장과 출세」, 『고종황제의 충신 이용익 의 재평가』, 해남, 2002.

58) 현광호, 「대한제국의 중립정책과 중립파의 활동」, 『한국독립운동사 연구』 14, 독립기념관 한국독립운동사연구소, 2000.

59) 김도연, 「해외유학의 꿈」, 『나의 인생백서 – 상산회고록』, 강우출판 사, 1967, 27~28쪽.

60) 『자유신문』 1945년 10월 9일 「주시경 선생의 훈업, 세종 이후 우리글의 거인」.

61) 신용하, 「만민공동회」, 『한국독립운동사사전(운동 · 단체편(Ⅱ)』 4, 독립기념관 한국독립운동사연구소, 2004, 372~374쪽.

62) 김민수, 「해제」, 『주시경전서』, 탑출판사, 1992.

63) 김형목, 「목숨보다 한글을 사랑한 주시경」, 『관보』 10월호, 독립기념 관, 2013.

64) 고영근, 「개화기의 국어연구단체와 국어보급활동 – 「한글모죽보기」를 중심으로」, 『한국학보』 30, 일지사, 1983.

65) 박찬승, 「식민지 시기 도일유학과 유학생의 민족운동」, 『아시아의 근대화와 대학의 역할』, 한림대 아시아문화연구소, 2000 : 김도연, 『나의 인생백서 – 상산회고록』, 강우출판사, 1967, 57~58쪽.

제2장

1) 김도연, 『나의 인생백서 – 상산회고록』, 강우출판사, 1967, 59~64쪽.

2) 박경식 편, 『재일조선인관계자료집성』 1, 삼일서방, 1987, 300~303쪽.

3) 박경식 편, 『재일조선인관계자료집성』 1, 삼일서방, 1987, 88쪽 : 김인덕, 「학우회의 조직과 활동」, 『국사관논총』 66, 국사편찬위원회, 1995.

4) 조선유학생학우회, 『학지광』 제5호, 1915, 63쪽 : 『학지광』 제12·14호, 1917, 61·75쪽 : 『학지광』 제15호, 1918, 81쪽.

5) 박경식 편, 『재일조선인관계자료집성』 1, 삼일서방, 1987, 91쪽.

6) 박경식 편, 『재일조선인관계자료집성』 1, 삼일서방, 1987, 68·91쪽.

7) 박경식 편, 『재일조선인관계자료집성』 1, 삼일서방, 1987, 65~66·87·90쪽 : 유동식, 『재일본한국기독교청년회사 1906 – 1990』, 재일본한국YMCA, 1990, 50·150쪽.

8) 김도연, 『나의 인생백서 – 상산회고록』, 강우출판사, 1967, 67쪽.

9) 김희곤, 『중국관내 한국독립운동단체연구』, 지식산업사, 1995, 74~78·89~92쪽.

10) 홍선표, 「1910년대 후반 하와이 한인사회의 동향과 대한인국민회의 활동」, 『한국독립운동사연구소』 8, 독립기념관 한국독립운동사연구

소, 1994, 173~177쪽.

11) 이윤상, 「대한독립선언서의 작성과 의미」, 『3·1운동의 배경과 독립선언』 – 한국독립운동의역사 18, 한국독립운동사편찬위원회·독립기념관 한국독립운동사연구소, 2009, 99~104쪽.

12) 홍선표, 「1910년대 후반 하와이 한인사회의 동향과 대한인국민회의 활동」, 『한국독립운동사연구소』 8, 독립기념관 한국독립운동사연구소, 1994, 176쪽.

13) 강덕상 편, 『현대사자료』 26, 미즈즈書房, 1980, 20쪽.

14) 박경식 편, 『재일조선인관계자료집성』 1, 삼일서방, 1987, 98~99쪽 : 김정명 편, 『조선독립운동』 1, 원서방, 1967, 300쪽 : 강덕상 편, 『현대사자료』 26, 미즈즈書房, 1980, 20쪽 : 백관수, 「조선청년독립단 2·8 선언약사」 하, 『동아일보』 1958년 2월 9일자 : 변희용, 「해외서 겪은 3·1운동」, 『조선일보』 1962년 2월 28일자.

15) 박경식 편, 『재일조선인관계자료집성』 1, 삼일서방, 1987, 99쪽 : 강덕상 편, 『현대사자료』 26, 미즈즈書房, 1980, 21쪽.

16) 박경식 편, 『재일조선인관계자료집성』 1, 삼일서방, 1987, 98~99쪽 : 김정명 편, 『조선독립운동』 1, 원서방, 1967, 300쪽 : 강덕상 편, 『현대사자료』 26, 미즈즈書房, 1980, 21쪽 : 백관수, 「조선청년독립단 2·8 선언약사」 하, 『동아일보』 1958년 2월 9일자.

17) 박경식 편, 『재일조선인관계자료집성』 1, 삼일서방, 1987, 99쪽 : 백관수, 「조선청년독립단 2·8선언약사」 하, 『동아일보』 1958년 2월 9일자.

18) 『신한민보』 1919년 4월 3일 「동경류학싱독립단 션언셔, 동경류학싱의 보닌글로 긔죄된 『한인신보』에서」.

19) 이윤상, 「2·8독립선언서」, 『3·1운동의 배경과 독립선언』 – 한국독립운동의역사 18, 한국독립운동사편찬위원회·독립기념관 한국독립

운동사연구소, 2009, 73~79쪽.

20) 김소진, 「2·8독립선언서」, 『한국독립선언서연구』, 국학자료원, 1999, 87~89쪽.

21) 김형목, 「어윤희, 개성 3·1만세운동에 앞장서다」, 『여성독립운동가 열전』 – 근대한국학 대중 총서 04, 세창문화사, 2021, 112~114쪽.

22) 김도연, 「2·8운동과 나의 영어생활」, 『나의 인생백서 – 상산회고록』, 강우출판사, 1967, 84~85쪽.

23) 박경식 편, 『재일조선인관계자료집성』 1, 삼일서방, 1987, 100쪽 : 『동아일보』 1920년 6월 29일 「학우회순회강연」, 7월 19일 「돌연해산명령」: 김도연, 『나의 인생백서 – 상산회고록』, 강우출판사, 1967, 93쪽.

제3장

1) 박경식 편, 『재일조선인관계자료집성』 1, 삼일서방, 1987, 100쪽 : 『동아일보』 1920년 6월 29일 「학우회순회강연」, 7월 19일 「돌연해산명령」: 김도연, 『나의 인생백서 – 상산회고록』, 강우출판사, 1967, 93쪽.

2) 「김도연 흥사단 입증보증서·청원서·이력서」(1921년 3월, 독립기념관 소장) : 김도연, 『나의 인생백서 – 상산회고록』, 강우출판사, 1967, 97쪽.

3) 『신한민보』 1922년 8월 10일 「인사」: 김도연, 『나의 인생백서 – 상산회고록』, 강우출판사, 1967, 94~97쪽.

4) 김도연, 『나의 인생백서 – 상산회고록』, 강우출판사, 1967, 97~99쪽.

5) 「김도연 흥사단 입단 보증서·청원서·이력서」(1921년 3월, 독립기념관 소장) : 김도연, 『나의 인생백서 – 상산회고록』, 강우출판사, 1967, 113쪽.

6) 『김도연 흥사단 입단 보증서』(1921년 3월, 독립기념관 소장).

7) 김도연, 『나의 인생백서 – 상산회고록』, 강우출판사, 1967, 97쪽.

8) 오대록, 「일제강점기 상산 김도연의 현실인식과 민족운동」, 『한국독립운동사연구』 38, 독립기념관 한국독립운동사연구소, 2011, 173쪽.

9) 심재욱, 『설산 장덕수(1894 – 1947)의 정치활동과 국가인식』, 동국대 박사학위논문, 2007, 86 · 94~95쪽.

10) 콜롬비아대학원경제부 김도연, 「산업의 과학적 경영에 대한 고찰」, 『우라키』 제1호, 1925.9, 108~113쪽.

11) 오대록, 「일제강점기 상산 김도연의 현실인식과 민족운동」, 『한국독립운동사연구』 38, 독립기념관 한국독립운동사연구소, 2011, 176쪽.

12) 『신한민보』 1927년 9월 15일 「류미한인실업협회 기성회취지서」.

13) 김도훈, 「삼일신보」, 『한국독립운동사사전(운동 · 단체편(Ⅲ)』 5, 독립기념관 한국독립운동사연구소, 2004, 27쪽.

14) 김도연, 「농민상조 은행건설에 대한 일고찰」, 『산업』 1, 1930(독립기념관 소장).

15) 『동아일보』 1931년 10월 28일 「朝鮮圖書館」.

16) 『신한민보』 1931년 12월 10일 「재만동포구제사업」.

17) 나혜석, 「巴里에서 紐育으로(世界1週期(續)」, 『삼천리』 제6권 제7호, 삼천리사, 1934.6.

18) 김도연의 손자인 김민희 교수(전 건국대학교 부속병원 부원장) 도움으로 논문을 입수하였다. 지면을 통해 감사를 드린다.

19) 김도연, 「RURAL ECONOMIC CONDITIONS IN KOREA」, 아메리카대학 박사학위논문, 1931.

20) 방기중, 「일제하 이관구의 농업론과 경제자립사상」, 『역사문제연구』

　　1, 역사문제연구소, 1996, 149~150쪽.

21) 조명근, 「일제하 김도연의 경제사상과 사회활동」, 『한국인물사연구』
　　22, 한국인물사연구회, 2014, 402쪽.

22) 김도연, 「농민상조 은행건설에 대한 일고찰」, 『산업』 1, 1930, 8~9쪽.

23) 조명근, 「일제하 김도연의 경제사상과 사회활동」, 『한국인물사연구』
　　22, 한국인물사연구회, 2014, 405~406쪽.

24) 김도연, 「RURAL ECONOMIC CONDITIONS IN KOREA」, 아메리카대학
　　박사학위논문, 1931, 227~228쪽.

제4장

1) 『동아일보』 1932년 8월 30일 「경제학박사 김도연씨 작일 錦衣로 還
　　鄕」 : 김도연, 『나의 인생백서 – 상산회고록』, 강우출판사, 1967, 120~
　　124쪽.

2) 이수일, 「1920~1930년대 한국의 경제학풍과 경제연구 동향」, 『연세
　　경제연구』 4 – 2, 연세대 경제연구소, 1997, 171~172쪽.

3) 『동아일보』 1932년 10월 13일 「경제대강연회」.

4) 김도연, 「공업발달과 기업가 邁進을 囑望함」, 『신흥조선』 1 – 1 · 1 –
　　3, 1933.10 · 1934.1.

5) 김도연, 「공업발달과 기업가 邁進을 囑望함」, 『신흥조선』 1 – 3,
　　1934.1, 34쪽.

6) 김도연, 「조선직물공업발전의 추세」, 『신조선』 8, 1935.1, 29~34쪽.

7) 김도연, 『나의 인생백서 – 상산회고록』, 강우출판사, 1967, 125쪽.

8) 『동아일보』 1935년 10월 10일 「橫死의 위기에서 방황하던 조선제사

소생」.

9) 순천대 지역개발연구소,『자료로 본 우석 김종익』, 1994 :『매일신보』
1935년 10월 25일「"갱생안"을 가결, 조선제사총회 경과」.

10) 김도연,『나의 인생백서─상산회고록』, 강우출판사, 1967, 126~127쪽.

11) 김상태,「1920─1930년대 동우회·흥업구락부 연구」,『한국사론』
28, 서울대 국사학과, 1992, 230~235쪽 : 김승태,「흥업구락부」,『한국
독립운동사전(운동·단체편 Ⅴ)』7, 한국독립운동사연구소, 2005,
698~701쪽.

12) 외솔회,「조선어학회사건 예심종결결정문」,『나라사랑』42, 1982,
132~156쪽.

13) 박걸순,「사건의 조작과 확대」,『국학운동』─한국독립운동의역사
34, 한국독립운동사편찬위원회·독립기념관 한국독립운동사연구소,
2009, 87쪽.

14) 정인승,「민족사로 본 조선어학회사건」,『나라사랑』42, 외솔회, 20쪽.

15) 강신항,「민족문화수호운동(어문·문예)」,『한국독립운동사사전(총
론편 하)』2, 독립기념관 한국독립운동사연구소, 1996, 397쪽.

16) 이현희,「어문연구와 문자보급」,『한민족독립운동사』9, 국사편찬위
원회, 1991 : 이지원,「조선어학회」,『한국독립운동사사전(운동·단
체편 Ⅳ)』6, 독립기념관 한국독립운동사연구소, 2004, 542쪽.

17) 이윤재,「한글날에 대하여(훈민정음반포기념일)」,『한글』3─9, 1935,
4쪽 :『동아일보』1928년 11월 11일자.

18) 박병채,「일제하의 국어운동 연구」,『일제하의 문화운동사』, 민중서
관, 1973, 452~453쪽.

19) 김윤경,『조선문자급어학사』, 조선기념도서출판관, 1938, 548~550쪽.

20) 박용규, 「『조선어사전』 완성에 공로를 남기다」, 『우리말 우리역사 보급의 거목, 이윤재』, 독립기념관 한국독립운동사연구소, 2013, 49~54쪽.

21) 김도연, 「나의 인생백서 ─ 상산회고록」, 강우출판사, 1967, 139~140쪽.

22) 김도연, 「홍원경찰서에서」, 『나의 인생백서 ─ 상산회고록』, 강우출판사, 1967, 139~142쪽.

23) 박용규, 「일제에 체포되어 함흥감옥에서 옥사하다」, 『우리말 우리역사 보급의 거목, 이윤재』, 독립기념관 한국독립운동사연구소, 2013, 56~59쪽.

24) 박용규, 『우리말 우리역사 보급의 거목, 이윤재』, 독립기념관 한국독립운동사연구소, 2013, 60~61쪽.

25) 김도연, 「영어생활의 이모저모」, 『나의 인생백서 ─ 상산회고록』, 강우출판사, 1967, 143~150쪽.

26) 박용규, 『우리말 우리역사 보급의 거목, 이윤재』, 독립기념관 한국독립운동사연구소, 2013, 62쪽 : 박걸순, 「사건의 조작과 확대」, 『국학운동』 ─ 한국독립운동의 역사 34, 한국독립운동사편찬위원회 · 독립기념관 한국독립운동사연구소, 2009, 9쪽.

27) 김도연, 「영어생활의 이모저모」, 『나의 인생백서 ─ 상산회고록』, 강우출판사, 1967, 143쪽.

28) 김도연, 「영어생활의 이모저모」, 『나의 인생백서 ─ 상산회고록』, 강우출판사, 1967, 147~148쪽.

29) 김도연, 「영어생활의 이모저모」, 『나의 인생백서 ─ 상산회고록』, 강우출판사, 1967, 147쪽.

30) 김도연, 「영어생활의 이모저모」, 『나의 인생백서 ─ 상산회고록』, 강우출판사, 1967, 147~149쪽.

1) 유병용, 「미군정과 한국정치」, 한국정치외교사학회 편, 『한국현대정
   치사』, 집문당, 1997, 10쪽.

2) 정병준, 「조선건국동맹의 조직과 활동」, 『한국사연구』 80, 한국사연
   구회, 1993.

3) 홍인숙, 「건국준비위원회의 조직과 활동」, 『해방전후사의 인식』 2,
   한길사, 1987, 57~71쪽.

4) 전국인민위원회대표자대회서기편, 『조선인민위원회대표자대회의
   사록』, 조선정판사, 1946, 65~69쪽.

5) 이만규, 『여운형선생 투쟁사』, 총문각, 1946, 188쪽.

6) 송남헌, 『한국현대정치사』 1, 성문각, 1980, 71~72쪽.

7) 홍인숙, 「건국준비위원회의 조직과 활동」, 『해방전후사의 인식』 2,
   한길사, 1987 참조.

8) 안종철, 『광주 · 전남지방현대사 연구』, 한울출판사, 1991.

9) 전헌용, 「해방 이후 좌파세력의 정치조직과 정치노선」, 『한국현대정
   치론』 1, 나남, 1990.

10) 유병용, 「미군정과 한국정치」, 한국정치외교사학회 편, 『한국현대정
    치사』, 집문당, 1997, 11~12쪽.

11) 최상룡, 『미군정과 한국민족주의』, 나남, 1988, 83~85쪽.

12) 송남헌, 『解放三年史』 Ⅰ, 도서출판 까치, 1985, 247쪽.

13) 송남헌, 『해방삼년사』 Ⅰ, 도서출판 까치, 1985, 247~248쪽.

14) 모스크바 삼상회의 「협정문」과 '결의'는 모스크바 시간으로 12월 28
    일 6시에 발표되었고, 영국 런던에서는 12월 28일 오전 3시, 미국 워싱

턴에서는 12월 27일 오후 10시에 발표되었다("The Ambassador in the Soviet Union(Harriman) to the Secretary of State"(December 27, 1945), FRUS, Vol. 6, pp.1150~1151).

15) "The Ambassador in the Soviet Union(Harriman) to the Secretary of State"(December 27, 1945), *FRUS*, Vol. 6, pp.1150~1151.

16) 서중석,『한국현대민족운동연구』, 역사비평사, 1992, 302쪽.

17)『동아일보』1945년 12월 27일「蘇聯은 信託統治 主張」. 미군정은 '모스크바 삼상회의 결의안'과「모스크바 삼상회의 협정문」전문을 12월 29일 오후 정식으로 통보받았다(정용욱,『해방 전후 미국의 대한정책』, 서울대출판부, 2013, 155쪽). 모스크바 삼상회의 전개과정과 내용, 왜곡보도 문제, '신탁통치'에 대한 좌익과 우익에 대한 입장은 다음의 논저를 참조하였다(이완범,「한반도 신탁통치문제 1943~46」,『해방전후사의 인식』3, 한길사, 1987 : 윤해동,「반탁운동은 분단·단정노선이다」,『역사비평』7, 한국역사연구회, 1989 : 서중석,『한국현대민족운동연구』, 역사비평사, 1992 : 정용욱,『해방 전후 미국의 대한정책』, 서울대출판부, 2013 : 김인식,『안재홍의 신국가건설운동(1944~1948)』, 도서출판 선인, 2005 참조).

18)『민중일보』1946년 1월 1일「나도 信託은 反對 오히려 協調일듯」.

19) 삼균학회 편,『소앙선생 문집』하, 횃불사, 1979, 59~60쪽 :『동아일보』1945년 12월 28일「蘇聯의 朝鮮信託主張과 各方面의 反對烽火」.

20) 한시준,『대한민국임시정부 Ⅲ－중경시기－』－한국독립운동의역사 25, 한국독립운동사편찬위원회·독립기념관 한국독립운동사연구소, 2009, 258쪽.

21) 구대열,『한국국제관계사연구』2, 역사비평사, 1995, 52쪽.

22) 한시준,『대한민국임시정부 Ⅲ－중경시기－』－한국독립운동의역

사 25, 한국독립운동사편찬위원회 · 독립기념관 한국독립운동사연구소, 258~259쪽.

카이로회담의 배경과 교섭 및 진행 경과, 선언서 기초과정, 그리고 이에 따른 연합국(미국, 중국, 소련)의 對韓정책과 임시정부의 대응 및 카이로회담의 의의에 대한 상세한 내용은 다음의 발표문을 참조하였다(한시준, 「카이로선언과 대한민국 임시정부」 : 이재호, 「대한민국 임시정부의 국제공동관리안 반대운동」 : 조덕천, 「카이로회담의 교섭 및 진행에 관한 연구」 : 정병준, 「카이로선언과 연합국의 대한정책」, 『대한민국 임시정부와 카이로선언』, 대한민국 임시정부 수립 제95주년 기념학술회의 발표문, 2014).

23) 국사편찬위원회 편, 「吳鐵成과 金九의 담화」, 『대한민국임시정부자료집』 22, 260~261쪽.

24) 『독립신문』 1943년 6월 1일 「大會決議案」.

25) 『동아일보』 1945년 12월 29일 「國務委員會 緊急開催」.

26) 삼균학회 편, 『소앙선생 문집』 하, 60~61쪽 : 『중앙신문』 1945년 12월 29일 「決議四案件內容」, 「四國元首에게 보내는 全文內容」.

27) "Lieutenant General John R. Hodge to General of the Army Douglas MacArthur, at Tokyo" (December 30, 1945), FRUS, Vol. 6, p.1154.

28) 『동아일보』 1945년 12월 30일 「獨立運動 새로出發 金九主席의 重大發言」 : 국사편찬위원회, 『자료 대한민국사』 Ⅰ, 719쪽.

29) 『동아일보』 1945년 12월 30일 「國際正義와 民族保存爲해 不合作運動展開, 臨政指揮로 國民總動員委員會設置」.

30) 임시정부는 비상대책회의를 통해 신탁통치반대국민총동원위원회 「행동강령」과 「성명서」를 결의하였다. 내용을 살펴보면 다음과 같다. 행동강령 "1. 신탁통치를 반대하기 위하여 機構를 창립하되 명칭

은 信託統治反對國民總動員委員會라 稱함. 2. 신탁통치반대국민총
동원위원회는 각 정당, 각 종교단체, 각 사회단체, 기타 有志人 등으
로 조직함. 3. 탁치반대국민총동원위원회의 기관은 中央, 道, 郡, 面
에 縱으로 分勢할 것. 4. 탁치반대국민총동원위원회는 國務委員會의
指導를 尊守할 것. 5. 國務委員會는 탁치반대국민총동원위원회를 지
도하는 위원 7인을 선출하여 指導委員會를 설치함. 6. 재정은 지원자
의 헌금과 정부의 보조로서 充當함. 7. 탁치반대국민총동원위원회의
章程委員 9인은 김구, 조소앙, 김원봉, 유림, 김규식, 신익희, 김붕준,
엄항섭, 최동오, 조경한". 「성명서」의 내용은 다음과 같다. 「성명서」
는 "우리는 피로서 건립한 獨立國과 政府가 이미 존재하였음을 다시
宣言한다. 오천년의 主權과 삼천만의 자유를 戰取하기 위하여는 자
기의 정권활동을 擁護하고 外國의 託治勢力을 排擊함에 있다. 우리
의 赫赫한 혁명을 완성하자면 민족의 일치로서 최후까지 奮鬪할 뿐
이다. 일어나자 동포여!(大韓民國二十七年 十二月 二十八日)"(『민중
일보』 1945년 12월 30일 「聲明書」, 「綱領」: 『자유신문』 1945년 12월
30일 「聲明書」, 「決談事項」).

31) 『동아일보』 1946년 1월 1일 「示威·治安은 自擔」.

32) 撤市는 이미 29일부터 시작되었다(『중앙신문』 1946년 1월 1일 「空前
의 大示威運動」).

33) 임시정부가 결의한 '총파업'은 뒤이어 개최된 '위원회'의 상무위원회
에서 중지시키기로 결의했다. 이날 선정된 '위원회' 상무위원은 홍명
희, 백남훈, 양근환, 함태영, 金采, 金錫寅, 韓南洙, 金世鎔, 원세훈, 이
규채, 김법린, 박용묵, 임영신, 신백우, 홍남표, 박헌영, 김약수, 김활
란, 명제세, 朴浣 등이었다(『동아일보』 1946년 1월 1일 「示威·治安은
自擔」, 1월 2일 「反託의 示威運動은 民族總意의 反映」).

34) 『동아일보』 1946년 1월 2일 「各道에 代表派遣」. 신탁통치반대국민총

동원위원회와 정치공작대의 활동은 전국적으로 파급되었고, 경상남도와 경상북도 등 국내 각 지역에서 신탁통치 반대운동이 활발하게 전개되었다(『대구시보』1946년 1월 3일「市內各機關怠業 電氣, 水道, 通信等만 運營」:『민주중보』1946년 1월 1일「各界各業 罷業으로서 鬪爭」).

35)『중앙신문』1946년 1월 1일「示威·治安은 自擔」.

36)『조선일보』1946년 1월 4일「託治反對指導要領 中央常務委員會 決定」.

37)『민중일보』1946년 1월 13일「信託反對부르짖는 百廿萬의 '피'는 뛴다」:『동아일보』1946년 1월 13일「反託은 國民의 總意」.

38) 중앙위원에서 지명·파견된 '지도위원'은 다음과 같다. 경기도(李圭彩), 강원도(李鍾郁), 충청북도(연병호), 충청남도(金明東), 황해도(양근환), 전라북도(박완), 전라남도(金鎭容), 경상북도(朴玄昊), 경상남도(김법린), 동경(李康勳) 등이었다(『동아일보』1946년 1월 3일「反託中央委員會指令」).

39)『조선일보』1946년 1월 13일「金浦郡民도 託治抗爭」:『동아일보』1946년 1월 15일「二萬名捺印誓約 臨時政府奉戴, 託治絕對反對」, 1월 17일「地方의 反託烽火」.

40) 서중석,『한국현대민족운동연구』, 역사비평사, 1992, 312~313쪽.

41) 정용욱,『해방 전후 미국의 대한정책』, 서울대출판부, 2013, 192~200쪽.

42) 서중석,『한국현대민족운동연구』, 역사비평사, 1992, 317~325쪽.

43)『민중일보』1946년 1월 5일「過渡政權 樹立에 對하여, 臨時政府聲明書發表」: 국사편찬위원회,「국내외동포에게 고함(1945.9.3)」,『대한민국임시정부자료집』8, 316~317쪽.

44)『동아일보』1946년 2월 10일「政界의 軸心은 敦岩莊으로 集中」:『조선일보』1946년 2월 14일「28人을 選定」.

45) HQ, USAFIK, G－2 Weekly Summary, no.23(1946.2.19) : 『駐韓美軍史 (*HUSAFIK*)』2, 170~171쪽 : 『조선일보』1946년 2월 14일 「28人을 選定 非常國民會議最高政務委員」: 『동아일보』1946년 2월 15일 「國民代表議員」: 국사편찬위원회, 『자료 대한민국사』2, 65~74쪽.

46) 『동아일보』1946년 2월 14일 「産婆役으로 활동 政務委員會 性格과 任務」.

47) 『조선일보』1946년 2월 22일 「當面의 南北情勢는 遺憾」.

48) 『조선일보』1946년 2월 15일 「大韓國民代表民主議院成立」.

49) 유병용, 「미군정과 한국정치」, 한국정치외교사학회 편, 『한국현대정치사』, 집문당, 1997, 26~37쪽.

50) 『자유신문』1946년 2월 15일 「南鮮 大韓國民代表 民主議院 議員宣言 發表式, 議員 二十八氏를 選定 正副議長에 李博士와 金九 金奎植氏」.

51) 『동아일보』1946년 10월 31일 「서울市의 代議員 金性洙, 張德秀, 金度演三氏被選」.

52) 『자유신문』1945년 11월 1일 「中華와 친선 제휴하자, 각계 유지 망라 한중협회 조직」.

53) 『자유신문』1945년 11월 20일 「한중협회, 1차 중앙집행위원회에서 사업방침 수립」.

54) 『조선일보』1946년 1월 4일 「한중협회, 신탁통치 반대를 결의」.

55) 『자유신문』1946년 1월 4일 「한중협회 결의, 장주석에 메시지」: 국사편찬위원회, 「한중협회, 북만주 전재동포의 구제책 협의」, 『자료대한민국사』3.

56) 『동아일보』1946년 9월 7일 「해방의 기쁨도 一場夢 南北滿에서 방황하는 4백만 동포 실상, 약탈 축출의 三重慘景」.

57) 『동아일보』 1945년 12월 12일 「한파 휩쓰는 가두에 방황하는 전재동
  포, 구휼의 손은 어데잇나?」: 『자유신문』 1946년 7월 7일 「귀환동포
  의 원호간담회 외교협회서 개최」.

58) 『동아일보』 1946년 9월 7일 「사활은 국내동포의 책임 한중협회, 동북
  만주 전재 동포의 구제책 협의」.

59) 『자유신문』 1946년 4월 8일 「한중친선음악회」.

60) 『동아일보』 1947년 2월 12일 「在京中領事歡迎會 外協과 한중협회 주
  최로」, 8월 6일 「한중협회 기구강화」: 『자유신문』 1947년 2월 17일
  「중국영사 환영회」, 1948년 1월 11일 「덕수궁에 사무소 국련위 제1차
  회 준비」.

61) 『동아일보』 1947년 8월 31일 「한중협회 인천분회」, 10월 16일 「한중
  협회 경남지부를 결성」.

62) 『자유신문』 1948년 7월 21일 「역사적인 大선거, 천하 視聽 집중리
  진행」.

63) 『대한일보』 1948년 7월 19일 「초대내각 수반은?」.

64) 김도연, 『나의 인생백서 - 상산회고록』, 강우출판사, 1967, 197쪽.

65) 『자유신문』 1948년 8월 10일 「초대내각 사명, 여론과 민의 반영하라」.

66) 김도연, 『나의 인생백서 - 상산회고록』, 강우출판사, 1967, 198쪽.

67) 『평화일보』 1948년 8월 6일 「초대내각에 대하여」, 8월 26일 광고 「대
  한민국 초대내각기념사집발매」: 『자유신문』 1948년 8월 4일 「財·
  農·交·法 4장관 결정, 組閣 진보 2일 夜 제1차 발표」·「결정된 4각
  료의 약력」.

68) 김도연, 『나의 인생백서 - 상산회고록』, 강우출판사, 1967, 199쪽.

69) 『자유신문』 1949년 2월 9일 「換銀 통합문제 일단락, 朝銀서 주식 讓

受코 役員 겸임」, 2월 23일 「화폐 안정에 新조치, 세제 개혁, 관세도 인상」, 1950년 5월 12일 「韓銀 내월 발족」.

70) 김도연, 『나의 인생백서 – 상산회고록』, 강우출판사, 1967, 200쪽.

71) 『자유신문』 1949년 7월 17일 「외국 환율문제, 재무장관 설명」.

72) 김도연, 『나의 인생백서 – 상산회고록』, 강우출판사, 1967, 201쪽.

73) 김도연, 『나의 인생백서 – 상산회고록』, 강우출판사, 1967, 201~202쪽.

74) 『자유신문』 1950년 3월 4일 「산업재건 목표, 건전 재정책 확보에 주력, 재무장관 답변」.

75) 『자유신문』 1949년 12월 11일 「백억 건국국채 발행방법과 消化案 발표」.

76) 『동아일보』 1949년 4월 17일 「均衡稅制를 探擇 金度演長官 改革精神 闡明」 ; 『자유신문』 1949년 4월 16일 「稅制 개혁에 대해 金재무장관 발표」.

77) 『자유신문』 1949년 10월 1일 「인천전매국 개청식」.

78) 『동아일보』 1948년 1월 1일 「貿易, 貿易은 統制管理로(韓國貿易協會長 金度演)」, 2월 15일 「貿易管理가 緊要 金度演」.

79) 『자유신문』 1949년 1월 19일 「조국 발전 위해 납세 의무를 다하라! 金財務長官談」.

80) 『자유신문』 1948년 12월 12일 「원조협정 보고」.

81) 『자유신문』 1948년 12월 17일 「호프만 경제원조처장 入京, 정부수뇌 각계 대표 회견 협의」.

82) 『자유신문』 1949년 10월 21일 「특별행위세 폐지, 英船 湖南號 만행 억제, 金재무장관 談」.

83) 김도연, 『나의 인생백서 – 상산회고록』, 강우출판사, 1967, 206쪽.

84) 김도연, 『나의 인생백서 — 상산회고록』, 강우출판사, 1967, 208~209쪽.

85) 『자유신문』 1949년 10월 19일 「적당량의 糧穀 반입 자유, 매점 매석자는 처단」.

86) 『자유신문』 1949년 4월 16일 「稅制 개혁에 대해 金재무장관 발표」, 1950년 2월 2일 「부유층 납세 불량, 耐乏 생활로 세금 바치자」.

87) 『자유신문』 1950년 4월 15일 「金재무장관 사표」.

88) 김도연, 『나의 인생백서 — 상산회고록』, 강우출판사, 1967, 212쪽.

89) 『자유신문』 1948년 12월 12일 「歐援助原則 依據, 韓美經濟援助協定 發表 美와 占領地域서 最惠國 待遇」.

90) 『자유신문』 1949년 7월 20일 「식량조치 · 귀속재산법 未公布는 국회 무시」, 1950년 6월 25일 「경제안정위원장, 기자단회견담! 외환경매제 개정을 고려 경제안정15원칙 계속」: 정진아, 「제1공화국 초기(1948~1950)의 경제정책 연구」, 『한국사연구』 106, 한국사연구회, 1999.

91) 『자유신문』 1950년 3월 8일 「중간안정 지향, 경제 15원칙 협력 강조」.

92) 김도연, 『나의 인생백서 — 상산회고록』, 강우출판사, 1967, 216쪽.

93) 『자유신문』 1949년 9월 11일 「관리는 솔선수범, 애국심으로 납세의무 다하라」.

94) 동아일보』 1949년 9월 8일 「韓美石油協定調印 來月一日부터 十五個月間發效//四個協定包含 金度演財務長官說明」: 『자유신문』 1949년 10월 19일 「적당량의 糧穀 반입 자유, 매점 매석자는 처단」.

95) 김도연, 『나의 인생백서 — 상산회고록』, 강우출판사, 1967, 217쪽.

96) 김도연, 『나의 인생백서 — 상산회고록』, 강우출판사, 1967, 218쪽.

97) 『자유신문』 1949년 4월 24일 「한 · 일교역 조정 조인, 맥아더사령부와 한국대표간」.

98) 『자유신문』1950년 1월 28일 「구제용품에는 수입허가 불필요」.

99) 김도연, 『나의 인생백서 ― 상산회고록』, 강우출판사, 1967, 220쪽.

100) 『자유신문』1950년 6월 12일 「총선거 회고와 新국회에 기대」.

101) 『동아일보』1950년 12월 13일 「聖戰에 邁進하자 救國총력聯盟 趙委員長 談」.

102) 김도연, 『나의 인생백서 ― 상산회고록』, 강우출판사, 1967, 236쪽.

103) 『민주신보』1950년 10월 6일 「金度演 구국총력연맹 부위원장, 동 연맹본부의 서울 이전 소감을 피력」.

104) 개항기인 1887년 8월 10일 동래 부사와 사천 군수를 지낸 윤홍석(尹弘錫)의 셋째 아들로 태어났다. 형제는 위로 윤필은, 윤명은과 아래로 윤영은이 있었다. 윤필은은 동래 부사, 윤명은은 고성 군수와 울산 군수를 지냈다. 동생 윤영은은 1908년 일본 동경에서 유학하며 김성수나 송진우 등과 친하게 지냈다. 이들은 훗날 윤상은(尹相殷)의 활동에 많은 영향을 미친다. 윤상은은 1901년 15세 때 아버지의 친구였던 박기종(朴琪淙)의 넷째 딸 박영자와 결혼하여 3남 3녀를 두었는데, 큰아들 윤인구, 큰딸 윤연숙, 둘째 딸 윤연학, 둘째 아들 윤현표, 셋째 딸 윤학자, 셋째 아들 윤현성이다. 박기종은 개항 후 부산에 근대 문화를 도입한 인물로, 특히 기선 회사와 철도 회사를 건설하였다. 윤상은은 물상객주 장우석(張禹錫)의 도움으로 1907년 구포구명학교를 개교하였는데, 백산(白山) 안희제(安熙濟)가 일시 교장을 맡기도 하였다. 윤상은의 조카이면서 1919년 3·1 운동 후 상해 임시 정부 재무차장을 지낸 윤현진(尹顯振)이 제1회 졸업생이었다. 자본가들의 상업 자본을 지원하기 위해 1909년 1월 15일 대부를 목적으로 하는 구포저축주식회사를 설립하였다. 여기에는 장우석을 비롯한 구포 지역 유지들의 도움이 컸다. 1910년 한일 병합 조약 후 새로운 회사령과 은행령에 따라 은행업으로 전환해야 하자,

1912년 9월 자본금 50만 원의 구포은행을 설립하였다. 이때 이규직 (李圭直)을 비롯한 부산의 대주주들이 참가하면서 은행 경영권을 일시 잃었다. 1919년 3·1 운동 이후 상해 임시 정부가 만들어지자 경남은행 마산지점장으로 있던 조카 윤현진이 참가하면서 윤상은의 상해 임시 정부 자금 지원도 계속되었다. 윤상은은 일본 경찰의 감시 대상이 되자 은행 경영에서 물러난 후 1920년에 큰아들 윤인구와 큰딸 윤연숙을 데리고 일본 게이오대학에서 3년간 청강생으로 유학하였다. 유학 시절 유억겸·최승만·김준연 등에게 매년 50엔씩 장학금을 지급하기도 하였다. 같은 동기생이었던 김도연과의 인연도 이때 맺어졌다. 1923년 귀국한 윤상은은 다시 은행 경영을 맡았다가 1925년에 물러났다. 고향 구포로 돌아온 윤상은은 대리권농공제조합(大里勸農共濟組合), 온돌 개선, 색의(色衣) 착용 운동 등 사회운동에 종사하였다. 그리고 구포면 협의회원(1931년), 구포시장확장기성회 위원(1932년), 동래군학교비평의회원(1932년), 구포청년단 고문(1936년), 구포면민대운동회 회장(1940년) 등 구포에서 다양한 활동을 하였다. 조선어학회사건에 연루된 혐의로 심한 조사를 받았다(차철욱, 「윤상은」, 『부산향토문화백과사전』, 한국학중앙연구원, 참조).

105) 『자유신문』 1951년 10월 2일 「합동위령제에 弔慰金이 답지」.

106) 한국학중앙연구원, 『대한인물』 2, 89쪽.

107) 김도연, 『나의 인생백서 – 상산회고록』, 강우출판사, 1967, 244쪽.

제6장

1) 『남선경제신문』 1950년 5월 9일 「결국 371명 도내입후보자 총집계」:

『한성신문』1950년 5월 10일 「역사적 5 · 30총선거! 무소속 등장에 주목지대」.

2) 홍순호, 「제1공화국의 명암」, 한국정치외교사학회 편, 『한국현대정치사』, 집문당, 1997, 69~71쪽.

3) 김도연, 「5 · 30총선거와 고배」, 『나의 인생 백서 – 상산 회고록 – 』, 강우출판사, 1967.

4) 김수자, 「이승만은 왜 두 번이나 대통령 자리에서 쫓겨났나?」, 『내일을 여는 역사』 30, 서해문집, 2007.

5) 『자유신문』 1952년 1월 19 – 20일 「개헌안 드디어 국회 상정, 각파 대표 질의전 맹렬히」.

6) 국회사무처, 『국회10년지』, 1957, 88~90쪽.

7) 『동아일보』 1952년 5월 23일 「장총리 부동층 규합에 傾力 귀추가 주목되는 '신라회' 발족」, 6월 14일 「의원석방 시급 신라회서 성명」 · 「國會本會議; 新羅會退場으로 任期終結 七 · 二三案表決不成」.

8) 『자유신문』 1952년 6월 22일 「내무부, 국제구락부 충돌사건에 대해 발표」: 국사편찬위원회, 『자료 대한민국사』 25권에 재수록.

9) 김도연, 『나의 인생 백서 – 상산 회고록 – 』, 강우출판사, 1967, 253쪽.

10) 『자유신문』 1953년 9월 19일 「서민호사건 책임만 분리 심문」: 홍순호, 「제1공화국의 명암」, 『한국현대정치사』, 집문당, 1997, 71쪽.

11) '부산정치파동'에서 횡포를 자행한 자유당과 이승만에 격렬한 항의 표시로 부통령 김성수는 7월 29일 사임했다.

12) 한국정치외교사학회, 『한국현대사의 재조명』, 대왕사, 1989, 101~105쪽.

13) 김도연, 『나의 인생 백서 – 상산 회고록 – 』, 강우출판사, 1967, 258쪽.

14) 『자유신문』 1952년 1월 24일 「국회상임위 개선」: 『동아일보』 1953년

2월 11일 「국회 신분위원장 포부(하) 사회보건위 김용우」, 1954년 8월 5일 「당선무효소송 취하 김도연씨 상대의」 : 『마산일보』 1954년 6월 19일 「국회사무총장 김용우씨 임명」.

15) 김도연, 『나의 인생 백서 - 상산 회고록 - 』, 강우출판사, 1967, 259쪽.

16) 『마산일보』 1954년 6월 19일 「국회사무총장 김용우씨 임명」.

17) 홍순호, 「제1공화국의 명암」, 『한국현대정치사』, 집문당, 1997, 75~76쪽.

18) 김도연, 『나의 인생 백서 - 상산 회고록 - 』, 강우출판사, 1967, 260쪽. 총선 당시 입후보자는 자유당 330명, 민국당 80명, 국민회 30명 무소속 600여 명에 달했다.

19) 『동아일보』 1954년 5월 30일 「낙선자 운동원이 낙선자 걸어 고소 박성초씨, 강창희씨와 그 운동원을」.

20) 『마산일보』 1954년 5월 22일 「5.20선거 1주식 국회서 축하」.

21) 『마산일보』 1954년 6월 9일 「부의장에 최순주씨」 : 『동아일보』 1954년 6월 10일 「자유당의 강려간 통일책 주효 의장에 이기붕씨, 부의장에 최순주씨」.

22) 『동아일보』 1954년 6월 12일 「곽상훈, 임흥순씨 중심 무소속동지회 결성」, 6월 17일 「원내교섭단체 명단 자유당/무소속동지회」.

23) 『동아일보』 1954년 1월 1일 「이해에 회갑맞이(1) 출생하자마자 어디론지 피난(김도연)」 : 김도연, 『나의 인생 백서 - 상산 회고록 - 』, 강우출판사, 1967, 262쪽.

24) 홍순호, 「제1공화국의 명암」, 『한국현대정치사』, 집문당, 1997, 77쪽.

25) 김도연, 『나의 인생 백서 - 상산 회고록 - 』, 강우출판사, 1967, 263쪽.

26) 『동아일보』 1957년 5월 15일 「自由黨은 왜 退場했나 [上] (蘇宣奎)」.

27) 홍순호, 「제1공화국의 명암」, 『한국현대정치사』, 집문당, 1997, 77쪽.

28) 김운태,『한국현대정치사』2, 성문각, 1975, 103~105쪽. 개헌안이 부결된 직후 자유당 간부들은 긴급회의를 소집하여 정족수 결정문제를 놓고 검토한 끝에 장경근의 발의로 당시 서울대학교 문리과대학 수학교수인 최윤식의 '사사오입'의 수학적 해석을 붙여 재적 2/3는 135명이라는 논리로 부결된 개정안을 통과시켰다.

29) 이혜영, 「1954년 '사사오입' 개헌과 자유당 내 갈등 격화」,『제1공화국기 자유당과 '이승만 이후' 정치 구상』, 이화여대박사학위논문, 2015, 125~137쪽.

30)『동아일보』1954년 12월 18일「자유당 감찰부차장 이정재씨 피소, 공갈협박죄로」.

31) 김도연,『나의 인생 백서 – 상산 회고록 –』, 강우출판사, 1967, 265쪽.

32)『동아일보』1954년 12월 1일「개헌파동에 결의 천명 호헌동지회 성명발표」과「야당연합전선 형성, 호헌동지회를 결성」.

33)『마산일보』1954년 12월 2일「야당 단일교섭체로 호헌동지회 구성」, 12월 3일「호헌동지회 발족 개헌문제 대법원에 제소호」, 12월 4일「호헌동지회 규약」: 오유석,「民主黨內 新·舊 派閥間 갈등에 관한 연구」,『국사관논총』94, 국사편찬위원회, 2000.

34)『동아일보』1954년 12월 12일「호헌동지회서 작일 결의 13일 백 내무장관 불신임, 갈 공보처장 파면 결의안 상정」.

35)『동아일보』1954년 12월 3일「민의원: 최 부의장 사표 수리, 법에 없는 곽상훈 부의장 불신임의결 작일도 자유당만의 본회의」.

36)『동아일보』1954년 12월 1일「개헌파동에 결의 천명 호헌동지회 성명발표」과「야당연합전선 형성, 호헌동지회를 결성」, 12월 17일「호헌동지회에의 기대」.

37)『국민보』1955년 3월 30일「호헌동지회 규약」, 11월 16일「신당과 애

국운동 (곽상훈) 전 민의원 부의장」.

38) 김도연,『나의 인생 백서 – 상산 회고록 – 』, 강우출판사, 1967, 268~289쪽.

39)『동아일보』 1955년 6월 10일「신당운동의 속한 결실」, 8월 28일「활발해진 신당운동」.

40)『동아일보』 1955년 6월 10일「짓밟힌 정부조직법(2) 시급한 의원내각제」.

41)『동아일보』 1955년 12월 3일「進步黨假稱結成具體化 徐相日, 曺奉巖 兩氏中心推進委構成코 趣旨 綱領發表」: 김일수,「서상일의 생애와 역사인식」,『조선사연구』 22, 조선사연구회, 2013.

42)『동아일보』 1955년 3월 3일「徐相日, 故仁村金性洙 同志는 웨 偉大하다 하는가」.

43) 이는 그의 자서전 곳곳에서 나타난다. 김성수·신익희·조병옥 등에 대한 존칭어를 쓰는 등 인간적인 관계를 엿볼 수 있는 대목이다.

44)『동아일보』 1955년 2월 24일「신당운동에 호응할 터 조봉암씨 22일 중대성명 발표」.

45) 이강수,『신익희 – 좌우의 벽을 뛰어넘은 독립운동가』, 독립기념관 한국독립운동사연구소, 2014.

46)『동아일보』 1955년 9월 1 – 3일「신당운동의 기본성격 야당연합전선 형성에 대한 비판」.

47) 김상현,「낭산 김준연의 민족운동과 해방 후 정치활동」,『한국민족운동사연구』 70, 한국민족운동사학회, 2012.

48)『국민보』 1958년 8월 27일, 9월 3일「한국 보수정치의 소사」, 1959년 8월 12일「사건 중심으로 본 3대 국회」.

49) 김도연,『나의 인생 백서 – 상산 회고록 – 』, 강우출판사, 1967, 273쪽.

50) 홍순호, 「제1공화국의 명암」, 『한국현대정치사』, 집문당, 1997, 77~79쪽.

51) 중앙선거관리위원회, 『역대대통령선거상황』, 1971, 38~41쪽 : 이범석, 『이범석, 사실의 전부를 기술한다』, 희망출판사, 1966, 141~144쪽.

52) 김도연, 『나의 인생 백서 - 상산 회고록 - 』, 강우출판사, 1967, 274쪽.

53) 『동아일보』 1955년 6월 22일 「民國黨道黨部改編 委員長에 鄭鎭浩氏 (全州)」, 1957년 4월 19일 「破壞的言動'民主黨·鄭鎭浩氏 聲明을 非難, 脫黨聲明」.

54) 홍순호, 「제1공화국의 명암」, 『한국현대정치사』, 집문당, 1997, 78쪽.

55) 김도연, 『나의 인생 백서 - 상산 회고록 - 』, 강우출판사, 1967, 276~277쪽.

56) 홍순호, 「제1공화국의 명암」, 『한국현대정치사』, 집문당, 1997, 79~80쪽.

57) 공보처, 『이승만대통령각하담화집』 2, 12쪽.

58) 『마산일보』 1956년 4월 4일 「朴己出氏說 濃厚, 進步黨 副統領候補」 : 『동아일보』 1956년 4월 6일 「正·副統領候補者確定 大統領選舉는 三巴戰 副統領은 八名이 角逐」.

59) 김도연, 『나의 인생 백서 - 상산 회고록 - 』, 강우출판사, 1967, 301~303쪽.

60) 오소백, 『광복29년사』, 세문사, 1975, 161~169쪽.

61) 김도연, 『나의 인생 백서 - 상산 회고록 - 』, 강우출판사, 1967, 280쪽.

62) 『동아일보』 1957년 5월 27일 「국민의 지지 없는 정당」.

63) 『동아일보』 1956년 4월 29일 「民主黨에 入黨 權仲敦議員聲明」 : 『국민보』 1959년 8월 26일 「사건중심으로 본 三대국회(계속)」.

64) 당시 진보당에서는 김도연은 예상대로 보수와 진보의 대결로 선거 분위기를 조성하려는 의도였다. 신익희 갑작스러운 사망으로 이미 관권과 금력에 의한 선거는 사실상 결정된 상황이나 마찬가지였다.

65) 중앙선거관리위원회,『역대대통령선거상황』, 1971, 45~56쪽.

66) 김도연,『나의 인생 백서 – 상산 회고록 – 』, 강우출판사, 1967, 278~289쪽.

67)『동아일보』1956년 12월 27일「取材夜話 記者手帖에서 ; 漢江白沙場 聽衆 숫자풀이 論爭 治安局職員들 옥신각신 景武臺엔 몇 名으로 報告? 二萬 우겨대던 어떤 係長도 있고 [寫]」.

68)『동아일보』1956년 5월 24일「故海公先生 國民葬嚴修 抗日·民主精神을 追慕 全國各地서 數十萬群衆雲集(寫)」

69) 홍순호,「제1공화국의 명암」,『한국현대정치사』, 집문당, 1997, 79쪽.

70) 김도연,『나의 인생고백 – 상산회고록 – 』, 강우출판사, 1967, 285쪽.

71)『국민보』1956년 10월 17일「남한(한국) 민주당 내분 표면화」.

72) 이경남,「독불장군 김준연의 정치곡예」,『정경문화』, 정경문화연구소, 1984.

73)『동아일보』1956년 5월 27일「治安局長 金宗元氏 任命 崔江原知事等 榮轉」, 8월 3일「李起鵬議長과 李益興內務」.

74)『국민보』1956년 8월 1일「한국 정치가 얼마나 부패한가?」:『동아일보』1957년 3월 12일「人事異動 곧 斷行 李內務次官談 中旬頃地方長官 會議//시원한 남어지 웃음의 꽃밭 治安局長等 更迭에 市警의 表情 明朗//新任地로 갈 터 金宗元氏 表明」.

75)『동아일보』1957년 5월 23일「獎忠壇公園에 野黨 演說場所變更」, 5월 27일「暴力輩에 짓밟힌 獎忠壇講演會 集會妨害의 計劃的 테로로 30餘名이 組織的行悖 悠悠히 사라진 뒤에야 警察隊 [寫] //高喊 지르며 投石 揮發油 뿌리고 마이크 調整機燒却//불 끄는 靑年은 連行 混亂이 甚해갈 때「안프」에 불 질러//情報 주고 事前에 警備를 依賴 主催側談 入山禁止區域 막고 있었다 警察側談//人身攻擊 삐라 두 時부터 뿌리고 妨害//負傷者는 三名 物品破」: 서준석,「자유당 정권에서의 정치

테러 – 1957년 장충단집회 방해사건을 중심으로 – 」, 『향토사학』 86, 서울시사편찬위원회, 2014.

76) 배영목, 「백두진, 초창기 대한민국 경제의 위기관리자」, 『한국사 시민강좌』 43, 일조각, 2008 : 공재욱, 「백두진 · 유신 옹호의 기수가 된 현실순증주의자」, 『청산하지 못한 역사』 2, 반민족연구소, 1994.

77) 이혜영, 「1950년대 후반 자유당 개헌 논의의 내용과 성격」, 『역사와 현실』 80, 역사문제연구소, 2011.

78) 김도연, 『나의 인생고백 – 상산회고록 – 』, 강우출판사, 1967, 290~291쪽.

79) 오제연, 「1956~1960년 自由黨 寡頭體制의 형성과 운영」, 『한국사론』 50, 서울대 국사학과, 2004.

80) 『마산일보』 1954년 12월 25일 「政府組織法改正案 自由黨側 國會에 提出」, 1955년 1월 23일 「人事院設置案 廢棄」.

81) 김도연, 『나의 인생고백 – 상산회고록 – 』, 강우출판사, 1967, 292쪽.

82) 김도연, 『나의 인생고백 – 상산회고록 – 』, 강우출판사, 1967, 293~294쪽.

83) 『동아일보』 1957년 5월 27 – 28일 「國民의 支持없는 政黨(상 – 하) 金度演」.

84) 『마산일보』 1954년 12월 25일 「國會議員選擧法改正案通過 緣故地制를 探擇 團體名義로 選擧運動不可//改正된 選擧法 全文」: 『국민보』 1958년 8월 20일 「한국 보수 정치의 소사」.

85) 『마산일보』 1954년 5월 22일 「참된 公僕되겟다 金鍾信氏 當選所感」.

86) 김도연, 『나의 인생고백 – 상산회고록 – 』, 강우출판사, 1967, 296~297쪽.

87) 『마산일보』 1957년 9월 16일 「動搖하는 院內勢力 金度演 尹潽善 氏도 脫黨?」: 『동아일보』 1958년 8월 10일 「最高委의 改編與否注目 民主黨 四次全黨大會 30日에 開幕 分派作用을 止揚 金度演氏, 朴順天

氏와 代替?」.

88) 김도연, 『나의 인생고백 –상산회고록–』, 강우출판사, 1967, 298~290쪽.

89) 『국민보』 1959년 7월 8일 「사건중심으로 본 三대국회」.

90) 『동아일보』 1958년 10월 30일 「최고위의 개편 여부 주목 민주당 제4차 전당대회 30일에 개막」.

91) 김도연, 『나의 인생고백 –상산회고록–』, 강우출판사, 1967, 304쪽.

92) 박진영, 「진보당의 조직구조와 활동」, 『대구사학』 128, 대구사학회, 2017.

93) 『동아일보』 1958년 10월 8일 「民主黨 江原道黨部 委員長에 桂珖淳氏」.

94) 『동아일보』 1957년 12월 3일 「李忠煥·金基喆·尹萬石 議員 民主黨에 入黨//三議員聲明」.

95) 『동아일보』 1953년 4월 23일 「交通部次官 更迭 後任에 李鍾林氏」 : 『마산일보』 1954년 2월 13일 「交通長官에 李鐘林管財廳長엔 崔道容」.

96) 『마산일보』 1958년 4월 12일 「延胤熙氏 辞退!」 : 『동아일보』 1958년 4월 14일 「自發的인 意思에서 였나? 區區한 延胤熙氏(利川民主黨公薦候補者)의 辭退裏面「自由黨側의 策略」注目되는 全明鎬氏(民主黨 利川郡黨副委長)言明 [肯] //生命이 危險 突出辭意를 表明 政府高官이 오랜 工作? 自由黨員인 延氏 丈人을 움직여//當初부터 無公薦 自由黨側서 利川選擧區에//民主黨員들 憤激 自由黨員들도 不平 現地空氣(利川), 4월 16일 「利川 延胤熙氏 忽然히 서울에 自信없어 辭退했다고 巷說否認//正體不明 人士 四名이 庇護 逃亡치듯이「택시」로 사라져」.

97) 김도연, 『나의 인생 백서 –상산 회고록–』, 강우출판사, 1967, 303~307쪽.

98) 김도연, 『나의 인생고백 –상산회고록–』, 강우출판사, 1967, 308~309쪽.

99) 『동아일보』 1959년 3월 19일 「迎日乙의 두 人物 李武鎭군 ; 「金力을 이겨낸 良心」기쁨과 함께 살아갈 길이 감감하다고//金益魯氏 ; 黨과 行政府를 非難 夫人이 出獄하는 자리에도 안 보이고(肖)」: 『마산일보』 1959년 9월 3일 「金益魯氏의 登院을 挽留」.

100) 김진흠, 「1958년 5·2총선 연구 −부정 선거를 중심으로−」, 『사림』 44, 수선사학회, 2013.

101) 『동아일보』 1957년 12월 3일 「協商選擧法案 數日內 成敗決定 選委 構成問題 自由黨서 再考視」, 1958년 1월 4일 사설 「協商選擧法은 拒否되어야 한다」: 『국민보』 1959년 5월 13일 「총선거가 가져온 것」.

102) 『동아일보』 1958년 8월 17일 「國家保安法改正案批判//恐怖社會 안 되도록 愼重해야 할 憲法限界超越//「國家機密」範圍를 擴大惡用되면 全野黨人士에 受難//言論自由를 侵害 强要當할 報道 機關의 「御用」化//憂慮되는 基本人權蹂躪 平常時에도 二審制適用 被疑者이자 곧 犯罪者視(申相楚)」.

103) 김도연, 『나의 인생고백 −상산회고록−』, 강우출판사, 1967, 312쪽.

104) 『동아일보』 1958년 11월 30일 「(自由黨 議總決定) 新國家保安法 通過 强行」.

105) 조세형, 「자유당과 국가보안법 파동」, 『월간조선』, 조선일보사, 1985.

106) 김병원, 「李承晚政權의 政治的危機と新國家保安法」, 『朝鮮問題硏究』 3−1, 조선문제연구소, 1959.

107) 김도연, 『나의 인생고백−상산회고록−』, 강우출판사, 1967, 312~312쪽.

108) 『마산일보』 1959년 1월 29일 「新國家保安法 下에선 警察國家化 할 危險性 있다, 趙炳玉氏談 AP報道」.

109) 김도연, 『나의 인생 백서−상산 회고록−』, 강우출판사, 1967, 314~317쪽.

110) 『동아일보』 1958년 12월 20일 「國會; 一大修羅場化開議沮止 肉薄

戰展開籠城한 民主黨議員 警備員들과 衝突 20日下午零時 24分 李 副議長 流會를 宣佈//金載坤 金應柱議員 卒倒 [寫] //仲裁役割을 擔 當? 無所屬議員秘密會議//全面拒否의 要素 民主黨聲明 10個條項 削除貫徹//"合法的一戰도 不辭" 自由黨, 民主黨態度에 談話發表// 國會事態檢討閣僚懇談會//破局打開는 膠着 與·野代表者會議開 催//對野對策協議」.

111)『동아일보』1958년 11월 4일「新國家保安法案 早速通過키로 決定 地自法改正案도 自由黨幹部連席會議서」, 1960년 11월 2일「「不告 知罪」와「血肉의 情」國家保安法運營에 새 課題 "民俗에 影響憂慮" 法曹界서도 再檢討//新國家保安法 第九條(不告知罪)」.

112) 김도연,『나의 인생고백 – 상산회고록 – 』, 강우출판사, 1967, 315쪽.

113) 서중석,「한희석·친일 내무관료에서 3·15부정 선거의 주범으로」, 『청산하지 못한 역사』, 반민족문제연구소, 1994.

114) 한국정치연구회 정치사분과,「2·4국가보안법파동 : 새로운 족쇄, 국가보안법」,『한국현대사 이야기주머니 2; 한국정치사 73장면』, 녹두, 1993.

115)『동아일보』1959년 10월 24일「全員에 無罪言渡 新國家保安法 反對 「데모」員들 正式裁判서(釜山)」, 12월 29일「「高法」서 控訴棄却 民主 黨員「데모」事件, 新國家保安法 反對데모(大邱)」.

116)『동아일보』1959년 12월 3일「"憲法百條에 抵觸" 保安法反對集會不 許 行政訴訟 오늘 提起//「同胞의 團結」呼訴 民權守護國民總聯盟創 立委 宣言·綱領·憲章을 採擇//企劃案 새로 構成 民主救國鬪爭院 內委」, 1960년 1월 21일「民權守護總聯盟서 中央常委 名單發表」.

117) 김도연,『나의 인생고백 – 상산회고록 – 』, 강우출판사, 1967, 319쪽.

118)『동아일보』1958년 12월 26일「保安法波動 警察의 辯國會警衛로 警

官不派送 서울서의 데모 情報 말할 수 없다 李市警局長談 負傷 警官은 17名//韓副議長에 脅迫電話單 20分안에 세 少年檢舉「一般通話의 警察聽取」 質問에 緘口[寫] //保安法惡用 못하도록 26日 情報檢事會議·運營要綱討議//斷食 일단 中止 保安法反對 全南委(光州)//25日 午後에 歸家 데모主謀者로 連行六名//「鬱憤 참을 수 없다」.

119) 이경남, 「이승만－조병옥, 대권계승의 막간극」, 『정경문화』, 정경연구소, 1983.

120) 『동아일보』 1959년 9월 29일 「대통령후보와 당수 분리론을 포기, 조재천 의원이 시사// 부통령후보 별도투표로 김도연씨 주장」.

121) 『마산일보』 1959년 10월 2일 「당내 공기 타진 김도연씨 부통령설」.

122) 김지은, 「야당 거목 유진산, 그 숨겨진 이야기들」, 『월간조선』, 조선일보사, 1993 : 김철, 「최후의 정치인 유진산 연구」, 『신동아』, 동아일보사, 1983.

123) 김도연, 『나의 인생고백－상산회고록－』, 강우출판사, 1967, 328쪽.

124) 『동아일보』 1959년 9월 29일 「대통령후보와 당수 분리론을 포기, 조재천 의원이 시사// 부통령후보 별도투표로 김도연씨 주장」.

125) 『동아일보』 1959년 11월 26일 「출마 않겠다 김도연 의원담」.

126) 『동아일보』 1959년 11월 26일 「오늘 민주당 지명대회 대통령후보 조병옥박사가 유력 백표선에서 승부 결정」.

127) 『동아일보』 1959년 11월 30일 「의장에 김도연씨 최고위에 일임 선출, 부의장엔 최송희씨, 민주당중집위」.

128) 『동아일보』 1960년 1월 27일 「김도연씨 지명 민주당 대통령선거 사무장에」.

129) 김도연, 『나의 인생고백－상산회고록－』, 강우출판사, 1967, 332쪽.

130)『동아일보』1960년 1월 31일「선거대책협의 김도연박사 등」.

131)『국민보』1960년 2월 17일「조병옥씨 별세」, 3월 2일「조 박사 금 二
　　월 十五日 밤 작고월터 리드 육군 병원에서하오 十時 二十분(복부
　　수술을 받은 후 심장마비로)」.

132)『동아일보』1960년 2월 17일「趙炳玉博士 國民葬準委 三府連席會
　　議 [寫]//趙博士國民葬準委會合 18日 葬儀節次論議 各界代表 約千
　　名으로 委員選任」, 2월 2일「20日下午 二時頃 趙博士의 遺骸還國豫
　　定 日本서 事情變更되면 21日로 延期될 듯//牛耳洞(水踰里) 趙博士
　　葬地確定//趙博士葬禮委總會 遺骸奉迎節次決定 [寫]//「뉴욕」서 桑
　　港으로 趙炳玉博士 遺骸奉送(워싱톤)」.

133)『동아일보』1960년 2월 26일「趙炳玉博士 國民葬嚴修 온겨레 哀悼
　　裡에 永訣 趙葬禮委員長式辭 偉業은 建國靑史에 燦然 [寫]//各界의
　　弔辭; 立法府代表 國會議長 李起鵬(李副議長代讀)//行政府代表 內
　　務長官 崔仁圭//政黨代表 民主黨張勉//市民代表 서울市長任興淳//
　　社會各界代表 東亞日報社長 崔斗善 [肖]//百萬市民參集 AFP서 報道」.

134)『국민보』1960년 3월 16일「조병옥 박사 안장」.

135)『동아일보』1960년 2월 17일「趙炳玉博士 가신 지 滿하루 16日밤 護
　　喪所 哭聲속에 밤은 깊어 한편선「화톳불」피워놓고 徹夜 [寫]//손가
　　락 깨물어 피흘리며 통곡 一靑年 趙博逝去 슬퍼하며」.

136) 서중석,「이승만과 3·15부정선거」,『역사비평』96, 역사문제연구소,
　　2011.

137) 이준식,「미완의 친일청산과 3·15 부정선거」,『내일을 여는 역사』
　　62, 서해문집, 2016.

138) 김도연,『나의 인생 백서－상산 회고록－』, 강우출판사, 1967, 325~334쪽.

139) 한수남,「3·15부정선거 원흉재판 중 국무위원사건시말기」,『정경

문화』, 정경문화연구소, 1984.

140) 한수남, 「3·15부정선거 원흉재판 중 국무위원사건시말기」, 『정경 문화』, 정경문화연구소, 1984.

141) 서중석, 「이승만과 3·15부정선거」, 『역사비평』 96, 역사문제연구 소, 2011.

142) 박태순, 「4월혁명의 기폭제가 된 김주열의 시신」, 『역사비평』 16, 역 사문제연구소, 1992.

143) 김도연, 『나의 인생 백서 – 상산 회고록 – 』, 강우출판사, 1967, 325쪽.

144) 이준식, 「미완의 친일청산과 3·15 부정선거」, 『내일을 여는 역사』 62, 서해문집, 2016.

145) 서중석, 「이승만과 3·15부정선거」, 『역사비평』 96, 역사문제연구 소, 2011.

146) 서중석, 「이승만과 3·15부정선거」, 『역사비평』 96, 역사문제연구 소, 2011.

147) 김도연, 『나의 인생 백서 – 상산 회고록 – 』, 강우출판사, 1967, 336~ 344쪽.

148) 한수남, 「3·15부정선거 원흉재판 중 국무위원사건시말기」, 『정경 문화』, 정경문화연구소, 1984.

149) 김도연, 『나의 인생 백서 – 상산 회고록 – 』, 강우출판사, 1967, 347~354쪽.

150) 한수남, 「3·15부정선거 원흉재판 중 국무위원사건시말기」, 『정경 문화』, 정경문화연구소, 1984.

151) 서중석, 「이승만과 3·15부정선거」, 『역사비평』 96, 역사문제연구 소, 2011.

152) 김도연, 『나의 인생 백서 – 상산 회고록 – 』, 강우출판사, 1967, 347~352쪽.

153) 홍순호, 「제1공화국의 명암」, 『한국현대정치사』, 집문당, 1997, 74~79쪽.

154) 이택휘, 「4월혁명과 장면정권」, 『한국현대정치사』, 집문당, 1997, 97~104쪽.

155) 홍순호, 「제1공화국의 명암」, 『한국현대정치사』, 집문당, 1997, 83~88쪽.

156) 이택휘, 「4월혁명과 장면정권」, 『한국현대정치사』, 집문당, 1997, 116~121쪽.

157) 김도연, 『나의 인생 백서 – 상산 회고록 – 』, 강우출판사, 1967, 355~359쪽.

158) 홍순호, 「제1공화국의 명암」, 『한국현대정치사』, 집문당, 1997, 85~88쪽.

159) 이택휘, 「4월혁명과 장면정권」, 『한국현대정치사』, 집문당, 1997, 126~131쪽.

160) 김도연, 『나의 인생 백서 – 상산 회고록 – 』, 강우출판사, 1967, 376~381쪽.

161) 김용욱, 「5 · 16군사정변과 제3공화국」, 『한국현대정치사』, 집문당, 1997, 143~145쪽.

162) 이택휘, 「4월혁명과 장면정권」, 『한국현대정치사』, 집문당, 1997, 116~118쪽.

163) 김도연, 『나의 인생 백서 – 상산 회고록 – 』, 강우출판사, 1967, 369~372쪽.

164) 김도연, 『나의 인생 백서 – 상산 회고록 – 』, 강우출판사, 1967, 354~355쪽.

165) 김도연, 『나의 인생 백서 – 상산 회고록 – 』, 강우출판사, 1967, 375~385쪽.

166) 이택휘, 「4월혁명과 장면정권」, 『한국현대정치사』, 135~139쪽.

167) 김용욱, 「5 · 16군사정변과 제3공화국」, 『한국현대정치사』, 집문당, 1997, 147~151쪽.

168) 김도연, 『나의 인생 백서 – 상산 회고록 – 』, 강우출판사, 1967, 420~432쪽.

제7장

1)『국민보』1963년 11월 6일「김도연, 서민호 자민당에 입당」.

2)『마산일보』1963년 12월 9일「삼민회로 명칭 결정」.

3)『마산일보』1964년 5월 1일「강연회 무기연기, 굴욕외교반대 투위」.

4)『마산일보』1964년 3월 16일「굴욕외교반대투위 馬山準委 결성」, 3월 26일「오늘 연3일째 굴욕외교 반대 데모」.

5) 국가기록원,「대일청구권자금 관계철」,『공개재분류 중요기록 해설 Ⅲ-기획재정부・지식경제부-』, 2010.

6) 김도연,『나의 인생백서-상산회고록』, 강우출판사, 1967, 472~473쪽.

7)『국민보』1963년 12월 18일「회원 새 민정에 붙인다 정국안정도 좋지만 가계안정이 급하다」.

8) 김도연,『나의 인생백서-상산회고록』, 강우출판사, 1967, 473~474쪽.

9)『마산일보』1964년 4월 2일「김준연 의원 아는바 없다」, 4월 3일「김준연 의원을 고발」, 4월 22일「김준연 의원 구속?」.

10) 김도연,『나의 인생백서-상산회고록』, 강우출판사, 1967, 490쪽.

11) 경제기획원,『청구권자금백서』, 1976, 7~8쪽.

12) 이원덕,『한일 과거사 처리의 원점-일본의 전후처리 외교와 한일회담』, 서울대출판부, 1996, 51~52쪽

13) 정재정,『한일회담・한일협정, 그 후의 한일관계』, 동북아역사재단, 2015.

14) 김도연,『나의 인생백서-상산회고록』, 강우출판사, 1967, 500~501쪽.

15)『국민보』1963년 9월 25일「김도연 씨, 정계 은퇴 성명 혼란의 책임 통감 민정당 탈당 모든 공직도 사퇴」.

16) 『마산일보』 1966년 1월 27일 「강경파 신당운동 급진전 來5일께 발기
    선언대회, 强硬派側 包攝活動 보여」, 2월 5일 「제2의 신당운동 표면
    화」.

17) 『마산일보』 1966년 7월 14일 「야당단일화에 노력」, 8월 7일 「야당단
    일화 위해 민중당 10인위 구성, 來週初에 接觸開始?」.

18) 김지형, 「1960년대 야당의 재구성과 민주주의 인식 – 제5~6대 대통령
    선거 시기의 쟁점을 중심으로 –」, 『인문과학연구』 27, 대구가톨릭대
    학교 인문과학연구소, 2016.

19) 김도연, 『나의 인생백서 – 상산회고록』, 강우출판사, 1967, 512쪽.

20) 김도연, 『나의 인생백서 – 상산회고록』, 강우출판사, 1967, 522쪽.

21) 『경남매일신문』 1967년 7월 20일 「김도연박사 별세, 19일 새벽 '세'병
    원서」.

22) 김도연, 『나의 인생백서-상산회고록』, 강우출판사, 1967, 510쪽.

맺음말

1) 김도연, 『나의 인생고백 – 상산회고록 –』, 강우출판사, 1967, 59쪽.

2) 『해조신문』 1908년 5월 9일 국내소식 「育英新校」.

3) 김호일, 『한국근대학생운동사』, 도서출판 선인, 2005, 88 · 91쪽.

4) 김삼웅, 『김상덕평전』, 책보세, 2011, 34~41쪽.

5) 김호일, 『한국근대학생운동사』, 도서출판 선인, 2005, 85~99쪽.

6) 김삼웅, 『김상덕평전』, 책보세, 2011, 36~39쪽.

7) 김호일, 「이팔독립선언」, 『한국독립운동사사전(운동 · 단체편 Ⅳ)』

6, 독립기념관 한국독립운동사연구소, 2004, 71~76쪽.

8) 김삼웅, 『김상덕평전』, 책보세, 2011, 34~41쪽.

9) 김도연, 「2 · 8독립선언과 나의 영어생활」, 『나의 인생백서 - 상산 회고록 - 』, 강우출판사, 1967.

10) 박경식 편, 『재일조선인관계자료집성』 1, 삼일서방, 1987, 300~303쪽.

11) 편집부, 「학우회창립약사」, 『학지광 3, 51~52쪽 : 필자미상, 「일본유학생사」, 『학지광』 6, 14~16쪽 : 김호일, 『한국근대학생운동사』, 도서출판 선인, 2005, 88 · 91쪽.

12) 이지원, 「조선어학회사건」, 『한국독립운동사사전(운동 · 단체편 IV)』 6, 독립기념관 한국독립운동사연구소, 2004, 544~545쪽.

13) 『경향신문』 1967년 7월 19일 「김도연 박사 별세 숙환으로」.

참고문헌

1. 사료

『황성신문』, 『대한매일신보』, 『해조신문』, 『북미시보』, 『독립신문(상해판)』, 『매일신보』, 『동아일보』, 『조선일보』, 『중외일보』, 『조선중앙일보』, 『신한민보』, 『국민보』, 『삼일신보』, 『자유신문』, 『경향신문』, 『마산일보』. 『학지광』, 『우라키』, 『신조선』, 『개벽』, 『동광』, 『삼천리』, 『기러기』, 『산업』, 『다리』.

「김도연이 태백서관에 보낸 서신」(독립기념관 소장자료 1 − H01440 − 000).

「김도연 태극학교 졸업증」, 독립기념관 소장(1 − 001679 − 001).

「보증서」(독립기념관 소장자료 1 − H01482 − 002).

「이력서」(독립기념관 소장자료 1 − H01482 − 003).

「第一百五十二 團友 金度演 履歷書」(독립기념관 소장자료 9 − AH1255 − 000).

「흥사단 뉴욕지방대회」(독립기념관 소장자료 1—H01892—000).

「在美朝鮮文化會 發起趣旨書」(독립기념관 소장자료 3—011663—000).

「民族大會召集請願書(1919년 2월)」(독립기념관 소장자료 5—000634—000).

「臨時政府及聯合軍 歡迎準備會 趣旨」(독립기념관 소장자료 5—001009—000).

『국회속기록』.

김도연, 「공업발달과 기업가 邁進을 囑望함」, 『신흥조선』 1—1·1—3, 1933.10·1934.1.

김도연, 「조선직물공업발전의 추세」, 『신조선』 8, 1935.1.

한국국학진흥원 옛문서생활사박물관, 「대한민국초대내각 인물사진」.

조선총독부, 1937, 「出版不許可의 理由 및 記事該當要旨(執務資料)—『前途』」, 『朝鮮出版警察月報』 106.

조선총독부, 1928, 「『三一申報』創刊 趣旨書」, 『移入輸入 不穩刊行物 槪況』.

경성지방법원 검사정, 1938, 「延禧專門學校 學內組織에 관한 건(京西高秘 제3213호의 4)」, 『延禧專門學校 同志會 興業俱樂部 關係報告』.

경성지방법원 검사정, 1938, 「延禧專門學校內에 있어서 學內組織에 관한 건(京西高秘 제3213호의 4)」, 『延禧專門學校 同志會 興業俱樂部 關係報告』.

경성지방법원 검사정, 1938, 「在美革命同志會 朝鮮支部인 秘密結社 興業俱樂部事件 檢擧에 관한 건(京高特秘 제725호의 2)」, 『延禧專門學校 同志會 興業俱樂部 關係報告』.

일본외무성, 1922, 「要視察朝鮮人 渡米의 건(鮮高秘乙 제499호), 7월 2일」, 『不逞團關係雜件—朝鮮人의 部—在歐米(6)』.

일본외무성, 1922, 「要視察鮮人 金道演 渡米의 건(亞三合機密 제139호), 7월 12일」, 『不逞團關係雜件—朝鮮人의 部—在歐米(6)』.

일본외무성, 1919, 「朝鮮人槪況 送付에 관한 건(警秘 제26호), 3월 26일」, 『不逞團關係雜件－朝鮮人의 部－在歐米(7)』.

일본외무성, 1919, 「朝鮮人槪況 第二 壹部 參考 送付(秘號外), 3월 26일」, 『不逞團關係雜件－朝鮮人의 部－在歐米(7)』.

일본외무성, 1919, 「朝鮮人槪況」, 『朝鮮人에 대한 施政關係雜件 一般의 部(2)』.

일본외무성, 1919, 「朝鮮靑年獨立團 檄文에 관한 건(機密 제19호), 2월 16일」, 『不逞團關係雜件－朝鮮人의 部－在滿洲의 部(8)』.

일본외무성, 1919, 「朝鮮獨立問題에 관한 秘密印刷物 및 鮮人 그후 狀況(公 제112호), 5월 13일」, 『不逞團關係雜件－朝鮮人의 部－在滿洲의 部(10)』.

일본외무성, 1919, 「鮮人 獨立運動 宣傳書 送付의 件(機密 제100호), 10월 22일」, 『不逞團關係雜件－鮮人의 部－在上海地方(1)』.

일본외무성, 1924, 「亡張德震의 死亡通知狀 發送先에 관한 件 1(高警 제3261호), 9월 20일」, 『不逞團關係雜件－鮮人의 部－在上海地方(5)』.

일본외무성, 1924, 「亡張德震의 死亡通知狀 發送先에 관한 件 2(亞三機密 合 제216호), 9월 26일」, 『不逞團關係雜件－鮮人의 部－在上海地方(5)』.

미국무성, 1948, 「Summary of Assembly activities, 6월 7일」, 『UN의 한국문제처리에 관한 미국무부문서』 3.

미국무성, 1948, 「Conversation with Korean leaders, 6월 14일」, 『UN의 한국문제처리에 관한 미국무부문서』 3.

미국무성, 1948, 「Summary of Assembly activities, 6월 22일」, 『UN의 한국문제처리에 관한 미국무부문서』 3.

미국무성, 1948, 「Transmit Korean Constitution, 8월 6일」, 『UN의 한국문제

처리에 관한 미국무부문서』 5.

미국무성, 1949, 「UNCOK developments, 4월 16일」, 『UN의 한국문제처리
에 관한 미국무부문서』 6.

미국무성, 1949, 「Transmitting text of replies made by the UNCOK to a Korean
press questionnaire, 4월 26일」, 『UN의 한국문제처리에 관한 미국
무부문서』 6.

미국무성, 1949, 「Seoul to Secretary of State, 19 Aug 49, "Report of documents
issued by UNCOK, 8월 19일」, 『UN의 한국문제처리에 관한 미국무
부문서』 7.

미국무성, 1948, 「Formation of the Korean Government, 11월 14일」, 『유엔한
국임시위원단관계문서』 1.

미국무성, 1948, 「Letter from National Election Committee to Military
Governor re reports on the return of the general election, 5월 21일」,
『유엔한국임시위원단관계문서』 2.

미국무성, 1948, 「Letter from Dr. Rhee, Syngman to CG, USAFIK, dated 3 June
1948, 6월 3일」, 『유엔한국임시위원단관계문서』 3.

미국무성, 1948, 「Main Committee Meeting No. 15, 7월 20일」, 『유엔한국임
시위원단관계문서』 3.

미국무성, 1948, 「Letter from President Syngman Rhee notifying UNTCOK of
establishment of a Korean Government, 8월 6일」, 『유엔한국임시위
원단관계문서』 3.

미국무성, 1948, 「Candidates from Seoul in National Election, 4월 8일」, 『유엔
한국임시위원단관계문서』 5.

미국무성, 1948, 「List of Candidates Reported as of 17 April, 4월 17일」, 『유엔
한국임시위원단관계문서』 5.

미국무성, 1948, 「Registration of Candidates in Seoul, 4월 19일」, 『유엔한국임시위원단관계문서』 5.

미국무성, 1948, 「Unofficial Election Results, 5월 13일」, 『유엔한국임시위원단관계문서』 6.

미국무성, 1948, 「Daily Report of UNTCOK Activities for Tuesday, 8 June」, 『유엔한국임시위원단관계문서』 6.

미국무성, 1948, 「Main Committee Weetings 15 and 16, 7월 27일」, 『유엔한국임시위원단관계문서』 7.

도산안창호선생기념사업회·도산학회, 2005, 『미주국민회자료집』, 경인문화사.

심산김창숙기념사업회, 1979, 『국역심산유고』, 한길사.

윤치호, 『윤치호일기』.

독립운동사편찬위원회, 1977, 『학생독립운동자료집』 13.

국사편찬위원회, 『한민족독립운동사자료집』.

국사편찬위원회, 『자료대한민국사』.

강덕상, 1968, 『현대사자료』 26, 미즈즈서방.

박경식, 1987, 『在日朝鮮人關係資料集成』, 三一書房.

2. 단행본

강만길 외, 1983, 『4월혁명론』, 한길사.

구범모, 1978, 『지도자와 국가 발전』, 현대정치연구회.

국회사무처, 1967, 『국회십년지』.

국회의원동우회, 1989, 『대한민국의정44년사』.

김도연, 1967, 『나의 인생백서 – 상산회고록』, 강우출판사.

김삼웅, 2010, 『죽산 조봉암 평전』, 시대의창.

김삼웅, 2011, 『김상덕 평전 – 겨레에 바친 애국혼, 반민특위위원장』, 책으
　　　로보는세상.

김성식, 1971, 『일제하 한국학생운동』, 고려대 아세아문제연구소.

김영명, 1992, 『한국현대정치사』, 을유문화사.

김운태, 1976, 『해방삼십년사』, 성문각.

김원룡, 1958, 『재미한인50년사』.

김현식, 2011, 『삐라로 듣는 해방 직후의 목소리』, 소명출판.

김형목, 2016, 『대한제국기 경기도의 근대교육운동』, 경인문화사.

김형목, 2018, 『배움의 목마름을 풀어준 야학운동』, 도서출판 서해문집.

김호일, 2005, 『한국근대 학생운동사』, 선인.

독립운동사편찬위원회, 1971, 『독립운동사(3 · 1운동사 하)』 3.

박용규, 2012, 『조선어학회 항일투쟁사』, 형설출판사.

박용규, 2014, 『조선어학회 33인』, 역사공간.

반민족문제연구소, 1994, 『청산하지 못한 역사』 1 – 3, 청년사.

백남훈, 1968, 『나의 일생』, 신현실사.

백영철, 1996, 『제2공화국과 한국민주주의』, 나남출판.

사월혁명동지회, 1965, 『4월혁명』.

서울YMCA, 1989, 『2 · 8독립선언70주년기념집』.

서중석, 2007, 『이승만과 제1공화국 – 해방에서 4월혁명까지』, 역사비
　　　평사.

선거관리위원회, 1986, 『대한민국선거사』.

송건호 외, 1979 – 1989, 『해방전후사의 인식』 1 – 6, 한길사.

심재욱, 2007, 『설산 장덕수(1894 – 1947)의 정치활동과 국가인식』, 동국대

박사학위논문.

안상교, 1996『대한독립선언서총람』, 복지문화사.

유동식, 1990, 『재일본한국기독교청년회사 1906－1990』, 재일본한국 YMCA.

윤치영, 1991, 『동산회고록 : 윤치영의 20세기』, 삼성출판사.

이강수, 2014, 『신익희, 좌우의 벽을 뛰어넘은 독립운동가』, 한국독립운동 사연구소.

이경남, 1981, 『설산 장덕수』, 동아일보사.

이남일, 2015, 『괴물이 된 권력－4 · 19혁명과 민주주의의 외침』, 지식공감.

이달순, 1995, 『한국정치사의 재평가』, 수원대출판부.

이대근, 1987, 『한국전쟁과 1950년대 자본축적』, 까치.

이영석, 1981, 『야당30년』, 도서출판 인간.

이용원, 1999, 『제2공화국과 장면』, 범우사.

이원규, 2013, 『조봉암평전－잃어버린 진보의 꿈－』, 한길사.

이정식, 1976, 『해방30년사 3; 제2공화국』, 성문각.

이혜영, 2015, 『제1공화국기 자유당과 '이승만 이후' 정치구상, 이화여대박 사학위논문.

정병준, 2005, 『우남 이승만 연구』, 역사비평사.

정세현, 1975, 「항일학생민족운동사연구」, 일지사.

정태영, 1991, 『조봉암과 제2공화국』, 한길사.

조광 외, 2003, 『장면과 제2공화국』, 경인문화사.

중앙선거관리위원회, 1968, 『대한민국정당사』 1.

중앙선거관리위원회, 1968, 『대한민국정당사』.

중앙선거관리위원회, 1971, 『역대 대통령선거상황』.

차기벽 · 박충석 역, 1980, 『일본현대사의 구조』, 한길사.

최승만, 1985,『나의 회고록』, 인하대출판부.

한국독립운동사연구소, 1996,『한국독립운동사사전(총론편)』.

한국독립운동사연구소, 2004,『한국독립운동사사전(운동·단체편)』.

한국민족운동사학회, 2003,『장면과 제2공화국』, 국학자료원.

한국정신문화연구원, 1987,『현대한국정치사』.

한국정치외교사학회, 1997,『한국현대정치사』, 집문당.

한국정치학회, 1987,『한국현대정치론』, 법문사.

한국혁명재판사편찬위원회, 1962,『한국혁명재판사』.

한글학회, 2009,『한글학회 100년사』.

한림대 아시아문화연구소, 2000,『아시아의 근대화와 대학의 역할』, 한림
　　　대출판부.

한배호, 1993,『한국의 정치과정과 변화』, 법문사.

한배호·어수영, 1987,『한국정치문화』, 법문사.

한승주, 1983,『제2공화국과 한국의 민주주의』, 종로서적.

한용원, 1993,『한국의 군부정치』, 대왕사.

허정, 1997,『내일을 위한 증언 : 허정회고록』, 샘터사.

흥사단운동70년사편찬위원회, 1986,『흥사단운동70년사』.

坪江汕人, 1993,『朝鮮民族獨立運動秘史』, 고려서림.

3. 논문 및 기타

김경래, 1963,「해방18년의 정치변동」,『사상계』 4월호, 상상계사.

김도형, 2009,「2월의 독립운동가 김도연선생」,『월간 순국』 217, 대한민국
　　　순국선열유족회.

김삼웅, 2011, 「조봉암과 이승만 누가 승자인가」, 『내일을 여는 역사』 44, 서해문집.

김성식, 1969, 「한국 학생운동의 사상적 배경 – 특히 「2 · 8독립선언」을 중심으로 – 」, 『아세아연구』 12권 1호, 고려대 아세아문제연구소.

김승은, 2008, 「'넘버투'의 상징, 이기붕」, 『내일을 여는 역사』 31, 서해문집.

김인덕, 1999, 「일본지역 유학생의 2 · 8독립운동과 3 · 1운동」, 『한국독립운동사연구』 13, 한국독립운동사연구소.

김인덕, 1995, 「학우회의 조직과 활동」, 『국사관논총』 66, 국사편찬위원회.

김일수, 2013, 「서상일의 생애와 역사인식」, 『조선사연구』 22, 조선사연구회.

김정남, 2016, 「가장 온순한 인간에서 가장 열렬한 투사로 – 김도연」, 『이 사람을 보라 2 – 인물로 보는 한국 민주화운동사(개정판)』, 두레.

김진배, 1987, 「선거를 통해 본 해방40년 – 조병옥과 이기붕의 뱃심」, 『월간조선』, 조선일본사.

김형목, 「어윤희, 개성 3 · 1만세운동에 앞장서다」, 『여성독립운동가열전』 – 근대한국학 대중총서 04, 세창문화사, 2021.

김희곤, 1998, 「북미유학생잡지 ≪우라키≫ 연구」, 『경북사학』 21, 경북사학회.

박순천, 1971, 「내가 걸어온 야당가 4반세기(1–8)」, 『월간다리』.

박찬승, 2003, 「1910년대 도일유학과 유학생활」, 『호서사학』 34, 호서사학회.

박찬승, 2004, 「1920년대 도일유학생과 그 사상적 동향」, 『한국근현대사연구』 30, 한국근현대사학회.

박찬승, 2007, 「식민지시기 도일유학과 유학생의 민족운동」, 『아시아의 근대화와 대학의 역할』, 한림대 아시아문화연구소.

손봉숙, 1986, 「제1공화국과 자유당」, 『현대한국정치론』, 법문사.

신주백, 2010, 「한 길 속에서 일관되게 상대를 아우르려 한 영주 김상덕」, 『한국민족운동사연구』 62, 한국민족운동사학회.

오대록, 2011, 「일제강점기 상산 김도연의 현실인식과 민족운동」, 『한국독립운동사연구』 38, 독립기념관 한국독립운동사연구소.

오소백, 1983, 「붓은 칼보다 강했다－조선어학회사건 시말기」, 『정경문화』, 정경연구소.

오유석, 1992, 「역대 대통령 선거에서 맞선 라이벌 : 이승만 대 조봉암·신익희」, 『역사비평』 17, 역사문제연구소.

이규복, 1967, 「헌정17년의 발자취」, 『국회보』.

이대우, 1992, 「한일 기본조약의 정치적 재조명」, 『한일연구』 5, 한국일본문제연구소.

이희승, 1969, 「국어를 지킨 죄로=조선어학회사건」, 『한국현대사』 5, 신구문화사.

장규식, 2011, 「미군정하 흥사단 계열 지식인의 냉전 인식과 국가건설 구상」, 『한국사상사학』 38, 한국사상사학회.

조명근, 2014, 「일제하 김도연의 경제사상과 사회활동」, 『인물사연구』 22, 인물사연구회.

최기영, 1998, 「한말－일제시기 미주의 한인언론」, 『한국근현대사』 8, 한국근현대사연구회.

최영, 1990, 「박정희와 월남파병」, 『현대사를 어떻게 볼 것인가』 5, 동아일보사.

최희정, 2016, 「1920년대 이후 성공주의 기원과 확산－기독교 '청년' 최연택의 자조론 수용과 성공론－」, 『한국근현대사연구』 76, 한국근현대사연구회.

허동현, 2016, 「1956년 제4대 부통령선거 과정 분석 – 장면과 이기붕을 중심으로 –」, 『한국민족운동사연구』 87, 한국민족운동사학회.

홍순호, 1989, 「아시아의 근대화와 대학의 역할」, 『한국현대사의 재조명』, 대왕사.

小野容照, 2011, 「1910년대 전반 재일유학생의 민족운동 – 在東京朝鮮留學生親睦會를 중심으로 –」, 『숭실사학』 27, 숭실사학회.

찾아보기

【ㅈ】

김형목

· (사)국채보상운동기념사업회 이사, (사)선인역사문화연구소 연구
  이사
· 중앙대학교 사학과 졸업, 동 대학원 문학석사·문학박사(한국근대
  사 전공)
· 한국민족운동사학회장, 국가보훈처 독립유공자공적심사위원, 독
  립기념관 한국독립운동사연구소 책임연구위원 역임
· 현재 육군본부 군사연구소 편집위원, 한국사학회 지역이사, 한국교
  육사학회 연구이사, 한국여성사학회 지역이사·편집이사로 활동 중
· 주요 저서는 『대한제국기 야학운동』, 『교육운동-한국독립운동의
  역사 35』, 『김광제, 나랏빚 청산이 독립국가 건설이다』, 『충청도 국
  채보상운동』, 『대한제국기 충청지역 근대교육운동』, 『대한제국기
  경기도의 근대교육운동』, 『최용신, 소통으로 이상촌을 꿈꾸다』,
  『배움의 목마름을 풀어준 야학운동』, 『최용신평전』 등